U0922933

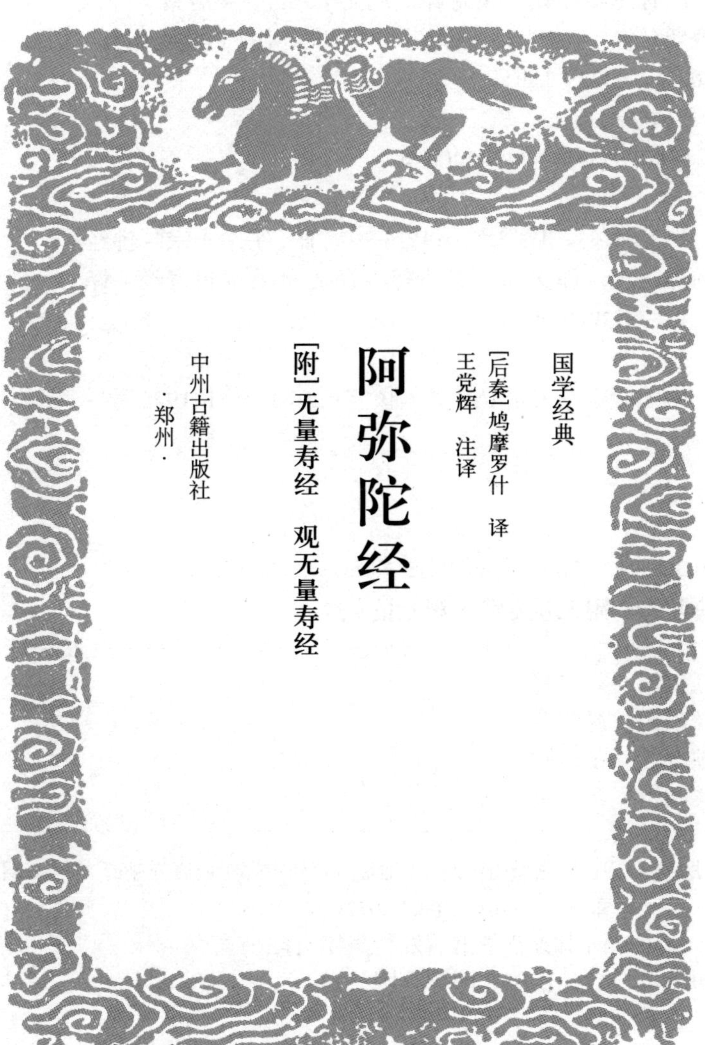

国学经典

[后秦]鸠摩罗什 译

王党辉 注译

阿弥陀经

[附]无量寿经 观无量寿经

中州古籍出版社

·郑州·

图书在版编目（CIP）数据

阿弥陀经：附无量寿经·观无量寿经 /（后秦）鸠摩罗什译；王党辉注译．—郑州：中州古籍出版社，2010. 7（2022. 7 重印）
（国学经典）
ISBN 978-7-5348-3400-4

I. ①阿… Ⅱ. ①鸠… ②王… Ⅲ. ①净土宗－佛经 ②阿弥陀经－译文 ③无量寿经－译文 ④观无量寿经－译文 Ⅳ. ① B946.8

中国版本图书馆 CIP 数据核字（2010）第 141925 号

EMITUO JING：FU WULIANGSHOU JING · GUAN WULIANGSHOU JING
阿弥陀经：附无量寿经·观无量寿经

责任编辑 刘 晓
责任校对 温向苏
装帧设计 张 胜
美术编辑 李志英

出 版 社 中州古籍出版社（地址：郑州市郑东新区祥盛街 27 号 6 层
邮编：450016 电话：0371-65723280）
发行单位 河南省新华书店发行集团有限公司
承印单位 辉县市伟业印务有限公司
开　　本 640 mm × 960 mm 1/16
印　　张 13.75
字　　数 148 千字
印　　数 36 001—41 000 册
版　　次 2010 年 7 月第 1 版
印　　次 2022 年 7 月第 8 次印刷
定　　价 23.00 元

前言

净土三经是净土宗的根本经典，净土宗就是以这三部经典为依据形成的。净土三经为《佛说阿弥陀经》、《佛说无量寿经》、《观无量寿佛经》，加上《楞严经》中的《大势至菩萨念佛圆通章》和《华严经》中的《普贤菩萨行愿品》这两章佛经，合称净土五经。再加上世亲的《无量寿经优波提舍愿生偈》，也就是《往生论》，合称净土五经一论。这里我们主要选取净土三经做现代著述体例的注释和白话翻译。

下面我们从净土宗简介、净土三经简介、净土法门的修行等几个方面对净土宗和净土三经做一个比较全面的介绍。

一、净土宗简介

在中国佛教各大派别中，净土宗不是一个独立的派别，但却是影响最广泛的宗派。中国佛教宗派林立，到底有多少宗派，说法有好几种。典型的分为八大宗派，或者十大宗派，细分则更多。每一宗派都有自己的法统，一般由某一个宗师开创，然后由门人弟子传衍而形成。如禅宗最为明显，达摩是初祖，慧能大师则是真正的开山祖师，后来虽然分化为各个支派，但是传承脉络清晰。而净土宗则是基于净土信仰的一个比较松散的派别，净土宗各代祖师之间并没有传承关系。一直到了宋代以后，才开始形成比较独立的净土宗派。但是这并不是说净土宗的力量不强大，实际上在每个佛教宗派中都有净土信仰和修习的成分。在佛教民间信仰中，净土宗影响尤其广泛。在居士佛教层面，净土宗更是一枝独秀。从清朝到现代，随着其他各宗派的逐渐衰落，净土信仰和修行逐渐成为佛教的主流，大有成为天下“通宗”的态势。

净土宗像别的宗派一样，在印度源头处也是有踪迹可循的。早在公元前1000多年以前，也就是印度的吠陀时代，就有关于求生天界的传说，认为通过行善积德、修习禅定等，就能进入天界或净土，享受无穷的快乐，不再遭受痛苦。后来释迦牟尼佛陀出世，佛教兴起，对这种观念有所批判，指出经过这样的修行获得的福德果报最终还是会失去，福德果报受尽之后人仍然进入轮回受苦。但是到了后来的部派佛教时期，这种祈福来生的思想已经被吸收进了佛教。所不同的是，原先的求来世福报是为了享乐而避免痛苦，佛教求来世福报则是为了利于修行，最终彻底脱离轮回苦楚。到了大乘佛教时期，出现多佛的观念，十方世界都有佛出世，对于佛的信仰变得复杂起来。在这样的信仰体系中，按道理说信仰哪一个佛都是可以的，这种状况最后形成供养十方佛的观念，供养十方佛成为佛教日常修行的重要内容。但是随着佛教文化的演变，有些特别的佛逐渐彰显出来，地位变得比较重要，阿弥陀佛就是在这种演变过程中脱颖而出的。大约在1世纪的初期，在印度的西北地区，形成了阿弥陀佛信仰，广泛流传极乐世界的思想。龙树和世亲都有过关于净土信仰和修行的论述，世亲甚至还为《佛说无量寿经》做过注疏，但是他们并没有突出阿弥陀佛信仰。龙树认为精进修行菩萨道而成佛才是正道，以信仰为核心依靠他力的修行是“怯弱下劣”的。世亲则认为，只有经历了艰苦修行达到菩萨果位的圣者才能往生净土。这些思想都和后来的阿弥陀佛净土信仰不同。

佛教从汉代开始传入中国，最初净土信仰并不盛行，但是根据记载，很早就有净土思想传入。如东晋时期，王琰所著的《冥祥记》专门记录佛教神异事迹，其中就有关于阿弥陀佛信仰的故事。东晋的著名僧人支遁曾经绘制阿弥陀佛画像，并为画像作《阿弥陀佛像赞并序》。

中国净土信仰的流变实际上比较复杂，最初盛行的并非阿弥陀佛净土信仰，而是弥勒净土信仰。净土又称佛国，本义是没有污染、没有烦恼的国土。因此净土并非只有一个阿弥陀佛净土，十方世界有无数的佛国净土。实际上，到现在，仍然有些宗派或修行者信仰别的净土。更为有意思的是，净土宗第一代祖师慧远大师的老师释道安就是信仰弥勒净土的，而慧远则是信仰阿弥陀佛净土。于是，从释道安到慧远，中国的净土信仰开始发生重大转折，即由弥勒信仰转向阿弥陀佛信仰。

中国最早宣扬极乐净土法门的是东晋的竺法旷（327—402），他认为《佛说无量寿经》是净土之因，曾对大众宣讲《佛说无量寿经》，并且以诵读此经来修行。

慧远（334—416）是净土宗公认的第一代祖师，他曾经在庐山隐居三十多年，最著名的事迹就是在庐山东林寺与刘遗民、周续之、雷次宗、宗炳等当时的名士高人共同结社，在阿弥陀佛像前立誓，约定往生西方极乐世界。实际上慧远主要的事业不在净土宗，而是佛教经典的翻译注疏、弘法传人，他所修行的主要法门是禅定，而他归宗净土，也不同于后来的依靠阿弥陀佛他力往生，而是以自力修行禅定为中心，以《观无量寿佛经》中的观念法门为主。慧远大师气象非凡，有特别的威仪，修养于内而显发于外。有一个法师对慧远不服，想要趁慧远讲经的时候发难提问。慧远大师宣讲《法华经》的时候，这位法师在座位上心惊胆战，冷汗直冒，始终不敢提出一个问题。当时的青年才俊大诗人谢灵运，才高气傲，而慧远已是暮年老人，二人一相见，谢灵运当即倾心，“肃然心服”。慧远大师天资异禀，学养深厚，博览贯通儒、释、道各种典籍，正所谓所资者深，所流者远。从各个方面来看，净土宗以慧远为初祖，都是很恰当的。

慧远之后，到目前为止，净土宗所承认的其他祖师一共有十二位，分别是二祖善导（613—681）、三祖承远（712—802）、四祖法照（747—821）、五祖少康（？—805）、六祖永明（904—975）、七祖省常（959—1020）、八祖莲池（1535—1615）、九祖蕅益（1599—1655）、十祖截流（1626—1682）、十一祖省庵（1686—1734）、十二祖彻悟（1741—1810）、十三祖印光（1861—1940）。除此之外还有不同的说法，但是大致差不多。净土宗的列代祖师前后并没有直接师承关系，从生卒年代来看，大多数都不是同一个时代，甚至前后有相隔数百年的。推举祖师主要是依据他们对净土宗的贡献和在净土宗中的地位。但是从比较全面的净土宗历史来看，这个世系列表也有不完善之处。历史上还有不少著名的僧人对净土宗的发展做出过巨大贡献，堪称一代宗师，有的甚至比列入祖师的贡献更大，如北魏的昙鸾、唐初的道绰、明代临济宗巨匠憨山德清等。

昙鸾（476—542）是实际上第一个专门弘扬净土宗的大师。如果说慧远开创了私人结社念佛的优良传统，可以算作净土宗立宗的先导的话，那么昙鸾则是从教理到弘教各个方面真正创立净土宗的关键人物。昙鸾早年学习儒学和道教神仙术，后来得到菩提流支所翻译的《观无量寿佛经》，才转而修习佛教，开始在山西玄中寺大力弘扬净土法门。他为世亲的《无量寿经优波提舍愿生偈》作的注解，也就是著名的《往生论注》。在《往生论注》中，他把佛教的各种法门概括为“二道二力”，二道就是难行道和易行道，二力就是自力和他力。他提出，在无佛出世的年代，靠自力修行难行道很难成就，因此大力弘扬靠他力解脱的易行道，以信愿行为本，凭借阿弥陀佛的本愿力，往生极乐世界。昙鸾又根据《观无量寿佛经》大力弘扬持名念佛的修行法门，并强调带业往生的净土教义，也就是恶人也可以通过念佛而得往生。他力易行、持名念佛、带业往生，这三项最基本的净土宗教义，都是经由昙鸾确定下来的。直到当今，这几项教义也仍然是最重要的。所以说把慧远作为先导，而把昙鸾作为初祖的话，也是有一定道理的。昙鸾是净土宗的真正奠基者，后世的道绰和善导所弘扬而光大的净土教义正是昙鸾所开创的。

道绰生活在南北朝末年到唐朝初年这段朝代更迭的时期。道绰居住在玄中寺的时候，从石碑上看到昙鸾的事迹，决心继承昙鸾的念佛法门。他专门修习持名念佛，每天要念阿弥陀佛佛号七万遍。他还先后讲授《观无量寿佛经》两百多遍，劝导信众修持念佛法门。

善导是道绰的弟子，继道绰之后弘扬念佛法门，影响巨大，著有《观无量寿佛疏》，也就是著名的《观经四帖疏》，另外还有多种著作阐述净土经教。善导大师力行念佛，每天进入佛堂就与众僧互跪大力念佛，直到精疲力竭，甚至在寒冷的冬天也念佛念到出汗，可见赤诚。

经过昙鸾的草创、道绰和善导的大力弘扬，持名念佛的法门被最终确立下来。此后，依据对不同念佛法门的偏重，净土宗大致分为三个流派，注重禅修悟解的为慧远流，注重持名念佛的为少康流，念佛与禅修并重的为慈愍流。少康是继承善导大弘持名念佛法门的大师，慈愍就是禅宗临济巨匠憨山德清。

此后佛教出现了天台、华严、禅宗等各领一时或一地的佛教风气，但是都不曾舍弃净土法门的修行。

经过历代高僧的大力弘扬，从事净土修行的信众日益广泛，不仅出家人多修净土，在家俗众更是修净土者众多，上至公卿士大夫，下至民夫走卒，纷纷以信修净土为务。

净土宗在居士佛教中也是影响最大的一派。居士本来是出家人对在家修行者的尊称，但是其在中国具有特殊的内涵，历史上主要指信奉修行佛教的士大夫，也就是知识分子。一般人认为净土宗义理简明，修行方法简单易行，适合普通没有知识的民众。实则，在高知识阶层，净土法门的影响一点也不小。凡是深入佛学经教经历过一番锤炼的，最终大多数都皈依净土法门，可见净土法门的简单易行绝对不意味着浅薄。历代信奉修行净土法门的士大夫中不乏大家耳熟能详的名人，如大名鼎鼎的唐代诗人白居易、宋代大文豪苏东坡等，明代莲池大师座下弟子有陶望龄、陆光祖，憨山大师座下弟子则有汤显祖、钱谦益、屠隆，紫柏大师座下有董其昌、汤显祖等（汤显祖同时师事二人）。另外，明代文学家李贽、袁宏道，清代思想家魏源、梁启超，以及近代振兴佛教的居士杨文会也都是归宗净土。

近代以来，中国世事艰难，几近灭亡，佛教的发展也受到很大影响。受西方学术的影响，中国佛教和佛学研究发生了天翻地覆的变化。就宗教信仰的层面来看，各种机缘凑合，净土法门信仰逐渐成为佛教的主流。但是现代佛教鱼龙混杂，末法时代现象呈露无遗，这里为了避免发生歧见，就不做叙述了。读者当自己立心思考，切勿随人而误入歧途。

二、《佛说阿弥陀经》简析

《佛说阿弥陀经》，简称《阿弥陀经》，是鸠摩罗什大师所翻译的。鸠摩罗什虽然是西域人，但是精通汉语，并且文学修养极高，这一点在《佛说阿弥陀经》中也充分表现了出来。《佛说阿弥陀经》译文简洁流畅、典雅优美，极尽佛教文学之美。在所有佛经中，《佛说阿弥陀经》是流传诵读最广的一部经书，大多数寺院和居士都把《佛说阿弥陀经》作为早课和晚课必修念诵的佛经。这除了与净土信修的广泛有关之外，恐怕也得力于鸠摩罗什的文笔。

《佛说阿弥陀经》一开始简要交代了佛陀说法的场面，非常概括地介绍了参加法会的圣众，然后切入正题，佛陀不等诸弟子请问，就主动开口宣说佛法。所以此经冠以“佛说”二字，不仅仅表明此经是佛陀所说，还含有佛陀主动说法的意思。一般情况下，佛陀是需要有人祈请提问才说法的。

佛陀开门见山地说，在离我们这里十万亿佛土那么远的地方，有一个佛国世界，叫做极乐世界，这就是我们平时所说的净土。阿弥陀佛现在就正在极乐世界说法。然后佛陀叙述了极乐世界的两个基本特点：境界庄严和功能殊胜。第一，境界庄严。极乐世界到处充满了庄严美妙的景象。极乐世界的众生所享受的只有快乐，而不会遭受痛苦。在极乐世界里的一切万物都是极度美妙的，从土地到天空，以及其间的亭台楼阁等建筑物、栏杆、树木、池塘、池水、七宝莲花等，一切都是用黄金、琉璃等珍宝合成的。这些珍宝都是在我们这个娑婆世界很难得到的，但是在极乐世界，这些珍宝却成了最基本的事物。极乐世界的美妙是立体的，不仅跟我们这个世界类似的万事万物都是珍宝做成，而且在天空还装饰了好几重的罗网，这些网也是珍宝合成的，并且从天空中不断落下天曼陀罗花。极乐世界的声音也是美妙的，天空中不断响起天界才可能有的美妙音乐。可见，所有我们能够想象得到的庄严美妙的情景，在极乐世界都是现实的存在。第二，功能殊胜。极乐世界的一切事物不仅仅是珍宝合成，而且还有特别的功能，那就是它们发出的声音，都在宣说佛法。我们这个世界只有佛陀和法师能够宣说佛法，并且听众听了之后还大多数听不懂，少数听懂了的也记不住，极少数能记住的也不能够理解，能够理解的还不一定能实行。而在极乐世界，一切的声音，水声、风声等都在宣说佛法，众生听到这些声音就自然而然地生起念佛、念法、念僧的心。可见极乐世界不仅美妙庄严，而且功能殊胜。在这样的国土，一个修行者实行修行就有说不尽的便利之处，容易进步而易于成就，成佛也就指日可待了。

极乐世界的众生也非常奇特。首先是阿弥陀佛，他的寿命是无限的，他的身体发出的光明也是无限的，能照耀十方世界的国土。极乐世界的众生也是寿命无限，并且数目多到没有限量。更为奇特的是，所有这么多的众生，全都达到了不退转的果位，也就意味着不用害怕境界退转而再度进入轮回受苦。在这些众生中，还有很多都是一生补处菩萨的果位，很快就可以成佛。

叙述了极乐世界的庄严殊胜之后，佛陀劝导众生，凡是听闻到极乐世界的，都应当发愿往生到极乐世界去。佛陀指出了往生极乐世界的条件和途径，一就是要修行功德，“不得以少善根福德因缘，得生彼国”，必须行善积德；二就是念佛修行，念诵阿弥陀佛的名号，达到一心不乱的程度，那么临终时候，阿弥陀佛就会带领圣众出现在其面前，来接引死者到极乐世界。

佛陀极度赞美阿弥陀佛，并且指出，十方世界的一切佛都跟他一样在赞美阿弥陀佛。然后佛陀重申了发愿往生净土的重要性，发愿往生就能得到诸佛的护念加持。最后佛陀又指出，自己宣说称赞阿弥陀佛的这种行为，也受到十方世界诸佛的称赞。因为在我们这样的五浊恶世能够得到正觉而成佛，又宣说净土法门这种难信的法门，这是十分难得的。佛陀是告诉我们，不可因为净土法门的简易而不相信。

从总体内容来看，《佛说阿弥陀经》比较简短，文句也不复杂难懂，但是所蕴含的义理却仍然是十分深奥、十分美妙的。在简短的文字中，它已经把净土法门的基本内容相对完备地叙述出来了。对于佛学义理研究得越通透，读这部经就越觉得有滋味。

这部经除了鸠摩罗什的译本外，还有两个译本，一个是南北朝时期刘宋年间由求那跋陀罗翻译的《佛说小无量寿经》，因为这部经比《佛说无量寿经》简短很多，但内容是一致的，所以这个译名也是非常恰当的；另一个译本就是著名的唐三藏玄奘大师所翻译的《称赞净土佛摄受经》，玄奘的翻译从准确度和完备度来看比鸠摩罗什译本要强，但是文句的流畅优美都比不上鸠摩罗什，所以至今都是以鸠摩罗什的译本作为基本的诵读文本。

三、《佛说无量寿经》简析

《佛说无量寿经》，简称《无量寿经》，又叫《大阿弥陀经》，因为其篇幅比较长，是《佛说阿弥陀经》的十倍有余，所以有时候又简称作《大经》。

一开始，佛陀在耆阇崛山中说法，参加这次法会的大众有一万二千人，是平常的十倍，说明这次法会十分盛大。接着经中用了很长的篇幅来叙述听法的尊者、菩萨等圣众。先是列举了很长的名单，然后又十分完整地叙述了这些圣者成佛的过程。

在这样的法会上，佛陀一开始示现出特别美妙的威仪，阿难领会佛陀的心思，就向佛陀请教。佛陀受阿难的祈请，开始宣说诸佛相互护念的法门，由此引归到念佛的究竟法门，即念阿弥陀佛。《佛说阿弥陀经》中佛陀是不请自说，与这里略有不同。大概《佛说阿弥陀经》比较简略，这个细节给略去了。

佛陀叙述了从久远的过去世出世的诸位佛祖，一直叙述到世自在王佛住世的时候，法藏比丘作为世自在王佛的弟子发愿修行。法藏比丘就是后来成佛的阿弥陀佛。世自在王佛为法藏比丘宣说了二百一十亿诸佛国土的情景。法藏比丘经过五个大劫长时间的修行，摄取了这所有佛土中清净庄严的妙处，功德圆满之后，向世自在王佛汇报修行的成就。世自在王佛请法藏比丘宣说自己所要修行的法门，于是法藏比丘就在世自在王佛面前发下大愿，这就是著名的四十八愿。然后法藏比丘根据自己所发的大愿，经历了无数劫长的时间修行，最终功德圆满而成佛。

这四十八愿，成为整个净土法门成立的依据。随着对净土经典的逐步深入理解，四十八愿中所蕴含的义理被逐步揭示出来。人们发现，如果依据阿弥陀佛的大愿，只用求得往生到阿弥陀佛的国土，就能最终成佛。以前人们必须经历无数生生死死累世修行才有可能成佛，这个过程非常漫长，并且没有保证，一不小心就可能堕入恶道而打断这个不断向上的修行过程。现在有了阿弥陀佛，就不必辛辛苦苦靠自力修行，只用乘托阿弥陀佛的大愿，就能稳稳当当地得到救度。这样殊胜的法门一旦被揭示出来，自然很快就得到了推广。当然，关于对四十八愿的解释，也有种种不同看法。有的人把四十八愿的重要性做了排列，把第十八愿所述的“十念往生”单独拎出来，称作阿弥陀佛的王本愿，也就是诸愿之王。“十念往生”把净土法门的简易性发挥到了极致，甚至有的人就只讲这一愿。实则四十八愿是一个系统的整体，离开别的愿，这第十八愿也没有落脚之处。因此要诸愿并重，不可偏废。

佛陀在叙述了法藏比丘成佛的过程之后，详细描述了无量寿佛国土的种种庄严景象，比《佛说阿弥陀经》的描述更加详细，辞藻华丽，铺排甚盛，颇有赋体文字的优美韵致。

佛陀又把往生净土的众生分为三类，这就是经中所说的“三辈”。三辈往生也成为净土宗的重要教义。

佛陀又苦心劝告众生发愿修行往生净土，劝告众生珍惜遇到这样的法门的机会。

佛陀又运用神通力，让阿难和法会圣众亲眼目睹了无量寿佛和他国土的众生以及种种庄严景象。

最后，佛陀指出，在十方世界的诸佛国土中，也有无数的菩萨发愿将要往生到无量寿佛的国土，以此来加强人们的信心。

《佛说无量寿经》的篇幅比较长，篇章结构比较复杂，文字语句也比较难懂，所蕴含的义理也更加丰富，是所有净土经典中最值得玩味的一部。

关于这部经，最大的争议就是版本问题。据说汉译本一共有十二种，现存的则只有五种。这五种版本的文字和义理都有不同之处，由此引发了不断的所谓“会集”修订的行为，到现在已经产生了四个会集本。有意思的是，会集本的本意是要求得一个文字和义理都相对完善而便于流通的版本，但是可惜的是，每一个后出的版本都指出了前者的错误。我们相信，这种文字修订的工作永远不可能取得完善，执著于此，恐怕是偏执了。佛经本来就是阿难以及佛陀弟子根据自己的听闻和记忆作的记录和整理，这本身就不是佛陀所说的了。在这个基础上，想要求一个原本的佛陀所说，怎么可能。最终只是根据自己的一己之见，做一番并不合适的修补编订而已。

不管是研究还是修行，应该以五部译本为根据，其中曹魏康僧铠的译本相对完善，流通最广，我们这里也以这个译本为根据来做注释。

四、《观无量寿佛经》简析

《观无量寿佛经》，简称《观无量寿经》，也是很有文学色彩的，一开篇就叙述了一个情节颇为曲折的故事。

佛陀在王舍城附近的耆阇崛山中，与大比丘一千二百五十人一起，另外还有菩萨三万两千人，一共三万多人，可见这个法会也是十分盛大的。

那时候王舍城的太子受提婆达多的教唆，把自己的父亲囚禁起来，想要饿死父亲以篡夺王位。提婆达多就是佛陀的堂弟，提婆达多和阿难都是斛饭王的儿子，阿难是提婆达多的弟弟。提婆达多早年跟阿难一起随从佛陀修行，经过十二年的修行，精通了佛法，但是没有最终悟道成佛，由此步入歧途，想要通过各种外在的途径得到承认。提婆达多相貌与佛陀相似，具备了三十好相，又精通佛法，因此有不少僧人追随他。他在十力迦叶那里学习了神通，想要靠神通获得利养。他受到阿阇世太子的供养，再加上部分信众的信服，由此生起傲慢之心，认为自己已经成佛了，自称大师，分裂僧团，私自制定教义和戒律，并想要加害佛陀，以取而代之。提婆达多后来堕入地狱，经历过苦难之后最终也成佛了。

阿阇世翻译成汉语就是“未生怨”，他与他父亲宿世有仇，尚未出生就和父亲结怨，这也是业力牵引的结果。阿阇世不明佛法，以为提婆达多是大圣人，就供养他。提婆达多挑拨阿阇世父子的关系，说阿阇世已经长大成人，老王却不让位。阿阇世就对父王生起愤恨，发动政变，把自己的父亲囚禁在防护严密的监狱密室中，想要饿死父亲。阿阇世的母亲韦提希想了一个聪明的办法，她沐浴清洁身体之后，用蜜糖调和炒熟的麦粉，涂抹在自己身上，然后穿上衣服。她又在特制的璎珞珠宝中灌满葡萄汁，然后去监狱密室探望老王，用这种秘密的方式给国王送饭吃。国王吃了麦粉和蜂蜜，又喝了葡萄汁，当然不会饿死。国王又向佛陀祈求佛法，佛陀就派遣大目犍连用神通飞入密室，为他说法。国王听闻佛法，自然心情和悦。这样，国王不仅没有饿死，反而气色平和、心情喜悦。

时间这样过去了二十一天，阿阇世预计自己的父亲该饿死了，就问手下人自己的父亲怎么样了。结果他发现由于母亲的秘密行动，父王不仅没死，反而更加健康了，不禁勃然大怒，手拿宝剑想要杀死母亲。这时大臣月光和名医耆婆一起前来进谏。月光对阿阇世说，只有贱种才会杀害自己的母亲，如果阿阇世杀害自己的母亲，他们只好离开。在古代印度种姓制度非常严格残酷，高贵的种姓是不跟贱种交往的。阿阇世被月光的话吓怕了，就不敢杀害母亲，而把母亲幽禁在深宫之中。

阿阇世的母亲韦提希在幽闭的深宫中忧愁憔悴，就向佛陀祈祷。佛陀派遣阿难和大目犍连先行，然后自己也来到韦提希的深宫。韦提希因为自己的儿子而伤心，厌弃这个世界，想要求生一个清静的佛土，就求佛陀为她说法。佛陀就开始向她宣说阿弥陀佛净土法门，教她修行求生阿弥陀佛净土，并要求阿难忆持这个法门，向世人宣说。

佛陀宣说了观想净土的修行法门，也就是经常所说的“十六观”，依次为日想、水想、地想、树想、八功德水想、总观想、花座想、像想、遍观一切色身想、观观世音菩萨真实色身想、观大势至色身想、普观想、杂观想、上辈生想、中辈生想、下辈生想。每一观都有相应的观想对象和观想境界。

这十六观是《观无量寿佛经》的主体部分，主要就是讲述了这种观想禅定的修行方法，其中蕴含的义理清楚表明了往生净土的条件。中国净土宗最早的开宗立派，就是从这部经典开始的。慧远所修的净土法门大概就是比较严格地按照这部经典，进行禅定的观想修行。而从昙鸾开始，到道绰和善导，他们虽然也以这部经为基本依据，却是侧重从其义理中诠释出来的持名念佛的法门，反倒是对观想禅定的法门没有特别提倡。

五、净土法门的修行方法

净土宗的宗旨，概括说就是发愿往生阿弥陀佛净土，念阿弥陀佛名号修行，命终往生阿弥陀佛净土。这里主要有三个必要条件，即发菩提愿、念佛修行、发愿往生。

第一个必要条件是发菩提愿，所谓菩提愿也就是成佛的愿。发菩提愿是大乘佛教修行的根本，净土法门也是以菩提愿为根本。有的人误以为净土法门只是求得临死的时候往生净土，更有人认为念阿弥陀佛的名号仅仅是为了消灾祈福，却不知道整个净土法门最终的归向乃是成佛，这正是本末倒置、买椟还珠。按菩萨道所言，修道成佛是一个极其漫长而艰苦的过程，一般人都将其视为畏途。更困难的是，菩萨道要求自利利他，常人自求利益没有问题，这是随顺人的习气，但是说到利他，则往往难以扭转自利的习气。菩萨道以修行利他之道，而最终才成就佛道，把自利寓于利他之中，也可以说只有利他没有自利，这在常人看来是与习惯完全拂逆的。发菩提心就是要发愿修行菩萨道而最终成佛，这是需要极高明的见识和极其勇猛的决心才可以的。往生净土同时就意味着最终成佛，这是由净土的殊胜功德决定的，也是由阿弥陀佛的本愿所保证的。所以往生净土与菩萨道是完全一致的，发菩提心是往生净土的必要条件，而同时往生净土也成为实行菩萨道的最优途径。以菩提愿为基础，则整个修行就统一到菩萨道这个根本目的上来了，那么日常的念佛修行等功课和行善积德、利益他人等都可以统一到菩提愿中，而最终归结到往生净土这个此生此世的修行目的上来。

第二个必要条件是念佛修行。一般人都很好奇所谓的修行到底是怎么回事，以为像武侠小说或者神话剧中一样，又是吸取日月精华，又是身体发光，又是符咒镇压之类的。实则这些所谓的神奇事迹并不真的存在，想要靠所谓的修行求得这样的结果，是绝对不可能的。这就需要认真对大乘经典中的神话做一番解释。大乘经典富有神话色彩，经常叙述佛陀、菩萨、天人等的神通和佛国的各种庄严殊胜的奇妙境界，这就为佛教信众提出了一个信仰的问题。首先是这些奇迹到底存在不存在？然后是大乘佛教修行的信仰如何定位？可以肯定的是，这些神奇的事迹并没有任何证据能够证明是真实存在的，当然也没有任何证据证明是不存在的。大乘佛教的部分信众信誓旦旦肯定神话的存在，和上座部否定大乘神话，二者都是有所偏颇的，而落入佛陀一再警告的断常二过。这正如灵魂问题一样，灵魂之有无，不可断言其有，也不能断言其无，有则为常，无则为断，都是错误的。那么如何定位信仰问题？如法修行，按照佛陀经教的教导修行。有人可能疑惑，这不是废话吗？按照经典教导，那就要相信神话。这种观点正是对如法修行的误解，是拿自己的意见去裁决佛经。如法修行就是要逐渐去除这些妄想。有的居士甚至是出家的法师，修行到最后成了讲述神话故事的能手，如此误入歧途，实在可惜。净土法门的修行也是如此，要如法修行，按照佛陀的教导来修行。

修行并没有特别奇特之处，只是实行一套与自己以往不同的生活方式而已。净土宗的修行法门经过上千年的阐扬和传承发展，到现在可以说形成了相当完备的系统，也积累了很多珍贵经验。净土法门的修行，包括经典的诵读，如很多寺庙都把《佛说阿弥陀经》作为早晚课的必读，以及佛教经论的研习，持续不断地念佛，临终的念佛往生等。我们这里主要就念佛的方法作一些简单的叙述。念佛的方法大体上可以分为三类：一是持名念佛，二是观想念佛，三是实相念佛。

持名念佛是净土修行运用最广泛的念佛法门，即念诵阿弥陀佛的名号，可以念“阿弥陀佛”四字，也可以加上“南无”二字，念“南无阿弥陀佛”。念诵佛号的方法也有很多种，有出声念，有默念，有忆念。出声念佛，也有很多不同的讲究，如善导大师，用尽全身力气念诵佛号；又如自己念佛自己听，就是听自己念佛的声音；还有十声念佛，一口气念十声佛号，气用尽为一念；又如计数念佛，印光大师所提倡，念佛的时候心中默默计数，从一计到十，周而复始，等等。默念就是在心中默默念诵佛号而不出声音，除了不出声音外，别的与出声念佛一样。默念法比较适合现代人日常修行所用，比如在等人或休息的时候，都可以默念佛号。忆念法出自

《大势至菩萨念佛圆通章》，指像思念某人一样思念阿弥陀佛，如母亲思念儿子，如情人之相互思念，这种念佛法不出声念也不默念，只是心思所牵挂，在于阿弥陀佛身上。

观想念佛主要是依据《观无量寿佛经》的十六观进行观想禅定的修行，这是一种禅定的修行方法，同时也是一种念佛的方法。观想念佛就是我们通常所说的“打坐”的一种。打坐通常是为了求得入定的静定境界，而观想念佛却不是入定，而是在打坐中进行净土世界的观想。这种念佛的修行方法比较复杂，首先是打坐的问题，然后是观想的方法以及境界等，都需要有专门的研究。

实相念佛就是念想阿弥陀佛的实相法身，实相是非相非非相，念佛实相是与佛的法身相契合。这种念佛法门就是于念而无念，既不念诵阿弥陀佛的名号，也不观想佛像和净土境界，是属于一种不可思议的修行境界。禅净合一的修行者往往追求实相念佛的境界。

第三个必要条件是发愿往生阿弥陀佛净土。只有精通义理，信心坚固，才能真正发愿往生净土。若没有往生之愿，则失去净土修行的根本目的，那么念佛也不能往生。这一点是非常重要的，有不少人误解，以为只要念诵阿弥陀佛名号，至诚专心，就能往生，却不知道发往生大愿是净土修行的根本。发愿犹如播种，念佛犹如阳光雨露，若无种子，只有阳光雨露并不能开花结果。发愿往生阿弥陀佛净土是整个净土修行的落脚处。发菩提愿是根本，而往生愿是与菩提愿相应的，有了菩提愿，则往生愿深切而不易动摇，有了往生愿，则菩提愿也得以落实。往生净土正是为了实现菩提愿。发愿往生，则念佛修行就有了一个目的，念佛修行是为了积累功德资粮，最终得以实现往生净土的愿望。发愿只是发往生愿，更重要的是临终得以往生净土，这是整个净土法门修行在此生此世所求的最终结果。发往生愿要求真实恳切，而一切的修行又都在临终的一念中得以结果。人临终的时候往往容易昏沉掉举，产生信心不足、念佛不专等各种问题，这时候正是检验修行功夫的时刻。因此民间又有不少信众组成临终助念团，在某一个信众临终的时候，大家前去助念佛号，增加临终者的信心，用团友的念佛声提醒临终者专心念佛。

除了专修净土法门之外，还可以结合别的法门来修行，其中禅净合一是一个比较明显的趋势。由于净土法门修行简易，不少人误以为净土法门太简单了。这个问题归根结底是自力和他力的问题。净土法门的根基是依靠他力，凭着阿弥陀佛的本愿力得到解脱。而其他法门都强调自力，从自性中得以解脱。实则自力和他力并不是相反的，而是相对而又相成。并非单纯的自力就好，也并非单纯的他力就好，更何况根本就不存在单纯的自力或他力。我们不妨反向思考，如果只有自力，那么所信的是什么？如果只有他力，那么谁在念佛？的确，整个佛教义理都是强调自力得度，这个是最根本的原则。净土宗也没有背离这个根本原则。净土宗强调的他力，仍然是以自力为根本的。从自力中生根，这个他力才有力度、有归处，这也是净土宗一再强调菩提愿的原因所在。而所谓的自力，也离不开对于佛陀的信仰，离不开对于他力的依靠。如果离开信仰，这个自力就好比是辟支佛的作用，虽然很不错了，还是不能究竟解脱。自力需要从他力处获得支持和约束，这从根本上说就是加持和戒律的问题。阿弥陀佛和诸佛的愿力作为自力的支持，佛陀定制的戒律则成为自力的约束。如此看来，净土宗和禅宗在根本上仍然是一致的。不可因依凭自力就忽视他力，那最终只能流荡无归；也不可因强调他力就忽视自力，那也只能落个空疏无功。禅净合一既有利于禅宗的发展壮大，也有利于提振净土宗的宗风，免于懒惰浅薄。

六、余论

我的人生的意义何在？我究竟有没有灵魂？我死之后到底是什

么状况？这些问题是困扰每一个心灵的重大问题。对这样的问题，仅仅给出某一个肯定的答案是无济于事的。对于这些问题，哲学的立场是存而不论，认为这些问题从逻辑上是不能得到证明的。宗教则越过逻辑环节，以文学手法叙述出来一个形而上的世界，来安置这些问题。宗教解决这些问题靠的是信仰的力量，而不是逻辑证明的力量。

与一般的宗教不同，佛教不仅有广泛的信仰层面，更有无限博大精深的义理系统，逻辑的严密和义理的深奥足以满足大多数高智商人士的心灵需求。在学理上，学者傅伟勋提出，修习佛学甚至可以弥补西方哲学训练缺乏的不足。佛教作为宗教，早已经超越西方的一神或多神宗教。因此有不少佛教学者甚至提出佛教非宗教的论题。

在当今的中国社会，物质生活比以前发达很多，人们的精神需求逐渐高涨，佛教、基督教等各种宗教在这个层面都有特殊重要的意义。现代人研究或者信仰佛教，不能用神话式的思维盲信，只有坚持理性和信仰的平衡，才能真正得到宗教的益处而避免盲信的弊端。

净土宗是佛教中特别发扬信仰精神的宗派，适合社会各个阶层的接受程度，即所谓“普被群机”。但是，净土宗的爱好者和修行者，仍然要注意理性和信仰的平衡。有条件的人，还是要尽量多学习佛学经论和各种知识，多闻多见，然后再归约到净土，这样才是合适的，而不是固守一句“阿弥陀佛”就万事大吉了，那只是懒汉哲学。历史上有成就的净土大师或学者、修行者，都是十分勤奋而博学的。

需要提醒的是，当今净土法门盛行，也有不少人借此机会，冒用净土佛法之名，招摇撞骗，巧言迷惑，以求得钱财供养等好处。善良的信众还是要心存警惕，作一点分别的好，与盗资粮，是增加坏人的恶啊，要尽量避免。

此外，要特别提醒的是，净土法门和戒律的关系问题。不可误认为净土法门允许带业往生，就不怕作恶。清净三业，严守戒律，仍然是净土宗修行的根本所在，如果把烦恼即菩提当成追求享乐而犯戒的借口，那就太可悲了。

总之，博学多识、深入经教、勤勉修行、严守戒律才是净土宗的正途，切不可因方便而流于懒惰空疏。

本书的校点、注释和白话翻译工作所依据的底本为 1937 年上海佛学书局出版的印光法师所校订的《净土五经》。这本《净土五经》是繁体字竖排版，版式非常优美，字体大而清晰，可见印者的拳拳美意。另外，中州古籍出版社编辑卢海山先生和何慧婷小姐勉力相助，热心周到，提出了很多宝贵的意见。非常感谢！

王党辉（华东理工大学）

2010 年 5 月

目 录

佛[1]说阿弥陀[2]经[3]

姚秦[4]三藏[5]法师鸠摩罗什[6]译

如是我闻[7]。一时[8]，佛在舍卫国[9]祇树给孤独园[10]，与大比丘[11]僧千二百五十人[12]俱。皆是大阿罗汉[13]，众所知识[14]。长老[15]舍利弗[16]、摩诃目犍连[17]、摩诃迦叶[18]、摩诃迦旃延[19]、摩诃俱絺罗[20]、离婆多[21]、周利槃陀迦[22]、难陀[23]、阿难陀[24]、罗睺罗[25]、憍梵波提[26]、宾头卢颇罗堕[27]、迦留陀夷[28]、摩诃劫宾那[29]、薄拘罗[30]、阿㝹楼驮[31]，如是等诸大弟子。并诸菩萨摩诃萨[32]：文殊师利[33]法王子[34]、阿逸多[35]菩萨、乾陀诃提[36]菩萨、常精进[37]菩萨，与如是等诸大菩萨，及释提桓因[38]等，无量诸天大众[39]俱。

［注释］

①佛：即是释迦牟尼佛，又称佛陀，汉语习惯单称佛。佛经中凡单称佛而不具体说名字的，一般指释迦牟尼佛。②阿弥陀：即是阿弥陀佛，阿弥陀乃是梵语音译，意为“无量光”、“无量寿”。又有《佛说无量寿经》之无量寿佛指的就是阿弥陀佛，不过无量寿佛之名仅仅显示阿弥陀佛寿命无量之义，没有显示无量光的含义，故“无量寿光佛”之名更加全面。③佛说阿弥陀经：经题，又叫经名。此经是释迦牟尼佛所说，经文所言是阿弥陀佛之事，所以此经题目叫做《佛说阿弥陀经》。④姚秦（384—417）：东晋十六国之一，又称后秦，姚苌所建，故称姚秦。中国古代以“秦”为号的朝代有四个，一为秦始皇嬴政所建，称为秦朝；另三个都在东晋十六国之内，一为前秦（350—

394)，苻健所建，又称苻秦；一为后秦（384—417），姚苌所建，又称姚秦；一为西秦（385—400，409—431），陇西鲜卑族酋长乞伏国仁所建。⑤三藏：指经、律、论三藏。学者能精通三藏之一者，分别称经师、律师、论师，能通晓三藏的，才能称作三藏法师。另外，我国对于翻译三藏经典的译师，也称作三藏法师，如玄奘三藏、真谛三藏。⑥鸠摩罗什（344—413）：著名佛经翻译家，主要活动在东晋后秦时代。鸠摩罗什是梵语音译，意译为“童寿”，意思是童年而有老年人的德行。⑦如是我闻：是佛经通用的开首语。佛陀将入涅槃时，阿难曾提出，佛涅槃后，佛徒失去导师，将面临四个重大困难：一、以何为师？二、以何安住？三、结集经典，如何令人起信？四、恶性比丘如何调伏？佛陀依阿难所问以四事嘱咐其：一、以戒为师，佛涅槃后佛徒当以戒律为老师；二、佛徒应依“四念处”安住，即观身不净、受是苦、心无常、法无我；三、集结经文时在文首冠以“如是我闻”四字；四、对待恶性比丘，以“默摈”待之，也就是不要与其辩论、交往。在第一次佛经结集大会上，结集的经典都是由阿难背诵出来的，并按佛陀嘱咐，全部冠以“如是我闻”四字。可见，“如是我闻”这简单的四字，有着复杂的内涵：第一，基本含义为“这是阿难我从佛陀那里听说的”；第二，深层义理则指示“如是我闻”乃是一种成就，依阿难尊者的听闻成就而成立佛经的文本成就，也就是经典成就，经典不可更改；第三，指示出传教的路径不能是教条主义，“如是我闻”者并不是佛亲口所说，而是依阿难的闻成就所立，因此学习佛经不可拘泥。⑧一时：即是讲这部经的时候。佛说经有具体的年月日时，而佛经中都不具体记载，统一说为“一时”，这并非因为具体时日不可考，而是一种成就，叫做“时成就”。时成就有两层：一、佛法属于一切时间、一切空间、一切众生，并非仅仅是对此时、此地、此众生所说，故说为“一时”；二、佛住世说法常行于各国，而各国纪年、历法都不统一，为了免除后世人为考证年月引起争论，而只说“一时”。⑨舍卫国：中印度古王国，“舍卫”意译为闻物、闻者、无物不有、多有、丰德、好道。佛陀在世时，波斯匿王统治此国。佛陀在舍卫国居止二十五年，较居其他诸国为长。据考，舍卫国位于尼泊尔之奥都（古称沙只）北方约九十公里处。⑩祇（qí）树给孤独园：又称祇园精舍，是佛陀在舍卫国经常说法的地方。“祇”指的是舍卫国的祇陀太子。“给孤独”指的是给孤独长者。给孤独长者名须达多，意译为“善施”，因须达多喜欢帮助贫苦孤独之人，故尊称他为给孤独长者。须达多初皈依佛陀，想要购买祇陀太子的园林赠给佛陀，以供说法。祇陀太子戏言须黄金铺地。须达多以黄金遍布园地，唯遗有树之处。祇陀太子感佩其诚，以树布施。因此，给孤独园和祇树共成精舍，名祇树给孤独园。⑪大比丘：比丘中德高年长的。比丘，出家受具足戒者，男称比丘，女称比丘尼。比丘是因地名称，其意有三：乞士、破恶、怖魔。乞士就是从俗众乞食、从佛陀乞法。破恶就是能破诸恶者。怖魔就是在比丘登坛受戒之时，诸魔闻知此事而感到恐怖。⑫千二百五十人：指的是耶舍长者子朋党五十人，优楼频螺迦叶师徒五百人，那提迦叶师徒二百五十人，伽耶迦叶师徒二百五十人，舍利弗师徒一百人，大目犍连师徒一百人，一共一千二百五十人。这一千二百五十人，起初各随本师修炼外道；后皈依佛陀，常年随佛陀听闻佛法，凡是佛说法之处，都有这一千二百五十人随听。因此，很多佛经开始都会叙述到听经列众千二百五十人。⑬大阿罗汉：阿罗汉中功德高尚者。阿罗汉，是小乘中最高的果位。比丘种因，得阿罗汉果，阿罗汉三义为杀贼、应供、无生。一切烦恼为贼，阿罗汉全部都能破除，故名杀贼。阿罗汉一切漏尽，应受一切世间及诸天天人供养，故名应供。阿罗汉出脱轮回，更无后世再生之理，故名无生。⑭众所知识：为一切世间大众所知。知识，知为知道，识为认识，意为了解。佛经别处“知识”又有朋友的意思，如“善知识”就是导我于善的朋友，“恶知识”则是导我于恶的朋友。通晓佛法，善于引导别人的高僧或居士也有称善知识的，因不是拜入门下的老师，仍取朋友义。若是已经拜师皈依者，就不可称为善知识。⑮ 长（zhǎng）老：功德高尚为长，戒腊悠长称老，二者合称为长老。戒腊从出家受戒后结夏安居的那一年开始算起，即出家的年数而不是年龄。众比丘中，小比丘称大比丘长老，大比丘呼小比丘名字。众长老在座，单称长老不便，则称“长老某某”。此经中从舍利弗以下，共十六位尊者都称为长老，此处的“长老”二字总领以下十六尊者。在禅宗又称住持为长老，是为僧职。⑯ 舍利弗：又做舍利弗多、舍利子，佛陀十大弟子之一，智慧第一，佛陀右面弟子，故被认为是佛陀的大弟子。⑰ 摩诃目犍连：即大目犍连。佛陀十大弟子之一，神通第一，佛陀左面弟子。摩诃是梵语音译，意为大、多、胜。⑱ 迦叶：佛陀十大弟子之一，头陀行第一，是佛弟子中最无执著之念者，曾受佛陀分与半座，佛涅槃后成为教团统率者。迦叶又以“拈花微笑”故事，开启教外别传，被禅宗尊为初祖。然而这个故事在《大藏经》中没有记载，典故出处恍惚不详。宋代王安石说此事出自《大梵天王问佛决疑经》。迦叶是姓，意译是饮光。饮光，自身光明能遮蔽别的光使之不显，如被饮而尽。饮光是上古仙人，迦叶是饮光后裔，以先祖之姓为名。⑲ 迦旃（zhān）延：佛陀十大弟子之一，议论第一。迦旃延意为剪剃种、扇绳、好肩，是婆罗门十大种姓之一，此处摩诃迦旃延是以姓为名。⑳ 俱絺（chī）罗：又作拘瑟耻罗，意译为膝，说其膝骨大。俱絺罗是舍利弗的舅舅，即长爪梵志。㉑离婆多：又作梨婆多、离越、离曰，在佛弟子中禅定第一、无倒乱第一。离婆多本为二十八宿中的室宿之名，其父母向室宿祈祷而得子，故以星为名。㉒周利槃陀迦：又作周利槃特迦，意译小路，周利即小，槃特迦即路，兄弟二人中为弟，故称小，其母生其于路途中，故名路。周利槃陀迦生性极其愚钝，刚学习的东西，随即忘记。佛陀教他为众比丘拂拭鞋履的时候常念“拂尘除垢”一语，后来因此开悟，得阿罗汉果，具大神通。㉓ 难陀：意译为欢喜、欣乐，此处即牧牛难陀，本为牧人，因向佛陀问牧牛十一事而皈依佛陀，成阿罗汉果。孙陀罗难陀有时也被称为难陀。㉔ 阿难陀：意译为欢喜、庆喜、无染，简称阿难，是佛陀十大弟子之一，多闻第一。阿难陀是佛陀的堂弟，斛饭王之子，生于佛陀成道之夜，二十五岁出家，侍佛二十五年，受持一切佛法，善于记忆，对于佛陀所说多能记诵，故誉为多闻第一。第一次佛经结集大会就是选定阿难陀为经文诵出者，对于佛经的传持功劳极大。阿难陀于佛陀生前未能开悟，后在迦叶诫教下才发奋而开悟。迦叶为付法藏第一祖，迦叶又付法阿难陀，阿难陀为付法藏第二祖。阿难陀天生容貌端丽，面如满月，目如青莲，身体光净犹如明镜，屡遭诱惑，志操坚固，终保梵行。㉕ 罗睺罗：佛陀的嫡子，佛陀十大弟子之一，密行第一。罗睺罗意译覆障、障月，罗睺罗出生时候恰逢阿修罗王障蚀月，故以此事为名；又罗睺罗因前世因缘，住母胎六年，为母胎所障蔽，以此为名。前世因缘说法有三：一是往昔做国王时，因禁止独觉入境，导致独觉困在山中七日不能乞食，国王堕入地狱后，仍有剩余的报应为七年在母胎；一是往昔为修行道人，为鼠所扰，曾堵鼠穴洞口六日，报应住胎六年；一为往昔为国王时，有仙人犯戒，想要向国王忏悔，国王沉迷五欲，玩忽职守而令仙人在外等待六日不听忏悔，故报住胎六年。㉖憍（jiāo）梵波提：又作迦梵波提，意译牛司、牛王，佛陀十大弟子之一，解律第一。㉗宾头卢颇罗堕：十六罗汉之第一宾头卢尊者，永住于世，显现白头长眉之相。宾头卢为名，颇罗堕为姓，婆罗门种姓之一。宾头卢意译不动，颇罗堕意译捷疾、利根、重瞳。㉘迦留陀夷：又作乌陀夷，意译粗黑、黑曜、黑光，盖因其身体漆黑而名。据《增一阿含经》，迦留陀夷其身极黑，在夜间乞食的时候，一家妇人怀有身孕，恰好天有闪电，妇人在电光中看到迦留陀夷，以为是黑鬼，惊怖而致堕胎。如来因为此事立法，比丘过午不食，亦不得预先乞食，即不能乞食而有储存。㉙劫宾那：佛陀弟子中能知星宿第一。劫宾那意译房宿，其父母向房宿祈祷而得子，因以为名。又佛陀曾化老比丘与劫宾那同房共宿，借机点化，以此事为名。㉚薄拘罗：意译善容、伟形、大肥盛，因色貌端正而名。因持一不杀戒，幼年五度遭继母谋害而不死。一生没有任何病苦，世寿一百六十，比丘中长寿第一。㉛阿㝹楼驮：又称阿那律陀、阿那律，意译如意、无贪，佛陀十大弟子之一，天眼第一。阿㝹楼驮是佛陀的堂弟，甘露饭王之子。㉜菩萨摩诃萨：即菩提萨埵（duǒ）摩诃萨埵。菩萨是菩提萨埵的简称，菩提意译觉、道，萨埵意译有情、大众、众生，菩提萨埵就是觉有情、大觉有情。摩诃萨埵，摩诃意译大，萨埵又有勇猛义，摩诃萨埵意译大有情，指的是大菩萨。菩萨有大小，初信菩萨或修行尚未达到不退位者是小菩萨，深行菩萨达到不退位境地而以自利利他愿心实行佛道的，是大菩萨。菩萨摩诃萨就是说菩萨和大菩萨，二者都是菩萨，为了突出大菩萨而特别标出，后面所列举文殊师利、阿逸多等都是大菩萨。㉝文殊师利：又作满殊尸利，新称曼殊室利，意译妙吉祥，舍卫国婆罗门梵德长者之子，出生时有诸多瑞相，以此为名。文殊师利成道后为佛陀弟子中的上首，在菩萨中堪称第一，因此又称文殊师利法王子。文殊菩萨于过去世早已成佛，《首楞严三昧经》之"龙种上尊王如来"，《八十八佛洪名宝忏》之"普明佛"，皆是文殊。佛陀也说在过去世中，曾由文殊菩萨传授佛法，因此文殊被称作"三世觉母"，在诸多经典中为诸佛菩萨之师。文殊菩萨与普贤菩萨是一对菩萨，文殊表智，普贤表理，两菩萨都是佛陀的胁侍。文殊菩萨与般若经典关系很深，在汉地佛教和藏传佛教中都有崇高的地位和广泛的信众，是我国四大菩萨之一。

㉞ 法王子：佛陀为法王，菩萨是生于法王之家的佛陀之法嗣，故称为法王子。菩萨都是法王子，经中多称文殊为法王子，是因为文殊为首座菩萨，助佛教化的第一法王子。㉟ 阿逸多：又作阿氏多，意译无能胜、最胜。阿逸多是弥勒菩萨的名，弥勒为姓，阿逸多为名。弥勒阿逸多菩萨是佛陀的接班人，在未来五十六亿七千万岁时下生凡间，成为娑婆世界的教主。弥勒菩萨在中国显密两宗都有深厚的信仰基础，还被认为是唯识宗的鼻祖，在民间更衍化出种类繁多的弥勒信仰，民间起义也多有以弥勒救世为号召者。又有以为阿逸多与弥勒是两个人，都发愿在将来成佛。㊱ 乾陀诃提：意译香象，即香象菩萨。又乾陀诃提译作“不休息”，此菩萨志愿广大，常行六度万行，誓拔众生之苦，直至久远之未来，永不休息，以此得名。㊲常精进：与“不休息”意译大略相同，常精进则不休息，不休息则常精进。㊳释提桓因：又作释迦提桓因陀罗，意译能天主。释迦为能，提桓为天，因陀罗为主。欲界有六层天，释提桓因是第二层“忉利天”（第三十三天）的天主，即帝释天。这里以释提桓因为天人代表，表示天人大众都来作佛护法。㊴诸天大众：诸天和大众。诸天，欲界六天、色界四禅十八天和无色界四处四天，以及日天、月天、韦驮天等诸天神，总称诸天。大众，即天龙八部、人非人等总称大众。

[译文]

我（阿难）听说的就是这样。佛在舍卫国的祇树给孤独园中说法，在座的有一千二百五十个大比丘。这些大比丘都是得到大阿罗汉成就的，为一切世间大众所知。他们之中有长老舍利弗、摩诃目犍连、摩诃迦叶、摩诃迦旃延、摩诃俱絺罗、离婆多、周利槃陀迦、难陀、阿难陀、罗睺罗、憍梵波提、宾头卢颇罗堕、迦留陀夷、摩诃劫宾那、薄拘罗、阿㝹楼驮等，这些都是佛的大弟子。另外还有众多大菩萨，如文殊师利法王子、阿逸多菩萨、乾陀诃提菩萨、常精进菩萨等，这些都是得到大菩萨果位的。此外还有释提桓因等无数天人大众，他们来自各个天界。

尔时，佛告长老舍利弗：“从是西方，过十万亿佛土[①]有世界[2]名曰极乐。其土有佛，号阿弥陀，今现在说法。

［注释］

①佛土：即佛陀所住的国土和佛陀所教化的国土。佛土是与净土、秽土、报土、法性土等相区别而言。②世界：世界为有情依止的国土，又叫世间。世为迁流之义，界为东西南北之界畔，极乐世界是众多世界之一，并非永恒的国土，最后仍要归向佛土。

［译文］

那时候，佛告诉长老舍利弗说："从我们这里往西，经过十万亿个佛土，那里有一个世界叫做极乐世界。那个佛土的佛主，名号为阿弥陀，就在此时正在说法。

"舍利弗，彼土何故名为极乐？其国众生，无有众苦[1]，但受诸乐[2]，故名极乐。

［注释］

①众苦：各种苦难。苦是身心受到逼迫而产生的烦恼状态，在各种经论中，苦被细分描述为多种。"一切行皆苦"是佛教的根本思想，苦乃是四谛之一。四谛为苦、集、灭、道。②乐：与苦对称，身心适悦的感受。乐是善业所引生的果报。在各种经论中，乐有多种分类和描述。在娑婆世界，乐也是一种苦，称作坏苦，因乐不能久住，必将败坏。乐是涅槃四德之一，涅槃之乐与娑婆世界之乐不同，乃是一种无漏之乐。涅槃四德为常、乐、我、净。

［译文］

"舍利弗，那个佛土为什么能叫做极乐呢？因为那个佛国的众生，没有各种痛苦，只受用各种快乐，所以称作极乐。

"又舍利弗，极乐国土，七重栏楯[1]，七重罗网[2]，七重行树[3]，皆是四宝[4]周匝围绕，是故彼国名为极乐。

［注释］

①七重栏楯（shǔn）：建筑物有七重的栏杆。栏楯，即栏杆，栏为竖木，

楯为横木。七重栏楯象征戒律。②七重罗网：空中布置有七重的罗网。七重罗网象征定。③七重行树：行道边上都有七重的行道树。七重行树象征智慧。④四宝：指金、银、琉璃、玻璃。极乐世界的建筑、罗网等一切可以用四宝做成或装饰的地方，全部都使用了四宝。金珠宝贝种类极其繁多，极乐世界只取此四宝，是以四宝象征涅槃四德，即常、乐、我、净。

［译文］

“另外，舍利弗，极乐国土，每一座楼阁都有七重栏杆围绕，天空中有七重罗网张布，行道两边都有七重行道树列布，而这些栏杆、罗网和行道树都是由金、银、琉璃和玻璃这四种宝物做成，并且在栏杆、罗网和行道树上还到处都围绕、装饰着这四种宝物。所以，那个佛国才叫做极乐。”

“又舍利弗，极乐国土，有七宝池①，八功德水②，充满其中。池底纯以金沙布地。四边阶道，金、银、琉璃③、玻璃④合成。上有楼阁，亦以金、银、琉璃、玻璃、砗磲⑤、赤珠⑥、玛瑙⑦而严饰⑧之。池中莲华⑨大如车轮，青色青光，黄色黄光，赤色赤光，白色白光，微妙香洁⑩。舍利弗，极乐国土，成就⑪如是功德庄严。

［注释］

①七宝池：七种宝物垒砌的水池。七宝，诸经说法略有不同，《法华经》所说七宝为金、银、琉璃、砗磲、玛瑙、真珠、玫瑰；《般若经》所说七宝为金、银、琉璃、砗磲、玛瑙、虎珀、珊瑚；《智度论》所说七宝为金、银、毗琉璃、颇梨、车渠、马瑙、赤真珠；《无量寿经》所说七宝为金、银、琉璃、玻璃、珊瑚、玛瑙、砗磲；本经所说七宝为金、银、琉璃、玻璃、砗磲、赤珠、玛瑙。②八功德水：极乐净土之水，具有八种功德。八功德，八种妙用，即澄净、清冷、甘美、轻软、润泽、安和、除饥渴、长养诸根。澄净，澄渟洁净，离污浊故。清冷，清湛凉冷，无烦热故。甘美，甘旨美味，具至味故。轻软，轻扬柔软，可上下故。润泽，津润滑泽，不枯涩故。安和，安静和缓，绝

迅泛故。除饥渴，不仅止渴，兼可疗饥，有胜力故。长养诸根，可增长养育身心内外故。又，在须弥山七内海之水也是八功德水，与极乐净土之八功德水略有不同。③琉璃：又作吠琉璃、毗头梨、吠努璃耶，是梵语音译，意译远山宝、不远山宝，以出产之地为名。琉璃是一种青色宝石，有同化之功德，凡接近此宝者都被琉璃之色所同化。远山即是须弥山，不远山是离波罗奈城不远的一座山。据说天空的青色就是由须弥山南方的琉璃宝所映现的颜色。此琉璃与当今市面上所售卖的琉璃制品不同。④玻璃：又作颇梨、水精，即水晶，有红、白、紫、碧四种颜色。此玻璃与今天所说的工业制品玻璃不同。⑤砗磲：又作车渠、紫色宝、绀（gàn）色宝，乃海中大贝，大如车轮，外壳上有巨大花纹粗如田垄，壳内白皙如玉。⑥赤珠：又作赤宝、赤真珠，其体红色，极其名贵，不是珊瑚之类。《佛地经论》以赤珠为赤虫所出。⑦玛瑙：又作马瑙，因其色如马脑故，梵语音译遏湿摩揭婆，近代多译作金刚石，玉髓类宝石。⑧严饰：义同庄严，装饰而使之庄严。⑨莲华：即莲花。莲花在古印度极受重视，诗史《摩诃婆罗多》述开天辟地，毗湿奴天的脐中生出莲花，莲花中有梵天，结跏趺坐，创造万物。莲花是现代印度的国花。莲花又以具有香、洁等诸种美德，在佛经中成为佛法的花类象征。佛经中所说的莲花与我国常见的圆形莲叶莲花不同，它是一种椭圆形叶的睡莲。印度莲花有五种：一、钵头摩华，即红莲花；二、优钵罗华，杂色，有红白两种；三、泥卢钵罗华，青莲花；四、拘勿头华，即黄莲花；五、芬陀利华，即白莲花。白莲花为最上等、最殊胜的莲花。五种莲花总有四色，即下文所说的青、黄、赤、白四色。⑩微妙香洁：极乐净土莲花的四种美德。微，幽深玄远为微，是就莲花的本体而言无形体之阻碍，极其微细。妙，不可思议为妙，莲花美妙极致不可方物。香，莲花之清香，此香本身乃是功德做就，亦具有熏染之功能，生此净土者皆蒙此香薰而成此功德，其余微、妙、洁三者与此相同。洁，洁净无染。⑪成就：“得”的一种，以前没有而现在得到叫“获”，即获得；已经得到，保有至今而没有失去，称为“成就”。

[译文]

“此外，舍利弗，极乐国土，有金、银、琉璃、玻璃、砗磲、赤珠、玛瑙等七种宝物做成的七宝池。七宝池中充满了八功德水，池底全部以金沙铺成，池子的四边和台阶、行道则由金、银、琉璃、玻璃四宝合成。在池水上面，还有楼阁，也用七宝装饰而成，尽显美妙庄严。池中的莲花，如宝车轮一般大小，青色莲花放射出青色的光辉，黄色莲花放射出黄色的光辉，赤色莲花放射出赤色的光辉，白色莲花放射出白色的光辉。这些莲花都有着难以看清、难以思议的美妙之处，散发着清香，洁净无染。舍利弗，极乐国土完全具备了这样的功德和庄严。

“又舍利弗，彼佛国土，常作天乐①，黄金为地。昼夜六时②，雨天曼陀罗华③。其土众生，常以清旦，各以衣裓④盛众妙华，供养他方十万亿佛。即以食时，还到本国，饭食经行⑤。舍利弗，极乐国土，成就如是功德庄严。

［注释］

①天乐（yuè）：天人演奏的伎乐。②昼夜六时：古代印度将一昼夜分为六时，昼三时、夜三时。昼三时为晨朝、日中、日没，夜三时为初夜、中夜、后夜。③雨天曼陀罗华：天曼陀罗花如雨降落。天曼陀罗华，即曼陀罗花，此花在印度被当做天界的花，是献贡湿婆神的花，曼陀罗花是天花中最妙的，佛经中常做天人供奉之用。曼陀罗花，意为悦意花、杂色花、柔软花、天妙花，又名颠茄，属于茄科，一年生草本，枝叶都与茄子相似，高四五尺，全株有毒，可入药。④衣裓（gé）：长衣服的下襟，引申为盛装妙花的器具。⑤经行：在特定的场所往复走动。一般在坐禅昏沉欲眠时，起身经行，以防昏沉。又，经行有养身、防病、消食等作用。经行的场所有一定的规定，有五处可以经行：闲处、户前、进堂前、塔下、阁下。经行的仪轨也有特别的要求，如要求直行、不迟不疾、不得摇身行、不得大步、不得大低头、心不外缘、缩摄诸根等。

［译文］

“还有，舍利弗，那个阿弥陀佛的国土，经常都有天人演奏伎乐，大地都是由黄金做成的。昼夜六时，天上都如下雨一般落下曼陀罗花。那个佛土的众生，经常在早晨的时候，各自用花袋盛装各种美妙的香花，到各处去供养各方十万亿佛主。等到吃早饭的时候，他们正好回到本国，用早餐，然后做经行等功课。舍利弗，极乐国土完全具备了这样的功德和庄严。”

“复次舍利弗，彼国常有种种奇妙杂色之鸟：白鹤、孔雀、鹦鹉、舍利①、迦陵频伽②、共命之鸟③。是诸众鸟，昼夜六时，出和雅④音。其音演畅⑤五根⑥、五力⑦、七菩提分⑧、八圣道分⑨，如是等法。其土众生，闻是音已，皆悉念佛、念法、念僧⑩。舍利弗，汝勿谓此鸟实是罪报⑪所生。所以者何？彼佛国土，无三恶道⑫。舍利弗，其佛国土，尚无恶道之名，何况有实？是诸众鸟，皆是阿弥陀佛欲令法音宣流⑬，变化所作。舍利弗，彼佛国土，微风吹动诸宝行树及宝罗网，出微妙音，譬如百千种乐同时俱作。闻是音者，自然皆生念佛、念法、念僧之心。舍利弗，其佛国土，成就如是功德庄严。

[注释]

①舍利：梵语音译鸟名，意译秋鹭、鸲鹆（qú yù）、百舌鸟，俗名八哥，全身黑色，能模仿人言。②迦陵频伽：又作歌罗频伽、加兰伽等，意译好声、和雅，又叫妙声鸟、好声鸟，为一切鸟声中最妙者，听者无厌，据说在卵中就能出声。③共命之鸟：即共命鸟，两首一身，因果报相同故一身，心识不同故两首。④和雅：柔和高雅。极乐净土的鸟声不仅柔和，也能使听者之心柔和；鸟鸣还能演诸种正法，故高雅脱俗，与通常所说高雅不同。⑤演畅：演说阐明义理，与演说、演道、演布同义。⑥五根：根为能生之义，有增上之力。五根之义有二：一是指五色根，即眼、耳、鼻、舌、身。一指五无漏根，为三十七道品中的第四科，即信根、进根、念根、定根、慧根，此五根能令人生出无漏圣道。信根，为信三宝、佛法者。进根，勇猛修善法者。念根，忆念正法者。定根，使心定止一境而不散乱者。慧根，思维真理者。⑦五力：五无漏根

所具有的五种势力，即信力、精进力、念力、定力、慧力，此五力能令五根增长，能破除诸种恶障。信力，能使信根增长，破诸邪信。精进力，能令精进根增长，破身之懈怠。念力，能令念根增长，破诸邪念。定力，能令定根增长，破诸乱想。慧力，能令慧根增长，破三界诸惑。⑧七菩提分：又作七觉分、七觉支。觉有觉有、觉悟、觉察的含义。七觉支是觉的方法，以此保持定和慧的均衡。觉法有七种，犹如一树有七枝。一、择法觉支，以智慧分辨抉择法之真伪。二、精进觉支，以勇猛之心离邪行、行正法。三、喜觉支，心得善法即生欢喜。四、轻安觉支，断除身心粗重，使身心轻利安适，轻安觉支又名除觉分。五、念觉支，常明记定、慧而不忘，使二者均等。六、定觉支，使心住一境而不散乱。七、行舍觉支，舍诸妄谬，舍一切法，永不追忆。此七觉支随分对治，要在使定、慧均等。其中念觉支通于定、慧，是枢纽。⑨八圣道分：又名圣道分、八圣道支，即八正道分，尽离邪非故为正，能通涅槃故为道。八正道为：正见、正思维、正语、正业、正命、正精进、正念、正定。一、正见，明见苦、集、灭、道四谛，不入邪见，正见乃是八正道的根本。正见以无漏之慧为体。二、正思维，又称正志，即依四谛进行思维，而使真智增长。正思维以无漏之心为体。三、正语，以真智修口业，不作一切非理之语，即不说妄语、绮语、恶口、两舌等悖教之语，以无漏之戒为体。四、正业，又作正行，即正确的行为，住于清净的身业，以真智断除邪妄之行。正业以无漏之戒为体。五、正命，出家人当以乞食自活其命，离却五种邪命利养。正命以无漏之戒为体。（五种邪命为：一诈现异象，二自说功德，三占相吉凶，四高声现威，五说所得利。以此五者说动人心而获得利养，即是邪命。）六、正精进，不杂名精，无间名进，一心专精，无有懈怠间歇，修行佛法以至涅槃。正精进以无漏之勤为体。七、正念，常忆念正道，不生邪念。正念以无漏之念为体。八，正定，离欲恶不善之法，入于无漏清净之禅定。正定以无漏之定为体。八正道以正见为体，其余都是就正见的一个方面作强调。八正道总体上是无漏之法，不取有漏。八正道以正为依归，与邪相分别，因此每一项都要善于分别何者为正，何者为邪。七觉支为修道之行法，八正道为见道位之行法，二者是一致的，并没有修行上的先后次序。⑩念佛、念法、念僧：忆念佛、法、僧三宝之恩德。念佛有三种：一、称名念佛，即口念佛名；二、观想念佛，静坐而观想佛之相好功德；三、实相念佛，观佛之法身非有非空之中道实相。⑪罪报：因所造的罪业而获得的苦受果报。娑婆世界的鸟都是罪报所生，极乐净土的鸟众并不是罪报所生，而是由于有的众生喜欢鸟类，阿弥陀佛随顺凡情，在极乐净土幻化鸟众，令其以鸟身说法。⑫三恶道：众生造作恶业而可往生的三个处所。道有能通之义。三恶道即地狱道、饿鬼道、畜生道。成上十品恶业者趣地狱道，成中十品恶业者趣饿鬼道，成下十品恶业者趣畜生道。⑬法音宣流：说法的声音宣布流传。法音，所有宣说佛法的声音都可称为法音。

[译文]

“还有，舍利弗，那个佛国经常有各种奇妙的杂色飞鸟，如白鹤、孔雀、鹦鹉、八哥、妙音鸟、共命鸟等。这些飞鸟每天昼夜六时，不停顿地发出柔和、高雅的鸣叫声。这些鸟鸣声都在圆满地宣扬五根、五力、七菩提分、八圣道分等佛法。那个佛土的众生，听到这些宣扬佛法的鸟鸣，全部都生起念佛、念法、念僧的心愿。舍利弗，你不要以为这些鸟像我们这个娑婆世界的鸟一样，都是由于作恶而得的罪报。为什么这么说呢？因为那个阿弥陀佛的国土没有地狱、恶鬼、畜生这三个恶道。舍利弗，那个佛的国土，连恶道之名都没有，更何况恶道众生的实际存在呢？这些鸟类，都是因为阿弥陀佛想要让法音宣扬流传，而变化出来的。舍利弗，在那阿弥陀佛的国土上，微风拂过，吹动各个宝行树和宝罗网，发出玄奥美妙的声音，就好比百千种乐器同时开始演奏。听到这些声音的人，自然而然全部生起念佛、念法、念僧的心愿。舍利弗，那阿弥陀佛的国土完全具备了这样的功德和庄严。”

“舍利弗，于汝意云何？彼佛何故号阿弥陀？舍利弗，彼佛光明无量，照十方国，无所障碍，是故号为阿弥陀。又舍利弗，彼佛寿命，及其人民，无量无边阿僧祇劫[①]，故名阿弥陀。舍利弗，阿弥陀佛成佛已来，于今十劫。又舍利弗，彼佛有无量无边声闻[②]弟子，皆阿罗汉，非是算数之所能知。诸菩萨众，亦复如是。舍利弗，彼佛国土，成就如是功德庄严。

［注释］

①阿僧祇劫：无数劫。阿僧祇，印度数目名，意译无数、无央数。若以一万万为一亿，一万亿为一兆，则一阿僧祇为一千万万万万万万万万兆。劫，古代印度的时间单位，源自婆罗门教，意译大时、长时，通常梵天的一日即为一劫，相当于人间的四亿三千二百万年。佛陀说劫，只具有时间单位的意义，不取梵天之义。阿僧祇为极大之数目，劫为极长之时间，阿僧祇劫更为极长的时间，况阿弥陀佛及其佛土人民的寿命为无数的阿僧祇劫。本来以“永远”二字可以说尽，如此铺排极言寿命无限之义，令人生慕，由慕生信。②声闻：佛陀在世的时候亲自听闻佛法而依教修行的弟子，此处指阿弥陀佛的亲传弟子。声闻与缘觉相对，缘觉为独自悟道。后来大乘又分声闻、缘觉、菩萨三乘。声闻、缘觉皆归入小乘，自利而不利他；菩萨自利利他为大乘。

［译文］

“舍利弗，你是怎么看的？那个佛为什么叫做阿弥陀呢？舍利弗，那个佛放射出的光明没有限量，照彻十个方向的国土，没有丝毫的障碍，因此才叫做阿弥陀，也就是无量光。此外，舍利弗，那个佛的寿命，以及他的人民的寿命，有无数个阿僧祇劫那么长，也就是寿命无限，所以才叫做阿弥陀，也就是无量寿。舍利弗，阿弥陀佛成佛以来，到现在已经经历了十个大劫的岁月了。另外，舍利弗，那阿弥陀佛有着无数的声闻弟子，他们都达到了阿罗汉的果位，他们的数量多到无法计数。极乐世界的众位菩萨，他们的数目也是多到无法计数。舍利弗，那阿弥陀佛的国土完全具备了这样的功德和庄严。

“又舍利弗，极乐国土，众生生者，皆是阿鞞跋致[①]。其中多有一生补处[②]，其数甚多，非是算数所能知之，但可以无量无边阿僧祇说。舍利弗，众生闻者，应当发愿，愿生彼国。所以者何？得与如是诸上善人[3]俱会一处。

［注释］

①阿鞞跋致：意译不退转，是菩萨阶位之名，至此则已得之成就永不退失，不再退堕恶道，可以安全地最终达到佛的成就。②一生补处：菩萨的最高果位，等觉菩萨，一生补处即“最后的轮回者”，意为经过此生系缚，来生一定可以成佛者。等觉菩萨智慧与佛相等，一转即为妙觉。转生一次是为一生，补充前任佛王之处是为补处。因世界有无数，佛王亦有无数，故一生补处也有无数。一般专称弥勒菩萨为一生补处菩萨，据佛经所说，弥勒菩萨现在兜率天，将来降生我们这个娑婆世界，补释迦牟尼佛之处，也就是做佛陀的接班人。③上善人：即上品善人。善人为信因果之理而行善事之人，上善人则为善人中品级最高者。罗汉、菩萨皆可称为善人，一生补处菩萨居于因位之最高品级，称为上善人。

［译文］

“此外，舍利弗，凡是往生到极乐国土的众生，全部都达到了不退转的果位，也就是说不用担心会堕落到恶道中去。其中还有很多达到一生补处果位的，他们的数目很多，运用算数也不能算清，只能用无数的阿僧祇这样的大数目来说。舍利弗，凡是听到我所说此法的众生，都应当发愿，愿意往生到那个佛国。为什么要这样呢？因为这样就能够与上面所说的诸位上品善人一起汇集在一个地方了。

“舍利弗，不可以少善根[1]福德[2]因缘[3]，得生彼国。舍利弗，若有善男子[4]、善女人，闻说阿弥陀佛，执持[5]名号[6]，若一日，若二日，若三日，若四日，若五日，若六日，若七日，一心不乱[7]。其人临命终时，阿弥陀佛与诸圣众现在其前。是人终时，心不颠倒[8]，即得往生[9]阿弥陀佛极乐国土。舍利弗，我见是利，故说此言。若有众生闻是说者，应当发愿⑩，生彼国土。

［注释］

①善根：善业坚固如根，牢不可拔，能生余善，故名善根，取根之坚固义、能生义。三善根为无贪、无嗔、无痴；三不善根为贪、嗔、痴，又名三毒。②福德：因善行而得福报。有德而无福，有福而无德，皆不可称福德，唯有因德而得福者可称福德。③因缘：产生结果的一切原因总称因缘。因缘并称而有别，前后相生为因，现相助成为缘。即内在原因或直接原因为因，外在或间接原因为缘。如种子为因，雨露、农夫等为缘，因缘和合而生稻。缘起法说的即是因缘，是佛教的根本宗旨。④善男子：佛陀称呼在家或出家的男子，称赞其信闻佛法故称善。善女人即此类女子。⑤执持：接受而保有，无论何时何地，永不动摇，永不遗忘。执为执守，接受之而坚决果决、毫不动摇。持为持守，接受之而常保持之，不遗忘。执持名号为念佛之法，即心思、口念佛号，不遗忘、不停息。⑥名号：显明本体为名，表彰德性为称，名称外彰而号令天下，是为名号。名号可以表彰诸佛菩萨的真如体性和圆满功德，以及显示众生对于诸佛菩萨的赞叹景仰，故又称宝号、尊号。⑦一心不乱：专注一事而心不散乱。一心不乱是修持净土念佛法门的最高境界，即以至诚之信心持诵阿弥陀佛的名号，舍弃我体，而与称念合一。⑧颠倒：无明作用而违背正理，如以无常为常、以苦为乐等，颠倒是烦恼的根本。在诸种经论中，颠倒被分为多种，有二颠倒、三颠倒、四颠倒、七颠倒、八颠倒、十颠倒、十二颠倒等。⑨往生：命终时重生于其他世界。一般而言，只要是异界受生，受生于三界六道和诸佛净土都可称为往生，因此往生常常作为“死”的代用词。“往生”又是净土宗的专有名词，指离开娑婆世界去往阿弥陀佛之极乐净土，于极乐净土的莲花中化生。⑩发愿：发起誓愿。发愿在佛教修行中十分重要，是十分庄重的事情，有一定仪轨需要遵从。发愿是确立修行的目标，也就是树立理想，往往与最终获得的成就相关。

［译文］

“舍利弗，没有善根福德因缘的众生，是不能往生到那个佛国的。舍利弗，如果有善男子、善女人，听说有关阿弥陀佛的法门，就不遗忘、不停息地心思、口念阿弥陀佛的名号，经过或一天，或两天，或三天，或四天，或五天，或六天，或七天，最终达到一心不乱的境地，那么在这人临死之时，阿弥陀佛将带领极乐世界的众菩萨、罗汉，出现在这人的面前。这人在死的时候，如果心不迷乱而违背正理，就能往生到阿弥陀佛的极乐国土。舍利弗，我正是因为看到这种好处，才说此法的。如果有众生听到我所说的这个法，就应当发起愿望，往生到那个国土去。

“舍利弗，如我今者，赞叹阿弥陀佛不可思议①功德之利，东方亦有阿闳鞞佛②、须弥相佛③、大须弥佛④、须弥光佛⑤、妙音佛⑥，如是等恒河沙数⑦诸佛，各于其国，出广长舌相⑧，遍覆三千大千世界⑨，说诚实言：汝等众生，当信是称赞不可思议功德一切诸佛所护念经⑩。

［注释］

①不可思议：又作不思议，不思议即不可思、不可说。思即思维，议即议论。因理之深妙，或事之稀奇，不能以心思之，也不能以言语言说议论之，也就是心思路绝、言语道断。②阿闳（chù）鞞佛：佛名。阿闳鞞，意译不动、无嗔恚，此佛往昔于阿比罗提国大日如来所发愿“对众生不起嗔恚”，最后成佛于东方，其国土名善快。③须弥相佛：佛名，相好如须弥山的佛。须弥为山名，须弥山是一个小世界的中心，又叫妙高山，山中最高，由四宝合成。须弥相，即妙高相，不可思议故妙，无出其上故高。④大须弥佛：此佛亦是以须弥为名，须弥山有大小，大须弥佛取大相为名，因其法身至大故，为诸佛菩萨之父，无能大过之。⑤须弥光佛：此佛功德极大，如光普照，以功德广大为名。须弥山为四宝合称，四宝都能放出光明，四宝象征佛之四德。⑥妙音佛：此佛说法声音微妙动听，闻者入耳生解、妙契无碍，故名。⑦恒河沙数：恒河为印度之圣河，恒河之沙既细且多，不可计数，常用来比喻数目极多。⑧广长舌相：佛三十二好相之一，舌广而长，柔软红薄，能覆面至发际。广长舌相有两功能，一语必真实，二辩说无穷、无能胜者。此经中广长舌相遍覆三千大千世界，并非以舌覆盖之，而是此舌说出之法广被三千大千世界。⑨三千大千世

界：古印度宇宙观，又作三千世界。以须弥山为中心，周围环绕四大洲和九山八海，称为一小世界，包括日、月、须弥山、四天王、三十三天、夜摩天、兜率天、乐变化天、他化自在天、梵世天等。一千个小世界集合成一个小千世界，一千个小千世界集合成一个中千世界，一千个中千世界集合成大千世界。大千世界由小、中、大三种千世界集成，故称三千大千世界。按此推定，大千世界一共包含十亿个世界。在佛教中，三千世界是一佛所教化的领域，故称一佛国。⑩称赞不可思议功德一切诸佛所护念经：《佛说阿弥陀经》的异名，诸佛称赞阿弥陀佛不可思议功德，并且信此经则被一切诸佛所护念，故名。护念，诸佛保护、忆念佛徒，使不遭受障害。

[译文]

"舍利弗，像我现在这样，赞叹阿弥陀佛不可思议之功德利益的，还有很多佛。东方世界也有阿閦鞞佛、须弥相佛、大须弥佛、须弥光佛、妙音佛等像恒河沙数一样多的佛，各自在自己的国土上，现出广长舌相，声音传遍三千大千世界，说出诚实可信的法言：你们这些众生，应当信奉这部称赞不可思议功德的、一切佛所护念的经。

"舍利弗，南方世界有日月灯佛[①]、名闻光佛[②]、大焰肩佛[③]、须弥灯佛[④]、无量精进佛[⑤]，如是等恒河沙数诸佛，各于其国，出广长舌相，遍覆三千大千世界，说诚实言：汝等众生，当信是称赞不可思议功德一切诸佛所护念经。

[注释]

①日月灯佛：此佛三智圆融。日在白天出现，照见种种万物，比喻佛之种智，成就世间俗谛；月在夜间出现，比喻佛之一切智，夜黑如无明，月能照破无明，成就真谛；灯通于日夜，随时随地可以用照，比喻佛之一切种智，超出真俗二谛，为中道智慧，能知一切道，能知一切种。种，种智之种不是种子的含义，而是种类的含义，一切种即万物的意思。②名闻光佛：此佛名声远播，普闻于十方无量世界，犹如日光普照。③大焰肩佛：焰为光焰，有照耀的

意思；肩有二，比喻权实二智，权智照事，实智照理。又，肩有担负的意思，权实二智担负一切佛法。“大”表示此佛功德极大。④须弥灯佛：灯有照耀之义，须弥为妙高，极言照耀之明亮和广大第一。⑤无量精进佛：此佛上修佛道、下化众生都是没有限量、没有止息的。精进之事有二，修行佛法，自利利他。无量也有二，时无量，即一切时精进，没有停止的间歇；事无量，自利利他无量无边。

［译文］

“舍利弗，南方世界有日月灯佛、名闻光佛、大焰肩佛、须弥灯佛、无量精进佛等像恒河沙数一样多的佛，各自在自己的国土上，现出广长舌相，声音传遍三千大千世界，说出诚实可信的法言：你们这些众生，应当信奉这部称赞不可思议功德的、一切佛所护念的经。”

“舍利弗，西方世界有无量寿佛①、无量相佛②、无量幢佛③、大光佛④、大明佛⑤、宝相佛⑥、净光佛⑦，如是等恒河沙数诸佛，各于其国，出广长舌相，遍覆三千大千世界，说诚实言：汝等众生，当信是称赞不可思议功德一切诸佛所护念经。

［注释］

①无量寿佛：此佛寿命无穷尽。阿弥陀佛也叫无量寿佛，二者是同名之佛。诸世界中同名的佛有很多，自赞毁他是菩萨十重戒，本佛不应该自赞。也有认为这个就是阿弥陀佛，因为这个无量寿佛也是在西方世界的佛，阿弥陀佛自赞以引导众生，令生胜意，不可以凡常揣度。两种说法都有一定道理。②无量相佛：此佛相好无量，三十二相、八万四千相乃至微尘相，相无量，好也无量。相为佛的身体，可以分别的相状，好为细相之可爱者。③无量幢佛：此佛功德高大显著，无有限量，犹如佛幢。幢，梵语音译驮缚若，旌旗一类的饰物，于佛前建立以庄严道场。幢与幡类似，不同之处在于幢的杆柱高出一截，以种种丝帛做成。也有认为幢是圆筒装的，幡是长片装的。幢之义有七，莲池大师约之为五：高显义、建立义（佛运悲智建立众生）、归向义（佛为众生宗

仰)、摧殄义（摧破降服一切魔军)、灭怖义（灭离恐怖)。④大光佛：此佛光辉广被，照耀一切。光辉照耀外部，有化他之义。⑤大明佛：此佛智慧极大，破尽一切惑。明为内照，有自觉之义。⑥宝相佛：此佛相好，如宝尊贵。佛有无量相，每一相皆有无量好，众生得见佛相，皆生难得稀有、以为宝贵之心。故佛相又称宝相，以此化众。⑦净光佛：此佛有清净之德，故发出清净之光辉照耀众生。

［译文］

“舍利弗，西方世界有无量寿佛、无量相佛、无量幢佛、大光佛、大明佛、宝相佛、净光佛等像恒河沙数一样多的佛，各自在自己的国土上，现出广长舌相，声音传遍三千大千世界，说出诚实可信的法言：你们这些众生，应当信奉这部称赞不可思议功德的、一切佛所护念的经。

“舍利弗，北方世界有焰肩佛[1]、最胜音佛[2]、难沮佛[3]、日生佛[4]、网明佛[5]，如是等恒河沙数诸佛，各于其国，出广长舌相，遍覆三千大千世界，说诚实言：汝等众生，当信是称赞不可思议功德一切诸佛所护念经。

［注释］

①焰肩佛：义同上文之大焰肩佛，二者道德均等，并无差异，说“大”是突出其智慧广被。②最胜音佛：此佛声音最胜，一切音声不能超过。③难沮佛：此佛功德坚固、不可毁坏，已得金刚不坏之体。沮为水名，比喻烦恼横流，可冲荡阻碍智慧。④日生佛：此佛出现犹如日之初生。日生有自利、利他二义：众生的本觉被无明障蔽，犹如在慢慢长夜之中，破惑显智，犹如日出而照破黑夜，这是自利之义；佛成正觉，说法利益众生，智慧照耀众迷，犹如日之初生，这是利他之义。⑤网明佛：此佛智慧犹如宝网，遍照众生。网，即梵网千珠，千珠交相映现，光明洞彻，如佛智遍照众生，又如种种法门，互相融彻。

［译文］

“舍利弗，北方世界有焰肩佛、最胜音佛、难沮佛、日生佛、网明佛等像恒河沙数一样多的佛，各自在自己的国土上，现出广长舌相，声音传遍三千大千世界，说出诚实可信的法言：你们这些众生，应当信奉这部称赞不可思议功德的、一切佛所护念的经。

“舍利弗，下方世界有师子佛[①]、名闻佛[②]、名光佛[③]、达摩佛[④]、法幢佛[⑤]、持法佛[⑥]，如是等恒河沙数诸佛，各于其国，出广长舌相，遍覆三千大千世界，说诚实言：汝等众生，当信是称赞不可思议功德一切诸佛所护念经。

［注释］

①师子佛：即狮子佛，此佛犹如狮子，无畏而能称王。狮子为众兽之王，游行无畏，自在无碍。又，狮子一吼，百兽畏惧降服。师子佛取狮子二义：一、无畏，二、大威力降服。②名闻佛：此佛义同上文之名闻光佛。光是比喻佛德遍照，此“名闻佛”没有“光”，但体性与名闻光佛一样。③名光佛：此佛名如日光，无所不照。④达摩佛：此佛言行可法。达摩意译法，法为规持义。以法规持己德，成就自己的法身；以法规持他身，令众生皆证法身。⑤法幢佛：此佛佛法高显，人天仰之为宗，邪外望之而伏。义同上文无量幢佛。⑥持法佛：此佛善持法要，能令佛法不断绝。持有二义：持中、持守。不堕有边，不堕无边，善持中道妙法，这是持中义。奉持妙法，流通三世（过去、现在、未来），使永不断绝，这是持守义。

［译文］

“舍利弗，下方世界有师子佛、名闻佛、名光佛、达摩佛、法幢佛、持法佛等像恒河沙数一样多的佛，各自在自己的国土上，现出广长舌相，声音传遍三千大千世界，说出诚实可信的法言：你们这些众生，应当信奉这部称赞不可思议功德的、一切佛所护念的经。

“舍利弗，上方世界有梵音佛[①]、宿王佛[②]、香上佛[③]、香光佛[④]、大焰肩佛、杂色宝华严身佛[⑤]、娑罗树王佛[⑥]、宝华德佛[⑦]、见一切义佛[⑧]、如须弥山佛[⑨]，如是等恒河沙数诸佛，各于其国，出广长舌相，遍覆三千大千世界，说诚实言：汝等众生，当信是称赞不可思议功德一切诸佛所护念经。

［注释］

①梵音佛：此佛法音清净，无有杂染。梵音，大梵天王所出之音声有五种清净之音，佛音也有如此之音，佛三十二相中有梵音相。②宿王佛：此佛如星宿之王。宿王有二义：一、月为宿王，万点星光，不如孤月，月与星不同类，月为星宿之王者，比喻佛为大觉，大觉非迷类，胜过一切众生，为法王。二、星宿之王，如北辰居其所而众星拱之。北辰为星宿之类，而出乎其类、拔乎其萃者。比喻佛即众生，而超越众生，同类中之王者。③香上佛：此佛为圣中之圣，犹如香中之香，最为上乘。香上即香中最上，如旃檀香。旃檀无价，六铢旃檀，价值三千大千世界。又，此香闻四十里外，香中最上。佛证五分法身之香，佛香普熏无量世界，一切众生无能及者。④香光佛：此佛法香普熏，佛光普照。香为断德，香能避恶除秽，令诸恶净尽，这是断德。光为智德，光能破暗，如智能破惑。香光佛具备断智二德，能断诸恶，能破诸惑。⑤杂色宝华严身佛：此佛万行庄严，犹如杂色宝华庄严其身。此佛在因地广修六度万行，种种法门，无不具足，功德圆满，如万种宝华庄严色身。⑥娑罗树王佛：此佛道德坚固、三界独尊。娑罗意译坚固、最胜。娑罗树王，此树岁寒不凋，斧斤不损，高大茂盛超过一切林木。此佛德行类似娑罗树王，故名。⑦宝华德佛：此佛道德犹如宝华。杂色宝华严身佛是以宝华庄严佛身，“严”有“因地”的含义。宝华德佛则是以宝华喻佛德。此佛富有万德，贵重华美，犹如宝华。⑧见一切义佛：此佛了知一切法之义理。⑨如须弥山佛：此佛道德超绝，犹如须弥山。须弥山为众山之王，喻此佛道德超出一切众生。须弥相佛取相好义，如须弥山佛不取单义，则是就整体言之，以道德为喻。

［译文］

“舍利弗，上方世界有梵音佛、宿王佛、香上佛、香光佛、大焰肩佛、杂色宝华严身佛、娑罗树王佛、宝华德佛、见一切义佛、如须弥山佛等像恒河沙数一样多的佛，各自在自己的国土上，现出广长舌相，声音传遍三千大千世界，说出诚实可信的法言：你们这些众生，应当信奉这部称赞不可思议功德的、一切佛所护念的经。

“舍利弗，于汝意云何？何故名为一切诸佛所护念经？舍利弗，若有善男子、善女人，闻是经受持[①]者、及闻诸佛名者，是诸善男子、善女人，皆为一切诸佛之所护念，皆得不退转于阿耨多罗三藐三菩提[②]。是故舍利弗，汝等皆当信受[③]我语，及诸佛所说。

[注释]

①受持：领受于心，持忆不忘。以信力而领受，以念力而持忆。②阿耨(nòu)多罗三藐三菩提：意译无上正等正觉。“阿”译“无”，“耨多罗”译“上”，“三”译“正”，“藐”译“等”，“菩提”译“觉”。③信受：深信而能受持。信则不疑，有丝毫疑则不能称为信。信而能受持方为信受，信而不能受持则不能称为信受。

[译文]

“舍利弗，你是怎么看的？为什么这部经名字为一切诸佛所护念经？舍利弗，如果有善男子、善女人，听到这部经而信受奉持的，以及听到经中所说的诸佛之名号的，这些善男子、善女人，全部都被一切佛所护持忆念，都能够达到不退转于无上正等正觉的果位。所以，舍利弗，你们都应当信奉受持我所说的以及诸佛所宣说的这一法门。

“舍利弗，若有人已发愿、今发愿、当发愿[①]，欲生阿弥陀佛国者，是诸人等，皆得不退转于阿耨多罗三藐三菩提，于彼国土，若已生、若今生、若当生。是故舍利弗，诸善男子、善女人，若有信者，应当发愿，生彼国土。

［注释］

①当发愿：即将来发愿。当，当来，即将来。此处说“已发愿、今发愿、当发愿”即是说过去、现在、未来三世，一切时中，只要发愿，皆可往生极乐净土。发愿极其重要，莲池大师《弥陀要解》：“得生与否，全由信愿之有无；品位高下，全由持名之深浅。”

［译文］

“舍利弗，如果有人发愿想要往生到阿弥陀佛国土，不管他是过去已经发愿、现如今发愿还是将来会发愿，他必定会往生到阿弥陀佛国土。也不管他是过去已经往生、现如今往生还是将来会往生，只要化生在那个国土，就全部得到不退转的无上正等正觉的果位。所以，舍利弗，诸位善男子、善女人中，如果有相信此法的，应当发愿，往生到那个佛国。

“舍利弗，如我今者，称赞诸佛不可思议功德。彼诸佛等，亦称赞我不可思议功德，而作是言：释迦牟尼佛，能为甚难希有[①]之事。能于娑婆[②]国土、五浊恶世[③]——劫浊[④]、见浊[⑤]、烦恼浊[⑥]、众生浊[⑦]、命浊[⑧]中，得阿耨多罗三藐三菩提。为诸众生，说是一切世间难信[⑨]之法。舍利弗，当知我于五浊恶世行此难事，得阿耨多罗三藐三菩提，为一切世间说此难信之法，是为甚难。”

［注释］

①甚难希有：称赞释迦牟尼佛的功德十分困难并且稀有，总起下文所述二难。一是说释迦牟尼能于五浊恶世修行成佛是十分难得的，二是释迦牟尼又能于五浊恶世说此难信之净土法门，尤为难得。②娑婆：有堪忍、能忍之义，意译忍土。娑婆世界的众生能忍受三毒烦恼、轮回生死而不厌离，故名忍土。娑婆又有诸菩萨行利乐时，能忍受诸苦恼之义。释迦牟尼为娑婆世界的教主法

王。③五浊恶世：五浊盛行之时代。五浊即下文所述劫浊、见浊、烦恼浊、众生浊、命浊。④劫浊：两万年以后五浊中的见浊、烦恼浊、众生浊、命浊四浊出现时，称为劫浊。⑤见浊：劫浊时众生恶见生起而浊乱世间，五见为体，乃至六十二见。五见为身见、边见、邪见、见取见、戒禁取见。身见，即我见所见，不知我身为五蕴和合之假象，不知我所见之物为众缘合成，执持我身和我所见之诸物为实有。边见，我见既起，由我见而生起断、常二见，断见以为我死之后我即断绝，常见以为我死之后仍有长住不灭者存续永远。众生一旦生起我见，则不生断见，便生常见，必然偏于一边，故称边见。或以为断、常二见随起于我见之后边，故名边见。邪见，否认因果，以为善恶不为因，亦不会招致善恶之果，故不怕作恶，也不乐行善。邪见最恶，故以邪为名。见取见，执著身见、边见、邪见等非理之见，以所见劣法为胜。戒禁取见，以非因为因，持守外道非理之戒禁，如牛戒、狗戒、苦行等，以为自己能持戒修行。此五见能令众生趋入生死苦海，五见之作用猛利迅疾，故又称五利使。六十二见，外道之见有六十二种之多。色、受、想、行、识为五蕴，每一蕴按断、常二见而得四句，如此一共二十句。再以过去、现在、未来三世论之，共得六十句，加上断、常二见，总共为六十二见。⑥烦恼浊：劫浊时众生生起诸种思惑之烦恼，以五惑为体，广说致十、一百八十、八万四千及恒河沙数。五惑，即贪、嗔、痴、慢、疑，是无明所致，令人趋入生死，作用缓慢而难以断除，故称五钝使。贪，对于喜爱的情景，生起爱着之心，不能舍离。嗔，对于违逆的情景，生起怨恨之心，不能容忍。痴，对于非违非顺之情景，心生愚暗，不能觉察。慢，对于一切众生，起骄傲心，轻慢众生，不能恭敬谦逊。疑，对于诸种善法，起猜疑二心，欲进欲退，不能决定。⑦众生浊：劫浊时众生受见浊、烦恼浊之果报，心钝体弱，苦多乐少，轮回不休。⑧命浊：劫浊时众生寿命渐减，命不满百，最终寿命减少到十岁。⑨难信：此经所说法门为难信之法，莲池大师曾陈列十条难信之理由：言难信者，略举有十。今居秽土，习久心安，乍闻彼国清净庄严，疑无此事，难信一也。纵信彼国，又疑十方佛刹，皆可往生，何必定生极乐？难信二也。纵信当生，又疑娑婆之去极乐，十万亿刹，云何极远而得往彼？难信三也。纵信不远，又疑博地凡夫，罪障深重，云何遽得往生彼国？难信四也。纵信得生，又疑生此净土，必有奇妙法门，多种功行，云何但持名号遂得往生？难信五也。纵信持名，又疑持此名号，必须多历年劫，乃克成就，云何一日七日，便得生彼？难信六也。纵信七日得生，又疑七趣受生，不离胎卵湿化，云何彼国悉是莲华化生？难信七也。纵信莲生，又疑初心入道，多涉退缘，云何一生彼国便得不退？难信八也。纵信不退，又疑此是接引钝机众生，上智利根，不必生彼，难信九也。纵信利根亦生，又疑他经，或说有佛，或说无佛，或有净土，或无净土，狐疑不决，难信十也。不但恶道难信，而人天犹或疑之。不但愚迷难信，而贤智犹或疑之。不特初机难信，而久修犹或疑之。不特凡夫难信，而二乘犹或疑之。故曰一切世间难信之法。

[译文]

“舍利弗，正像我现在在这里称赞诸位佛的不可思议功德一样，那些佛菩萨等，也在称赞我的不可思议功德。他们是这样说的：释迦牟尼佛能做出十分困难而少有的事，能在娑婆国土、五浊恶世的劫浊、见浊、烦恼浊、众生浊、命浊等如此恶劣的环境中，成就无上正等正觉，为众生说这样一种世间难以生起信仰的法门，这是十分困难的事。舍利弗，应当知道我在这五浊恶世，做这样难做的事，得到无上正等正觉，为一切世间众生说这难以生起信仰的法门，这是十分困难的事。”

佛说此经已。舍利弗及诸比丘、一切世间天人①、阿修罗②等，闻佛所说，欢喜信受，作礼而去。

[注释]

①天人：天界及人界之有情众生。②阿修罗：意译无端、非天，有容貌丑陋之义。阿修罗属于六道之一，也属于八部之一，其果报胜似天而非天，故有非天之名。阿修罗是常与帝释天战斗的神，常被视为恶神。

[译文]

佛说这部经完毕，舍利弗以及诸位比丘、一切世间的天人、阿修罗等众生，听过佛所说的法，欢喜庆幸而信奉受持，向佛施礼，然后退去。

拔一切业障[1]根本得生净土陀罗尼[2]

南无阿弥多婆夜[3]，哆他伽哆夜[4]，哆地夜他[5]，阿弥唎都、婆毗[6]。阿弥唎哆、悉耽婆毗[7]，阿弥唎哆、毗迦兰帝[8]，阿弥唎哆、毗迦兰哆、伽弥腻[9]，伽伽那、枳多迦隶[10]，娑婆诃[11]。

[注释]

①业障：指众生所造身口意之恶业中能障碍正道者，即五无间业。五无间业：即害母、害父、害阿罗汉、破和合僧、恶心出佛身血。此五无间业能妨碍圣道修行，故称业障；其余所造恶业都无碍于圣道修行，故不称业障，这是业障的本义。又，一切不善之业都可引生恶果，故通常都称为业障，本经即是取此义。②《拔一切业障根本往生净土陀罗尼》：是宋元嘉天竺三藏求那跋陀罗翻译的，即通常所说的《往生咒》。陀罗尼，意译总持、能持、能遮，即能总摄忆持无量佛法之念、慧、力，也就是咒。③南无阿弥多婆夜：意译归命阿弥陀佛。夜是感叹词，类似于汉语的“啊”。④哆他伽哆夜：意译如来。⑤哆地夜他：意译即说咒曰。⑥阿弥唎都、婆毗：直译甘露主，意思是甘露的源泉，意译净法的源泉、净法的创造者。阿弥唎都意为甘露，下文皆做阿弥唎哆。甘露又作不死液、天酒，是天人所饮用的不死神药，常用来比喻佛所说的清净法。甘露仅得不死，佛法能入涅槃，故此处甘露是本义，佛法是引申义，可翻译作净法。⑦阿弥唎哆、悉耽婆毗：意译净法成就者。⑧阿弥唎哆、毗迦兰帝：意译净法播洒者。⑨阿弥唎哆、毗迦兰哆、伽弥腻：意译净法遍洒者。印光大师《净土五经一论》旧有断句为“阿弥唎哆。毗迦兰哆。伽弥腻”，此三词合成为一个句子。⑩伽伽那、枳多迦隶：意译遍虚空宣扬（净法）者。伽伽那，意译虚空；枳多，意译名闻；多迦隶，意译造作者。枳多和多迦隶连缀成一个复合词，为名闻造作者。⑪娑婆诃：意译成就圆满。

[译文]

拔除一切业障根本得生净土咒

归命阿弥陀佛如来，即说咒曰：阿弥陀佛是净法的源泉，是净法的成就者，是净法的撒播者，是把净法洒遍一切世界者，是把净法洒遍一切虚空者，成就圆满！

附　录

佛说无量寿经[1]

曹魏[2]康僧铠[3]译

佛说无量寿经卷上

我闻如是。一时，佛住王舍城耆阇崛山[4]中。与大比丘众万二千人[5]俱，一切大圣，神通已达。其名曰：尊者了本际[6]、尊者正愿[7]、尊者正语[8]、尊者大号[9]、尊者仁贤[10]、尊者离垢[11]、尊者名闻[12]、尊者善实[13]、尊者具足[14]、尊者牛王、尊者优楼频螺迦叶[15]、尊者伽耶迦叶[16]、尊者那提迦叶[17]、尊者摩诃迦叶[18]、尊者舍利弗、尊者大目犍连、尊者劫宾那、尊者大住[19]、尊者大净志[20]、尊者摩诃周那[21]、尊者满愿子[22]、尊者离障[23]、尊者流灌[24]、尊者坚伏[25]、尊者面王[26]、尊者异乘[27]、尊者仁性[28]、尊者嘉乐[29]、尊者善来[30]、尊者罗云[31]、尊者阿难，皆如斯等上首[32]者也。又与大乘众菩萨俱，普贤[33]菩萨、妙德[34]菩萨、慈氏[35]菩萨等，此贤劫[36]中一切菩萨。又贤护[37]等十六正士[38]，善思议[39]菩萨、信慧[40]菩萨、空无[41]菩萨、神通华[42]菩萨、光英[43]菩萨、慧上[44]菩萨、智幢[45]菩萨、寂根[46]菩萨、愿慧[47]菩萨、香象[48]菩萨、宝英[49]菩萨、中住[50]菩萨、制行[51]菩萨、解脱[52]菩萨，皆遵普贤大士[53]之德，具诸菩萨无量行愿[54]，安住[55]一切功德之法。

［注释］

①佛说无量寿经：又作《无量寿经》、《大无量寿经》、《大经》、《双卷经》，净土三经之一。此经叙述阿弥陀佛在因地修行时发四十八愿，誓愿度化一切众生到极乐世界，描述了净土的庄严，劝告众生精进修行，往生极乐世界。此经汉译本据说有十二种，现存的有五种。现存的五种译本为：一、《无量清净平等觉经》，四卷，东汉支娄迦谶译；二、《阿弥陀经》，二卷，三国吴之支谦译；三、《无量寿经》，曹魏康僧铠译；四、《大宝积经》，二卷，唐代菩提流志译；五、《大乘无量寿庄严经》，三卷，北宋法贤译。五种译本以康僧铠译本流传最广，故以此为底本做注释，读者可参考其余译本。另外七种译本都已经失传，只有目录留存：一、《无量寿经》，二卷，东汉安世高译；二、《无量清净平等觉经》，二卷，曹魏帛延译；三、《无量寿经》，二卷，西晋竺法护译；四、《无量寿至真等正觉经》，一卷，东晋竺法力译；五、《新无量寿经》，二卷，东晋佛陀跋陀罗译；六、《新无量寿经》，二卷，刘宋宝云译；七、《新无量寿经》，二卷，刘宋昙摩蜜多译。除此之外，还有四个会集本：一、《大阿弥陀经》，宋国学进士龙舒王日休校辑；二、《无量寿经》，清代彭际清节校；三、《摩诃阿弥陀经》，清代魏源会译；四、《佛说大乘无量寿庄严清净平等觉经》，现代夏莲居居士会集。四种会集本情况各异，王龙舒本是据唐菩提流志译本外的四个译本校对编辑而成，流通极广；彭际清本是据康僧铠译本节略而成，比原译更简要；魏源本是根据五种译本，参校《宝集经》、《大集经》、《瑜伽师地论》等相关经论，会集而成；夏莲居本则是根据五种译本会集。四种集本，王龙舒本最早，流通时间最长，但有错误之处；彭际清本删减康僧铠本；魏源本比较完善，然而由于参校别的经论，比原译有多增加的文字；夏莲居本根据五种译本会集，也有不少学者指出不妥之处。魏源本受到广泛的赞誉，誉为八本之冠（五种译本，三种会集本，一共八本）。夏莲居本最后出现，也受到颇多赞誉，有人认为是最善之本。然而就研究佛经而言，必须以梵文原本和原译本为最终依据，各种集本只能作为参考之用，集本即使文

字义理都比原译更简洁明要，但是毕竟属于篡改经典，题目须加上“会集”、“辑要”、“会译”等字，不能直接题为“经”。梵文原经已失佛陀本义，译本更不可能达到最善，以译本为根据的会译集校达到最善更是不可能，所谓转远转失。因此我们注释和翻译白话选择五种译本中比较完善而流通最广的康僧铠译本作为底本。② 曹魏（220—265）：指三国时期的魏国，始于魏文帝曹丕，追封曹操为魏武帝，灭于魏元帝曹奂，计曹操前后共五帝，以其皇室姓曹，故称曹魏。③ 康僧铠：梵名僧伽跋摩、僧伽婆罗，相传为印度人，曹魏嘉平四年（252）到达洛阳，在洛阳白马寺译出《无量寿经》等数部经典。事迹见《梁高僧传》卷一、《历代三宝纪》卷五、《开元释教录》卷一。④ 耆阇（qí dū）崛山：又做耆崛山、耆阇多山、崛山，意译灵鹫山、灵山，位于中印度摩揭陀国首都王舍卫城之东北侧，因系佛陀说法地而闻名。灵山实有其处，当今尚有多种遗迹。⑤ 万二千人：随听佛陀说法的大众有一万二千人，含有众成就殊胜之义。一般经典众成就皆说为千二百人，此经和《法华经》都是万二千人，十倍于千二百人，说明此次法会有特别宏大的规模。⑥ 了本际：即阿若憍陈如，意译了本际。⑦ 正愿：唐译马胜，威仪第一，能行不言之教，悲心深切，常思众生苦难而落泪，故又名泪出。据说是大众部的结集组织者。摩诃迦叶在洞窟结集三藏，为上座部。与此同时，正愿尊者在洞窟外，领一万大众结集三藏，为大众部。⑧ 正语：口业清净，以德而名。⑨ 大号：声名宏大、遐迩普被，以名号显而得名。⑩ 仁贤：心地仁慈、贤而多能，故名仁贤。⑪ 离垢：远离垢染，身心净白，以德而名。⑫ 名闻：唐本译作善称圆满，此尊者初生时，上有宝盖自然出现，因此名闻流布，意为其美好的名声与德行完全相符，遍布一切。⑬ 善实：即须菩提。⑭ 具足：音译富兰那迦，意译满足、具足，修行精勤、功德圆满，称为具足。具足尊者与离垢、善实、牛王等尊者为友。⑮ 优楼频螺迦叶：意译木瓜林，以在木瓜林下修道得名，是三迦叶之一，称耆年迦叶、上时迦叶，又以头上结发如螺，称螺发梵志。上时迦叶与伽耶迦叶、那提迦叶为三兄弟，合称三迦叶，原先都是事火外道，深受四方归信，后皆带领弟子归佛。三迦叶之外，还有摩诃迦叶，同是饮光种。⑯ 伽耶迦叶：又作竭夷迦叶，伽耶意译象城。又，伽耶为象头山，象城近象头山故名。伽耶迦叶是佛陀的弟子，为三迦叶之一，即优楼频螺迦叶和那提迦叶之弟。伽耶迦叶原先是事火外道，住在伽耶城中，有徒众五百，后来带领徒众皈依佛陀。⑰ 那提迦叶：佛陀弟子，三迦叶之一，即优楼频螺迦叶之弟，伽耶迦叶之兄。那提为河名，其人在那提河边得道，故名那提伽耶。那提迦叶原先为事火外道，带领弟子三百住在尼连禅河下游，后与其兄弟三人共率弟子皈依佛陀。⑱ 摩诃迦叶：即大迦叶，佛陀十大弟子之一，摩诃是尊称，意译为大，与三迦叶相区别。大迦叶与三迦叶同种。参见《佛说阿弥陀经》迦叶条注释。⑲ 大住：即迦旃延，佛陀十大弟子之一，议论第一。⑳ 大净志：即赖吒和罗，意译护国。因为他志向坚定、梵行纯净而得名。赖吒和罗为中印度北方居楼国俞芦吒村富豪之子，后随佛陀出家。十年后赖吒和罗归乡，父母以金银财宝、山珍海味及美女诱其还俗，赖吒和罗不为所动，反而为其父母阐述金银财宝为忧苦之因，并教戒度化该女。后世的佛教诗人马鸣曾作“赖吒和罗歌”，并亲自公演，以歌颂赖吒和罗，而感动众多王子和市民舍俗出家，该剧因此遭禁。有《赖吒和罗经》专门叙述其事迹。㉑ 周那：即纯陀，又作准陀、淳陀，意译妙义。纯陀为中印度波婆城之铁匠，是佛陀之最后供养者。据《长阿含经》，纯陀以煮旃檀树耳（一种菌类食物，应该是木耳）供养佛陀，之后佛陀便患疾涅槃。㉒ 满愿子：又作满慈子，即尊者富楼那。富楼那为佛陀十大弟子之一，全名富楼那弥多罗尼子。满是其名，慈是其母之姓，从母姓得名。富楼那是净饭王国师之子，婆罗门种，容貌端正，自幼聪明，于佛陀离家出城之夜出家，入雪山苦行。佛陀成道，初转法轮时从佛受具足戒，后证阿罗汉果。富楼那长于论辩，善于分别义理，后专事演法教化，从其得度者有九万九千人，故誉为说法第一。㉓ 离障：即离婆多。㉔ 流灌：即孙陀罗难陀，意译艳喜，“孙陀罗”译曰“艳”，是其妻之号，以有艳妻故名。孙陀罗难陀是佛陀之亲弟，身长一丈五尺二寸，有三十好相，比佛陀矮四指，仪容第一，因仪容与佛陀极其相似，常被人误作佛陀。其妻美艳，不乐出家，佛陀方便化之，得阿罗汉。㉕ 坚伏：佛陀弟子之一，喜欢清净闲居，不乐处人中。㉖ 面王：此尊者所穿衣服破烂不堪，但是不以恶衣为耻。面王尊者在比丘中弊衣第一。《增一阿含经》：“著弊恶衣，无所羞耻，所谓面王比丘是。”《有部毗奈耶药事》卷四记载，杵山有薄拘罗仙人，后来下山皈依佛陀，证不还果，又称“著树皮衣苾刍”。此薄拘罗仙人与面王大概是同一人。或者以为此薄拘罗仙人即是长寿第一的薄拘罗，大概是同名的两个尊者。㉗ 异乘：此尊者戒行纯粹、出于众表，故称异乘。异乘为声闻众之一。㉘ 仁性：即尸婆罗，意译仁性，又称妙吉。仁性是佛陀弟子之一，刹帝利种，为人秉性仁慈，以此得名。仁性尊者曾在过去世以财物施予贫者，累世福德圆满，至佛世为佛弟子，得阿罗汉果。㉙ 嘉乐：即难陀，意译嘉乐、善欢喜，此处指牧牛难陀。㉚ 善来：音译莎揭哆，为佛陀弟子之一。莎揭哆本为印度比丘欢迎来客之客套话，意译"多好啊，您来了"。善来又被佛陀用作授戒之语，凡被佛陀称"善来"者即得具足戒，此即"善来得"，为十种得戒因缘之一，只有佛陀能够行此法。善来尊者乃憍闪毗国失收摩罗山浮图长者之子，出生之时，仪容可爱，其父欢喜唱言"善来"，以此得名。善来尊者资性福薄，父母早丧，荡尽家产，投靠无门，时人称其为"恶来"，后来只能以行乞维生。他的姐姐得知后赠与财物，但由于福薄，财物又被盗贼偷去。就连与同伴一起乞食，也常常因为自己恶业之力，殃及同伴，大家都乞讨不到食物。后来遇到佛陀，佛陀悲悯，特意留下自己食物的一半给他，又让他买青莲花供养僧众。恰在他供养之时，青莲花开放，善来见花开而忆起往昔来处。佛陀又为他演说法要，善来乃出家皈依佛陀，最终证得阿罗汉果。后来失收摩罗山有毒龙危害，善来尊者以神通降服毒龙，当地人民设供养致谢，善来饱食之后饮浆，不知有酒，误饮大醉，而卧于地。佛陀乃为众说饮酒之过，并制饮酒戒。㉛ 罗云：即罗睺罗。㉜ 上首：大众之中位居最上者称上首，表示位次尊贵。一般一期法会会推举人数不等的上首，有以一人为上首，也有推举多人为上首者。如本经便从一万二千人中推举三十一位比丘为上首，而《观无量寿佛经》则以文殊师利一人为上首。后来中国禅林有称首座，与上首意思相同。㉝ 普贤：梵名三曼多跋陀罗，意译普贤，又译作遍吉。《大日经疏》："普贤菩萨者，普是遍一切处，贤是最妙善义，谓菩提心所起愿行，及身口意，悉皆平等，遍一切处，纯一妙善，备具众德，故以为名。"《大乘经》："入山求道，饥寒病痨，枯坐蒲团，是曰普贤；普贤者，苦行也。"普贤菩萨主理德、定德、行德，文殊菩萨主智德、证德，两位菩萨德性正好成对，理、智相对，行、证相对。文殊菩萨与普贤菩萨是佛陀的二胁侍，文殊驾狮子，侍佛左方，普贤乘白象，侍佛右方。白象象征普贤菩萨愿行广大、功德圆满。在《华严经》中，二菩萨与佛陀被称为华严三圣，为一切行德之本体。普贤菩萨是我国佛教的四大菩萨之一，相传四川峨眉山为普贤菩萨显灵说法的道场。㉞ 妙德：即文殊师利菩萨。㉟ 慈氏：即弥勒菩萨，又作阿逸多菩萨。㊱ 贤劫：现在之住劫，名为贤劫。一大劫中成、住、坏、空四期为一周，总共有八十增减小劫，每一期有二十增减小劫。成劫和住劫时期，人的寿命逐渐增加，故称增劫。坏劫和空劫人的寿命逐渐减少，故称减劫。过去的一个大劫之住劫名为庄严劫，因为其住劫之二十小劫期间，始于华光佛，到毗舍浮佛为止，共有千佛出世庄严其劫，故名庄严劫。现在这个大劫的住劫，称为贤劫，因为在现在这个住劫的二十个小劫期间，也有千佛出世，始于过去七佛之拘留孙佛，到现在的释迦牟尼佛以及未来的弥勒佛为止，共有千佛出世，故称贤劫，又称善劫。未来一个大劫之住劫称为星宿劫，始于日光佛，终于须弥相佛，也有千佛出世，每一佛之出兴，如天上的星宿，故名星宿劫。㊲ 贤护：梵名跋陀罗，意译贤护、善守、仁贤，一般被称为贤护长者、贤护菩萨、贤守菩萨、贤护大士。贤护菩萨是王舍城中的在家菩萨，是一个大富商的儿子，据说所受的快乐果报超过忉利帝释天。又，贤护菩萨的愿行也十分殊胜，凡称念贤护菩萨之名号，乃至听闻贤护菩萨之名号者，都可得到贤护菩萨的护持，而最终获得正果。㊳ 正士：求正道之大士，梵语音译为菩萨，意译为正士。㊴ 善思议：此菩萨善于思维佛法。㊵ 信慧：此菩萨信心坚固、智慧高超。㊶ 空无：此菩萨证悟空性。㊷ 神通华：此菩萨神通广大、善于变化。㊸ 光英：此菩萨光明出众。㊹ 慧上：此菩萨智慧上乘。㊺ 智幢：此菩萨智慧高明出众犹如宝幢。㊻ 寂根：此菩萨诸根寂静。㊼ 愿慧：此菩萨发愿高尚、智慧高明。㊽ 香象：此菩萨神力广大，犹如香象，身出香风，普熏世界，彻法源底，步步踏实。㊾ 宝英：此菩萨性德具足，犹如宝藏，功德出众，犹如英发。㊿ 中住：此菩萨安住于中道。(51) 制行：此菩萨善于控制自己的行为，举止足以作为表率。(52) 解脱：此菩萨灭除烦恼、远离恶毒、出脱轮回、得到大自在。(53) 普贤大士：即普贤菩萨，其为愿王菩萨：主一切诸佛的理德和行德，所以说众菩萨皆遵守普贤菩萨之德、行，归向阿弥陀佛之西方极乐世界。因此以上所列诸菩萨虽有各自特有的功德，但最终都以极乐世界为依归。(54) 行愿：德行和愿行，行为六度四行等，愿为菩提行愿。(55) 安住：功德圆满而不退转，称作安住。

［译文］

我（阿难）听说的就是这样。那时，佛陀住在王舍城边上的耆阇崛山中，与一万二千名大比丘一起。这些大比丘都是大圣者，全都具备了神通。这些圣者的名字分别是：尊者了本际、尊者正愿、尊者正语、尊者大号、尊者仁贤、尊者离垢、尊者名闻、尊者善实、尊者具足、尊者牛王、尊者优楼频螺迦叶、尊者伽耶迦叶、尊者那提迦叶、尊者摩诃迦叶、尊者舍利弗、尊者大目犍连、尊者劫宾那、尊者大住、尊者大净志、尊者摩诃周那、尊者满愿子、尊者离障、尊者流灌、尊者坚伏、尊者面王、尊者异乘、尊者仁性、尊者嘉乐、尊者善来、尊者罗云、尊者阿难等，都是这样的上首尊者。又有很多大乘菩萨也在一起，有普贤菩萨、妙德菩萨、慈氏菩萨等，这个贤劫中的一切菩萨都在。又有以贤护菩萨为首的十六正士也都在，如善思议菩萨、信慧菩萨、空无菩萨、神通华菩萨、光英菩萨、慧上菩萨、智幢菩萨、寂根菩萨、愿慧菩萨、香象菩萨、宝英菩萨、中住菩萨、制行菩萨、解脱菩萨等，全都以普贤大士为榜样修行功德，具备了菩萨所应该具备的众多无量行愿，安住在一切所成就的圆满功德中。

游步十方[①]，行权方便[②]。入佛法藏[③]，究竟彼岸[④]。于无量世界，现成等觉[⑤]。处兜率天[⑥]，弘宣正法。舍彼天宫[⑦]，降神母胎[⑧]。从右胁生[⑨]，现行七步[⑩]。光明显耀[⑪]，普照十方。无量佛土，六种震动[⑫]。举声自称[⑬]：“吾当于世，为无上尊[⑭]。”释梵[⑮]奉侍，天人归仰。示现算计、文艺、射御[⑯]，博综道术[⑰]，贯练群籍[⑱]。游于后园，讲武试艺[⑲]。现处宫中色味之间[⑳]。见老、病、死[㉑]，悟世非常[㉒]。弃国财位，入山学道[㉓]。服乘白马，宝冠璎珞，遣之令还。舍珍妙衣，而著法服，剃除须发，端坐树下，勤苦六年，行如所应[㉔]。现五浊刹[㉕]，随顺群生。示有尘垢，沐浴金流[26]。天按树枝，得攀出池[27]。灵禽[28]翼从，往诣道场[29]。吉祥感征[30]，表章功祚。哀受施草[31]，敷佛树下，跏趺[32]而坐。奋大光明，使魔[33]知之。魔率官属，而来逼试。制以智力[34]，皆令降伏。得微妙法，成最正觉[35]。释梵祈劝，请转法轮[36]。以佛游步[37]，佛吼而吼[38]。扣法鼓，吹法螺，执法剑，建法幢，震法雷，曜法电，澍法雨，演法施[39]。常以法音，觉诸世间。光明普照无量佛土，一切世界六种震动。总摄魔界，动魔宫殿，众魔慑怖，莫不归伏。掴裂邪网，消灭诸见[40]。散诸尘劳[41]，坏诸欲堑[42]。严护法城[43]，开阐法门[44]。洗濯垢污[45]，显明清白[46]。光融[47]佛法，宣流[48]正化。入国分卫[49]，获诸丰膳。贮功德，示福田[50]。欲宣法，现欣笑。以诸法药[51]，救疗三苦[52]。显现道意[53]无量功德。授菩萨记[54]，成等正觉。示现灭度[55]，拯济无极。消除诸漏[56]，植众德本[57]。具足功德，微妙难量。游诸佛国，普现道教[58]。其所修行，清净无秽。譬如幻师[59]，现众异像[60]。为男为女，无所不变。本学明了，在意所为[61]。此诸菩萨，亦复如是。学一切法，贯综缕练[62]。所住安谛[63]，靡不感化。无数佛土，皆悉普现。未曾慢恣[64]，愍伤众生。如是之法，一切具足。菩萨经典[65]，究畅要妙。名称普至，道御十方。无量诸佛，咸共护念。佛所住者[66]，皆已得住。大圣所立[67]，而皆已立。如来道化，各能宣布。为诸菩萨，而作大师[68]。以甚深禅慧[69]，开导众生。通诸法性[70]，达众生相[71]。明了诸国，供养诸佛。化现其身，犹如电光。善学无畏之网[72]，晓了幻化之法[73]。坏裂魔网[74]，解诸缠缚[75]。超越声闻[76]、缘觉[77]之地，得空[78]、无相[79]、无愿[80]三昧[81]。善立方便[82]，显示三乘。于此化终，而现灭度。亦无所作，亦无所有。不起不灭，得平等法[83]。具足成就无量总持百千三昧[84]，诸根[85]智慧[86]，广普寂定[87]。深入菩萨法藏[88]，得佛华严三昧[89]，宣扬演说一切经典。住深定门[90]，悉睹现在无量诸佛[91]，一念之顷，无不周遍。济诸剧难、诸闲，不闲[92]。分别显示真实之际[93]，得诸如来辩才之智[94]，入众言音[95]，开化[96]一切。超过世间诸所有法，心常谛住度世之道。于一切万物，而随意自在。为诸庶类，作不请之友[97]，荷负群生，为之重担。受持如来甚深法藏，护佛种性[98]，常使不绝。兴大悲[99]，愍众生。演慈辩[100]，授法眼[101]。杜三趣，开善门。以不请之法，施诸黎庶。如纯孝之子，爱敬父母。于诸众生，视若自己。一切善本，皆度彼岸，悉获诸佛无量功德。智慧圣明[102]，不可思议。如是之等菩萨大士，不可称计，一时来会。

［注释］

① 游步十方：指诸菩萨化身遍布十方世界，身形无碍，度化众生。② 行权方便：指诸菩萨以方便善巧之法度化众生。示现种种是为行权，也就是根据不同的情况变化为不同的形象向众生显现。权，权变、变化。《观世音菩萨普门品》："应以何身得度者，即现何身而为说法。"以容易进入的法门逗引众生进入正途，是为方便。③ 入佛法藏：证会佛法所含的真理。入，知解、证会都可以说成是"入"，知解是指通过思维的功夫达到了解，证会则是全副身心的相应，比知解更进一步。此处"入"是证会义。佛法藏，又简称法藏，即佛法，由于佛法含藏一切性德，故称藏。④ 究竟彼岸：完全达到涅槃的境界。究竟，事理之至极为。彼岸，指涅槃，以此岸比喻生死，以彼岸比喻超脱生死的涅槃，由此岸渡到彼岸犹如由生死轮回超脱至涅槃。⑤ 现成等觉：示现成佛。现即示现。等觉即正等正觉，正为不偏、圆满，等为平等，觉为觉悟，诸佛觉悟是完全平等的，故称等觉。诸菩萨在十方世界示现成佛，都一样有八相成道的过程，即示现相同的成佛的八个人生相状。八相成道有不同的说法，大乘的八相成道为降兜率、入胎、住胎、出胎、出家、成道、转法轮、入灭；小乘关于八相成道的说法是从兜率天下、托胎、出生、出家、降魔、成道、转法轮、入涅槃。这两者说法的不同并非出自大乘和小乘的差异，只是经典依据不同，并且这两种说法并没有根本的不同，对于八相不可执著。《佛说无量寿经》也没有依据八相成道来叙述，而是加入了童子相和聘妻相，成为

十相成道。加入童子相和聘妻相大概是为了表示重视人伦、肯定居士修行。八相成道是一切诸佛都有的，此经下文所述成佛过程则是以释迦牟尼佛为例证来叙述。⑥ 处兜率天：住在兜率天内院。兜率天是欲界六天中的第四天，分为内外两院，内院是一生补处菩萨居处的净土，外院是此天天人所住的秽土。释迦牟尼佛做一生补处菩萨的时候也曾居住在兜率天内院。诸菩萨也必须先修行到一生补处菩萨的果位，才能进一步成佛，故都有一个住兜率天内院的经历。⑦ 舍彼天宫：离开兜率天宫，即八相成道之降兜率天。八相成道之八相都是非常奇特不可思议的，不可用常人之理智去测度。⑧ 降神母胎：从兜率天下降，神奇地进入母胎，这是八相成道之入胎相。凡人入胎，须是父母精血交合，菩萨入胎则与此不同，神者莫名其妙之义，故降神并非如灵魂潜入。菩萨成佛何以选择胎生，《涅槃经》中列举了八项理由：一、凡人胎生，佛选择胎生是为了表示与人相同以方便教化接引；二、生在尊贵的上等人家，是为了表明佛法的尊贵殊胜；三、生在王族，是为了借用王族的势力来护法；四、胎生而有父母，方便教化世人孝敬父母；五、生在上等人家，比较容易免除世人的轻慢之心，而容易使其生起恭敬之心；六、胎生而不化生，是为了避免世人的误解和诽谤，化生非世人所能了解，多以为幻化不实，因此菩萨选择胎生而不是化生；七、胎生是为了留下残身舍利以为信物，利益后世，若化生则从无中生出，复归于无有，不能留下证据；八、三世诸佛都是胎生，要与诸佛相同，故须胎生。⑨ 从右胁生：从母亲的右边胁部出生，这是八相成道之出生相。菩萨从其母亲的右胁出生，犹如一团烟雾，母体不受伤害，也没有常人生子时的痛苦，出生的部位也不同，常人出生之处污秽不净，这些都是出生相的奇特之处。⑩ 现行七步：当场走了七步。现，为现场、当场、现在、当时，指菩萨刚刚出生，即能走路，异于常人，常人出生一岁左右才能学会走路。七步有不同的说法，有说向东南西北各走七步，有说向十方各走七步，含义却是相同的，都表明大丈夫的奋迅之力。⑪ 光明显耀：身体放射出光芒，这是菩萨出生相中显出的祥瑞景象之一。⑫ 六种震动：大地发动的六种震动，是菩萨出生相中显示出的祥瑞景象之一。六种震动有三种说法：第一种是六时震动，即佛入胎、出胎、出家、成道、转法轮、入涅槃这六时，大地发生震动；第二种是六方震动，东涌西没，西涌东没，南涌北没，北涌南没，边涌中没，中涌边没，大地变得柔软，使众生变得和悦；第三种是六相震动，即动、涌、震、击、吼、爆，这种震动并非如恐怖灾难之地震，而是像摇篮之震动，令人觉得舒适和悦，因此是祥瑞显现。震动有多种寓意，如令众生觉醒，令诸魔恐怖等。⑬举声自称：高声自己称呼自己说，这是菩萨出生相之奇特祥瑞现象之一。常人出生之时，不会说话，将近八个月才开始学说话，而菩萨刚出生就能大声说出义理很深的话。⑭吾当于世，为无上尊：我将成为这个世界上最为尊上者。这句话在不同经典中有不同的表述，《长阿含经》作“天上天下、唯我为尊”，《瑞应经》作“天上天下，唯我独尊”，《因果经》作“我于一切天人之中最尊最胜”，各种表述虽然不同，含义却是相同的。⑮释梵：帝释天和梵天。⑯示现算计、文艺、射御：显示出算计、文学、艺术、射术、御术等才能，这是菩萨的童子相。算计文艺等才能菩萨在久远以前的前世就已经精通，因此这里说为“示现”。菩萨在童子之时，像世人一般开始学习算计文艺射御，很快就精通了，一身而具众技，显示出异于常人的天才。⑰博综道术：博学精通各种道术，这是菩萨童子相之一种。博为广博、博学，综为精通、贯通。道术指当时印度的各种学说，大略有九十六种之多，释迦牟尼都能够精通。⑱贯练群籍：贯通熟悉各种典籍。贯为精通，练为熟练。博综道术是知事宽广，博通各种技术；贯练群籍是知教宽广，博通各种知识。⑲游于后园，讲武试艺：在后园中，参与武术比赛和各种技艺的比赛，犹如游戏一般轻松获胜。这是菩萨聘妻相之一种，释迦王子通过赢得比赛而迎娶耶输陀罗为妻。游于后园，本义是在后园中游玩，此处用来比喻释迦牟尼武术和技艺之高超，参与比赛犹如游乐。讲武是比赛武术，试艺是比赛各种技艺，如算数、文学等。⑳现处宫中色味之间：示现处于王宫中过着享受美色和美味的生活。这是菩萨聘妻相之一种，讲述娶妻之后的享乐生活。菩萨累劫修行，于人间嗜欲早已断除，因此这种生活是一种示现。世人都梦想这种生活，菩萨就示现出这种生活。然后菩萨再舍弃这种生活，表示这些色味的欲望是可厌可弃的。菩萨虽有美色美味，但是并非真的享受，如释迦王子令其妻耶输陀罗怀孕，并非是通过男女交合，而是手指妻子的腹部，说“你已经有了孩子”，耶输陀罗就怀上身孕，生子罗睺罗。世间有修行者以为佛陀示现此相，就也大肆享受美色美味，也说是示现，实则是大诳语。㉑见老、病、死：见到老、病、死的景象。这是菩萨出家相之一，从此句至“行如所应”，都是叙述出家相。据《佛本生经》所述，释迦王子在出游的时候，一次在东门见到老人，一次在南门见到病人，一次在西门见到死人，由此而领悟一切皆苦。㉒ 悟世非常：明白世间的一切都不能常在。前述老、病、死等相都是人生变化的不同的相状，表明非常。人不能常葆青春，终有老的一天，变化而至老相；人生不能永葆健康，是变化而至病相；人不能永生不死，终有死亡之时，是变化而至死相，这些都表明无常。㉓ 入山学道：当时印度有多种教派的出家人，都是选取偏僻清净的地方修习道术，入山学道是当时出家修行者的风俗。据《本行集经》，释迦王子出游的时候，在北门遇到一个出家人，便请教什么是出家人，出家人说：“我见一切世间诸行，尽是无常。观如是已，舍于一切世俗众事，远离亲族，求解脱故。”释迦王子于是决定出家。㉔ 行如所应：一切行为都符合一个出家人所应该做的。此时释迦尚未成佛，而是修习印度当时的各种外道，包括苦行等，行如所应并非是合乎佛法，而是与这些外道出家人的规范相应。㉕ 现五浊刹：在五浊刹中示现。五浊刹指的是我们这个世界，又叫阎浮世界，有五种恶浊，菩萨在这个世界出现，是一种示现。从此句至“得微妙法，成最正觉”一段是叙述菩萨之降魔相和成道相。㉖ 示有尘垢，沐浴金流：示现身上有尘垢，在金流河中沐浴洁净。金流即尼连禅河的别名。菩萨在尼连禅河畔的迦耶山中修习苦行六年，满身尘垢，这是一种示现。菩萨最终舍弃苦行，在金流河水中沐浴，除去尘垢。㉗ 天按树枝，得攀出池：天人按低树枝，菩萨得以攀扶树枝从池中出来。菩萨因苦行导致身体极度虚弱，在尼连禅河中沐浴时，困于河中无力上岸，这时天人按低河边树上的树枝，菩萨攀缘树枝，得以出浴。㉘ 灵禽：灵异的飞禽。释迦牟尼离开尼连禅河前往道场的路上，有五百青雀跟随，都是神鸟，故说灵禽。又说这些飞禽都是天人变化而成。㉙ 道场：菩萨将用于修道的场所，也是菩萨得道成佛之处。中印度摩揭陀国尼连禅河畔，菩提树下有金刚座，即经中所说道场，当年佛陀在此成佛。㉚ 吉祥感征：菩萨感动得吉祥前来。这是一种祥瑞的征兆，佛将成道，感动此人前来。感为感动、感应，征为征兆、迹象。吉祥即吉祥童子，是割草人，将割草而奉菩萨敷座。㉛ 哀受施草：哀愍地接受（吉祥）施舍的草。吉祥童子闻听菩萨要在树下就坐修道，就把新割的一担洁净柔软的草施舍给菩萨，菩萨心怀哀愍，接受下来。㉜ 跏趺：双腿盘坐。双腿盘坐是标准的入定姿势，左腿压着右腿为金刚坐，右腿压着左腿为吉祥坐，这两种坐姿都是跏趺。单腿盘坐为“单跏趺”，不是标准的坐姿。㉝ 魔：梵语音译魔罗，简称魔，意译能夺命、障碍、扰乱、破坏、杀者。魔有多种分类，有四魔、八魔之说。四魔指烦恼魔、阴魔、死魔、天魔。烦恼魔指贪嗔痴等；阴魔指五阴身，即色、受、想、行、识五阴，能覆盖真如法性；死魔即死亡，死亡能中断人在此生的修行；天魔，是天子魔的简称，是欲界第六天的魔王，名为波旬，有无数的魔眷属，他们不喜欢众生出离三道，经常对佛和修道者进行扰乱。每一个佛出世的时候前来扰乱的魔都不同，天魔是释迦摩尼佛出世时候所遇的外魔。死魔的前三魔都是内魔，魔自内作；天魔是外魔，来自外面。八魔是四魔加上四倒，四倒是四种颠倒见解，即把常乐我净误认为是无常、苦、无我和不净，这四种颠倒与正见非常相似，容易扰乱正见，故称为魔。㉞ 制以智力：以正智和神通力降服天魔。降服不同的魔需要用不同的法门，天魔属于外魔，必须内外兼治，以正智修身，则内修明德，知道天魔是邪而不受诱惑；天魔有神通，能以强力扰乱，因此又必须以更大的神通降服天魔，即以慈悲之神通摄受天魔。㉟ 最正觉：最高无上的正觉，也就是佛果。至此是叙述菩萨的成佛相。㊱ 转法轮：转动法轮，摧毁邪法，显明正教。以转轮圣王的宝轮来比喻佛法，故称法轮。宝轮有破、立两种功用，佛法也是如此。转轮圣王的宝轮能摧毁一切，威力无穷，佛法也能摧毁一切邪法。转轮圣王转动宝轮能流布政教，佛法当如宝轮转动，流布十方世界。由此句至“授菩萨记，成等正觉”一段是叙述转法轮相。㊲ 以佛游步：以佛的身业，显现威仪，教化众生，也就是佛的身教。㊳ 佛吼而吼：以佛的口业，宣说佛法，教化众生，也就是佛的言教。佛所说的话，能觉醒众生、震慑诸魔，犹如狮子吼，能震慑百兽。佛吼并非是佛大声吼叫，而是所宣说的佛法能遍布世界、普觉群生，虽非狮吼，却胜狮吼。佛的教法总为身教和言教，这是佛法的总纲，由此句以下分别说明佛的教法。㊴“扣法鼓”八句：是叙述佛陀教法中的四法和四智。四法为成佛四法，也就是闻、思、修、证；四智即四无碍智，分别是法无碍智、义无碍智、辞无碍智、乐说无碍智。扣法鼓，是指闻慧法，闻则生信，即听闻佛法而生智慧，也包括声闻乘在佛陀身边看到和听到佛陀亲自说法而生智慧。鼓是在战场上用来训诫士兵的，佛陀所说的话是用来教导众生的，因此比喻佛的说法为扣法鼓。闻慧法完整地包括了佛陀的身教和言教，身教也非常重要，亲眼看到佛陀的威仪，自然容易生信。吹法螺，指思慧法，思则得理，即自己思维佛法而生智慧，这是指没有亲见佛陀，但是听闻佛陀所宣说的佛法而靠自己的思维通达佛法蕴含的义理。海螺纹理婉转，好比人用思维而有曲折。扣法鼓为直接击打即出声，吹法螺则气流婉转方有声。执法剑，指修慧法，既闻佛法，又得义理，则依教修行，由修行而生定慧，能断烦恼，如剑能断乱麻之结。建法幢，指证慧法，即得到无漏之正智，印证了佛陀所说的佛法。证慧需要战胜诸魔，犹如战场树立战旗，故说证法为建法幢。震法雷，指法无碍智，声音能穿透物体而无碍，雷是声音中最大的，因此用雷来比喻佛法教化众生无碍。曜法电，指义无碍智，电光能除暗而照见万物，犹如法音能显明义理而无碍。澍（shù）法雨，即辞无碍智，万物虽然多种多样，雨水都能滋润到，众生语言虽然多种多样，佛法同样都能讲说无碍，犹如雨水之遍润。演法施，指乐说无碍智，施为离悭惜而施与他人，众生根性虽然多种多样，佛法皆能施与而令其欢喜接受，犹如乐于接受赠与的财产一般。㊵ 诸见：一切邪见。㊶ 尘劳：即烦恼。贪嗔痴等烦恼，能污秽真性，是为尘；能劳乱身心，是为劳。㊷ 欲堑：即贪欲。贪欲很深，犹如深堑，难以渡越。堑，用于防御的壕沟、护城河、深沟。㊸ 法城：正法的城堡。以城比喻法有三义：一、正法能防御非法，如城能防贼；二、涅槃妙果是安身之处，如城能安住；三、一切经法皆能守护正法，故一切经法都可称作法城。㊹ 法门：正法的门径。进入堂奥必须从房门进入，佛法是众生获得解脱所必由的门径，故以门来比喻佛法。㊺ 垢污：见、爱、烦恼等迷惑心性的邪妄，犹如人身上的垢污。㊻ 清白：清净的法性。法性本来清净无污染，受到迷惑障碍才有垢污，洗涤垢污，就能显露出受到遮盖的法性。㊼ 光融：使之光大流通。光为光大发扬，融为融通、流通。㊽ 宣流：对一切世界宣传流布。佛法教化的范围是无量无尽的，犹如帝王的诏书是对天下的所有臣民宣布。宣，本义为帝王的诏书。㊾ 分卫：即乞食。在古印度，从佛陀到一般的僧人都要乞食，乞食并非如常人因贫困无食才乞食，而是有着独特的深意。㊿ 示福田：示现福田。播种于田，则能收获农产，播种于福田，则能收获功德。尊敬和供奉佛、僧、父母、悲苦者，便是播种福田。福田指受供奉者，佛陀和僧人的乞食活动便是向众生示现福田。㊶ 法药：妙法能解众生之苦，犹如良药能治疗病痛，因此以药比喻佛法。㊷ 三苦：指苦苦、坏苦和行苦。苦苦指令身心烦恼逼迫的痛苦，如病痛、担忧等；坏苦指失去快乐所带来的痛苦，如妙花败落、红颜消退、爱人离去等；行苦指由一切法的迁流带来的苦恼，万物皆不能永恒，由此而生烦恼，行苦极其微妙，常人多不觉察。㊸ 道意：即道心、求无上道的心，也就是菩萨发愿。佛陀显现出道意，是为了以身作则，教导众生发起愿心。㊹ 授菩萨记：授予菩萨将来成佛的记别。记，即记别，是佛记弟子成佛之事，预言弟子将来成佛的日期、地点、佛名、寿命等。记有记忆之义，佛是能记。授记则有区别之意，授某弟子记以别于其余弟子。至此是叙述佛陀的转法轮相。㊺ 示现灭度：示现涅槃相。佛陀很久以前就已经成佛，证得无生法忍，超脱生死轮回，因此佛陀的死亡是一种示现，佛陀的死亡是涅槃，超越生死。灭度，即涅槃，灭是灭一切烦恼包括生死大患，度是渡越生死瀑流，灭和度同义。㊻ 消除诸漏：令众生消除一切烦恼。佛陀的涅槃，能令众生厌弃生命、不怕死亡，断除生死因。㊼ 植众德本：培植众生之功德。德本，即功德，因功德为一切之根本，故又称德本。佛陀的涅槃，树立了一个功德圆满的典范，令众生向往涅槃，为众生种下了涅槃功德的种子，是众生的涅槃因，将来能生涅槃果。至此是叙述佛陀的涅槃相。㊽ 道教：即佛教，是教导正道的宗教。中国另有信仰神仙的宗教为道教，与此处道教含义不同。㊾ 幻师：能作幻术的人称作幻师。幻有两义：一是从无中生有，这是幻化；一是以不实之事物惑人耳目，如以草木幻化为人畜等，这是幻术。㊿ 现众异像：示现各种不同的像。这是菩萨的化行善巧，《妙法莲华经》之普门品叙述观世音菩萨“以种种形，游诸国土，度脱众生”，示现三十三种化身，众生当以何身得度，则示现何身度之，如佛、天人、童男、妇女、夜叉等。(61) 本学明了，在意所为：根本清净的佛法修习圆明，则清净心能任意变化。本学，即根本之学，佛学是明了清净自性，也是教化之本，因此名本学。本学明了，则意根清净，能生种种清净法。参见《坛经》，惠能大师悟道之际所言：“何期自性，本自清净。……何期自性，能生万法。”可以与此句互相参考。(62) 贯综缕练：贯通、综合、详尽、熟练。贯是贯通，佛法多门而能贯通一体；综是综合，法门多种，能提纲挈领，综合概况；缕是分析，都能条分缕析，详尽无遗；练是熟练。是说对于佛法在各个层面、各个角度都能通达无碍，能博通，能约说，有宽度，有深度。㊸ 安谛：安稳不动的真谛，即真谛。谛，即真实无谬误的道理。俗谛是世俗虚妄的意见，俗谛迁流不止、虚妄不实。真谛则寂静安稳，因此又称安谛。㊹ 慢恣：骄傲和快意。慢，即骄傲，认为自己胜过他人。恣，即快意，放纵心意而求畅快。有功则容易生起慢心，有权则容易恣意。菩萨能利益众生，可以说有功，有功而不慢；菩萨神通广大，可以说有权，有权而不恣意。㊺ 菩萨经典：菩萨法的经典，即大乘经典。经典，佛亲口所说的佛法，经佛弟子集结而成的文本。菩萨经典是大乘经典，大乘兼自利利他，因此菩萨经典应当指一切佛法经典。㊻ 佛所住者：佛所安住的，指佛觉。㊼ 大圣所立：佛所立的教行。大圣，佛的尊号。圣，道德、知识、技艺等人所可能具备的一切美好品质都达到最完美水准的人称为圣人。㊽ 大师：佛的十大尊号之一。大师也就是天人之师，有资格教导一切众生，故称大师。只有佛能称大师，诸菩萨教行和说法都与佛相同，故也可称大师。㊾ 禅慧：禅定和智慧，也就是止观。修习佛法要获得的证行虽然多种多样，概括言之，无非是禅定和智慧两种，止思虑而生禅定，观万象而生智慧，禅定和智慧二者必须调和均等，不能偏废，偏于禅定则死，偏于智慧则邪。㊿ 通诸法性：真如实相作用无碍。通，即没有障碍地到达。法性，即真如实相。真如实相非思虑语言能到达，乃是解除一切束缚障碍之后自然呈现的。71 达众生相：完全明了众生相。达，全部知道。众生相，是我、人等四相之一，达众生相则知同体大悲，能生慈悲和忍辱。72 无畏之网：指大乘教法。无畏，指佛和菩萨说法的时候无所畏惧，具有圆满的自信，泰然自若。无畏总说有四无畏：一、一切智无所畏，即在大众中如实宣称自己通晓一切智而无所畏；二、漏尽无所畏，在大众中如实宣称自己已经断尽一切烦恼而无所畏；三、说障道无所畏，在大众中解说惑业等一切障碍正法的邪法，全部摧破之而无所畏；四、说尽苦道无所畏，在大众中宣说戒定慧等灭尽诸苦的正道而无所畏。这四无畏可以囊括一切无畏，因此用网来比喻，此处网取系统、全体之义。73 幻化之法：即诸法离有无之性，非有非无。幻是幻术师所作，化是佛、菩萨神通力所变化。诸法的有无犹如幻化，有非真有，无非真无，有为幻有，无为幻无，也就是真空妙有。74 魔网：魔所造作的种种邪业。邪业众多，如网弥漫；邪业能迷惑众生，如网能捕获鸟兽；邪业迷惑至深难以脱离，如网罗牢固难以逃脱，因此以网为喻，说为魔网。㊷ 缠缚：也就是十缠四缚，即一切烦恼。一切烦恼能令众生被困于三界生死轮回不止的牢狱中不能逃脱，犹如人之手脚被缠缚而不得自由。十缠：一、无惭，即见有功德者不崇敬反而嫉恨，不自知不足；二、无愧，罪恶被他人发现而不觉羞耻；三、嫉，见他人之事兴盛成功则心生不喜；四、悭，悭吝而不愿惠施，不愿惠施世间资财为悭，不愿惠施出世间法财也是悭；五、悔，过恶已成，追悔不已而至心中不安；六、眠，也就是睡觉，睡觉则身心懵懂不能做主，也就无力省察；七、掉举，指心思摇动不安，无法进行禅观；八、昏沉，虽不睡眠，但神识昏钝，不能加精进之功；九、嗔忿，有违己意则生起憎恶、愤恨、恼怒之情，令心思失去正念思维的能力；十、覆，掩盖自己所犯的罪过，覆即覆盖、掩藏。四缚：一、欲爱身缚，即欲界众生对于随顺自己情欲的情境生起贪爱执著，造作惑业，受之束缚而不能解脱；二、嗔恚身缚，即欲界众生对于违逆自己情欲的情境生起嗔恚之心，造作惑业，受之束缚而不能解脱；三、戒盗身缚，即把外道所持的戒当做解脱的因来守戒，如守鸡戒、狗戒等，这能增长惑业，受之束缚而不能解脱；四、我见身缚，即执著于我见，把非涅槃法当做涅槃法，增长惑业，受之束缚而不能解脱。⑯ 声闻：音译舍罗婆迦，意译声闻、弟子，是指听闻佛陀声教而证悟的出家弟子。有人认为声闻是小乘，根器下劣，是一种误解。能接受佛陀的亲身教导，本身便是最殊胜的机缘，听闻即能证悟，说明是上乘根器。至于声闻是否属于小乘，也不可定论。若声闻是小乘，大乘的根基仍应该是声闻。没有声闻，大乘不能凭空产生。⑰ 缘觉：音译辟支佛，意译缘觉、独觉，是指独自悟道的修行者。辟支佛也是伟大的圣者，他并不听闻佛法，也不修习经论，而是独自观察因缘或飞花落叶等独自悟道，无师自通，性喜寂静而不从事说法教化。⑱ 空：究竟无实体性、无自性。“空”不与“有”相对，不是虚无，不是什么都没有。空是因缘所生的法，万法都是众缘所成，因此万法都没有实体，万法都是空。万法是因缘所成，因此因缘也是一种性，然而因缘可以继续分解为更细微的因缘，最终并不能得到一个终极的性，因此说究竟无实体性。例如房子是砖石木瓦等众缘所成，故可说房子不是实体；而砖又是沙、土、水、火等众缘所成，因此砖也不是实体，如此类推，终于无极，万法和众缘都是没有实体的。空观的意义主要在于解除实体的观念。⑦无相：就万物的空性来说，万物的相状也都没有实体性。万物相状各异，然而这些相状本身并没有自性，因此这些相也并非实有。无相与空是一致的，就性来说是空，就相来说是无相。万相统为一相，因此无相又叫做一相。涅槃也叫做无相，涅槃无人相、我相、寿者相、众生相等四相，也无色相、声相、香相、味相、触相、生相、住相、坏相、男相、女相等十相。⑧ 无愿：没有愿求的对象，也没有愿求。通达空性，明了无相，则没有可取者，没有愿求的目标。由此妄心息止，无有愿求。空、无相、无愿三者是一致的，又称作三解脱门。⑧ 三昧：即禅定。三昧是梵语音译，又作三摩地，意译正定、正受，即将心定于某一境界的安定状态。⑧ 方便：即容易。佛法精深，众生根机不同，对于上根，不用方便；而对于害怕困难的普通人，则需要在教法上采取各种对机的方法，进行引导。方便是一种向上的进展之法。⑧ 平等法：无差别的法身。平等，即无差别，完全相同；平等还有相同对待之义，世俗多用此义。此处“得平等法”指得到平等法身，也就是自在法身，是八地以上菩萨的法身，已证得平等寂灭的真如，任运自然，不加功用，能同一时刻遍布十方世界，示现种种教化，做种种佛事，而无往来之想，也无造作之想。⑧具足成就无量总持百千三昧：此句语法结构比较特殊，成就是具足成就，成就无量总持，成就百千三昧。总持，梵语音译陀罗尼，持善法使之不散，持恶法使之不起。总持有四义，又叫四陀罗尼：一、法陀罗尼，对于佛陀所宣教的法总持不忘，因此又叫闻陀罗尼；二、义陀罗尼，对于诸法所蕴含的义理总持不忘；三、咒陀罗尼，对于秘密语的咒总持不忘，因此陀罗尼在有的地方翻译作“咒”；四、忍陀罗尼，能安住于诸法实相而不失，忍也就是安住于诸法实相则不起分别。此处“总持”应当指总持一切佛法。⑧ 诸根：一切善法。诸根有两义：一、信、勤、念、定、慧称五根，一切善法总称为诸根；二、眼、耳、鼻、舌、身称五根，略称诸根。⑧ 智慧：对于佛法能解并且能证。智的梵语音译是若那，慧的梵语音译是般若，二者相通，但有区别，智是能判断，慧是能抉择，通俗点说就是智是判断力，慧是实践力。慧通于善、不善、无记三性，智慧合称则表明是善慧。⑧ 寂定：对于一切法不起妄想。⑧ 法藏：即佛法藏、如来藏，法性藏于万法之中。藏为含藏。⑧ 佛华严三昧：简称华严三昧，又称华严定，即菩萨修六度万行而得一切佛果，定于此境界名华严三昧。华严，本义为以花装饰，比喻以佛果庄严佛土。⑨⓪ 定门：禅定门。定慧二门，定门为其中之一，下文“悉睹现在无量诸佛”是慧门，也就是观法成就。门，表示分别。⑨① 悉睹现在无量诸佛：当场看到了十方世界无量的三世诸佛。这是慧门所显的境界，是观法所摄，与上文定门相对，暗合定慧均等之义。现在，现今存在，也就是作用现前之时，是过去与未来之间。诸佛有现在佛，也有过去佛和未来佛，未来佛尚未成佛，何以现前？众佛都占有一定空间，何以能够同时出现在目前方寸之地？这正是定慧境界中超越一切时空的不可思议境界。⑨② 济诸剧难、诸闲、不闲：救济剧难、诸闲和不闲三类众生。剧难，三恶道众生苦难剧烈深重、无休无止，所以称为剧难。三恶道即五道轮回中的地狱、恶鬼、畜生三道。闲，有闲暇，苦有间歇，引申为有机会，即有时间能修习佛道。如人天诸道虽然也有众苦，但是苦有间歇，有空闲时间可以用来修习佛道，而最终脱离苦道。诸闲，即各种有闲暇修习佛道的众生。不闲，即没有空闲修习佛道的众生，如八难众生都可称为不闲。八难：一、地狱难；二、恶鬼难；三、畜生难；四、在长寿天难，此天即第四禅的无想天，外道修行者多生在此天，此天天人寿数极长，能活五百劫，然而此天天人处于无想定中，思虑静止，犹如鱼在冰中蛰伏，没有时间听闻修习佛法；五、在郁单越难，郁单越意译胜处，位于须弥山北部，是四大部洲之一，此洲人民寿命一千岁，不会中途夭折，享乐无极，有乐无苦，因此不乐闻听佛法教化；六、盲聋喑哑难，这一类众生业障深重，诸根不完备，佛陀当面亦不能识，无缘听闻教化；七、世智辩聪难，这一类众生聪明巧辩，修习外道经书，入邪深远，信心坚固，听闻佛法也不能生信；八、生在佛前佛后难，这一类众生业重缘薄，出生在佛前或佛后，无缘听闻佛法。佛前佛后不仅是佛在世之前后，还指佛法住世的前后。佛没有出世之前为佛前，佛涅槃后仍有佛法住世，直到佛法灭后，才可称为佛后。⑨③ 分别显示真实之际：帮助众生识别、令众生展示真如佛性。真实之际，也就是真如佛性。分别，思维识别，此处是菩萨教化众生，使众生识别真如。显示，使显露展示。真如佛性是众生本来就有的，佛教化众生令其真如佛性显露出来，并非是佛展示自己的佛性给众生看。⑨④ 如来辩才之智：即佛所具有的四无碍智。由四无碍智而有四无碍辩，下文“入众言音”就是说无碍辩才。⑨⑤ 入众言音：

通晓众生的各种方言语音。入，理解、通晓。⑯ 开化：启蒙、化恶。开为启蒙，受迷妄思虑所遮盖为蒙，去掉迷妄则为启蒙。化为化恶，恶本无体，有迷惘作用，迷妄既止，恶化为善。⑰ 不请之友：未经邀请而主动来亲近的朋友。指佛和菩萨因大慈悲心，不经众生请求，而主动亲近众生，为众生说法利益众生。佛和菩萨对于众生来说是不请之友。⑱ 佛种性：即佛种姓，佛的家族。佛的弟子都由同一佛法所生，能传承佛道，如子孙能继承父祖。⑲ 大悲：佛、菩萨的悲心称大悲。悲，救他人苦痛之心。大慈大悲常连用，与乐为慈，拔苦为悲。又，无缘慈悲称大悲，无缘慈悲是唯有佛才有的慈悲。佛知诸缘不实，心无众生缘，也没有菩萨的法缘，而众生自然获得慈悲之利益。⑳ 慈辩：由慈心而发起说法之辩论。㉑ 法眼：菩萨为度众生而照见一切法门的智慧。法眼是五眼之一，为菩萨所有。五眼：一、肉眼，为肉身所具；二、天眼，为色界天人所具，人中修禅定也能得具，此眼无论远近、内外、昼夜，都能照见，天眼所见止于色界；三、慧眼，为声闻乘和缘觉乘所具，能照见诸法实相，也就是真空无相，此眼超越色相，但尚未究竟；四、法眼，为菩萨所具，此眼能照见一切法门；五、佛眼，为佛所具，佛一身而具前四眼，佛眼是四眼之总名。㉒ 圣明：超凡而光明。圣，超越凡俗为圣。明，对智慧之德性的称赞语，明睿所照犹如光照暗处而能显。

［译文］

诸位菩萨都自在地化现于十方世界，示现种种方便善巧的法门来救度众生，使众生能够证会佛法宝藏，彻底到达涅槃彼岸。这些菩萨通过在无数多的世界中，示现自己成佛的过程，来引导众生成佛。（此处以释迦牟尼为例来叙述十相成道，他）先是在兜率天内院中作一生补处菩萨，弘扬宣讲正法。然后离开兜率天宫，神奇地降入母胎，从母亲的右边胁部出生，刚一出生就当场走了七步，身体散发出光芒，明亮耀眼，照遍了十方世界。无量佛土，都发生了六种震动。菩萨高声自己称呼自己说：“我将在这个世界，成为最尊贵的人。”帝释天和梵天都来奉侍，天人和人民都皈依仰慕。菩萨在少年时期就能够精通算计、文学、艺术、射箭术、御车术等，博学而精通一切道术，贯通熟悉各种典籍。菩萨又在后花园中参加武术比赛和各种技艺的比赛，犹如游戏一般轻松获胜。菩萨身处宫中美色和美味之间，示现享乐之相。菩萨出游时候，见到众生的老、病、死等景象，醒悟世事不能永恒，于是舍弃国王的财产和尊位，去往山中学道。菩萨所乘的白马，所带的宝冠和各种珠宝，都令人送回宫中。菩萨舍弃珍贵美妙的衣服，却穿上出家人修行所穿的衣服，剃去胡须和头发，端正地坐在树下，辛勤劳苦地修行六年，一切行为都符合一个修行者所应该做的。佛是为了随顺众生的根器来施教化，而示现在这五浊恶世的。菩萨示现身上积满六年修行所落的尘垢，在金流河中沐浴清洗。天人按低树枝，菩萨才得以攀扶树枝从河水中出来。菩萨往道场走去，身后跟随着无数的灵禽飞鸟。吉祥童子受到感应而前来，显示出菩萨所将要成就的功德和福德是多么伟大啊！菩萨哀愍地接受吉祥童子施舍的草，铺在菩提树下，然后双腿盘坐下来。菩萨用力地放出巨大的光明，让魔王知道自己在修道。魔王率领自己的部下，前来逼迫试探菩萨。菩萨以智慧和神通力，降服了全部魔王和魔属，得到了不可思议的妙法，成就至高无上的正觉。帝释天和梵天都来祈求请愿，请佛陀说法。佛陀示现出佛身的威仪，口出佛的声音，扣响法鼓，吹响法螺，手执法剑，树立法幢，震响法雷，照耀以法电，滋润以法雨，演说法施。不断地用说法的声音，使诸多世间的众生觉醒。佛陀的光明照遍了无量的佛土，一切世界都发生六种震动，令整个魔界都感到害怕，魔王的宫殿剧烈震动，众魔都感到害怕恐怖，全部都皈依伏顺。佛陀撕裂邪法之网，消灭各种邪见，驱散各种污染烦劳，攻破欲望的深堑，严密地守护正法之城堡，开通阐明正法之门径，洗涤去除污垢，显露出清净无染的法性，光大融通佛法，宣传流布正法之教化。佛陀进入城中乞食，获得众多丰富的膳食，储积功德，示现福田。佛陀想要宣讲佛法之时，脸上现出喜悦的微笑。佛陀用各种法药，救护治疗三苦，显现出大乘救度世人之道意的无量功德，给诸菩萨授记，指导诸菩萨成佛。最后佛陀示现涅槃之相，以此拯救济度将来的无尽众生，令众生消除各种烦恼，培植众生各种功德。佛陀具备了圆满的功德，微妙难以思议。佛陀自在地化现于各个佛国，普遍示现正道之教。佛陀示现的修行过程中有各种污染法，但是实际上佛陀是根本清净而没有污染的，就好比幻师，幻化示现各种不同的影像，变男的变女的，什么都能幻化，但是又并非真的有男女等。因为佛陀早就明了清净自性，所以能够自在示现、任意变化。在场的诸位菩萨，也是如此示现。诸菩萨学习一切佛法，贯通博综、详尽精熟，安住于真谛的最高境界，没有什么不能被感化的。诸菩萨以各种形象，示现于无数的佛土，从来没有犯过傲慢和放纵的过错，哀悯众生。诸菩萨所修行的这些佛法，全都达到了功德圆满。诸菩萨对于大乘经典，能够透彻而顺畅地把握其要旨和妙义。这些菩萨的美名传遍十方世界，他们的功德影响感化十方世界的众生。无法计量的众佛，全都一起保护关心这些菩萨。佛所安住的真谛，这些菩萨也都已经安住。佛所建立的教行，这些菩萨也都已经建立。如来的正道教化之法，这些菩萨都能各自宣讲流布。他们都成就了菩萨的果位，有资格称为大师。诸菩萨以非常深妙的禅定和智慧来开化和教导众生，真如法性自在作用没有障碍，明了众生之相而方便教化。诸菩萨还明了各个佛国的情状而能供养诸佛。诸菩萨化现各种身形，速度快得犹如电光。诸菩萨精通圆满无畏的大乘佛法，通晓幻化之法，破坏撕裂诸魔邪业之网，解开一切烦恼之缠缚，超越声闻和缘觉的境界，达到空、无相、无愿的禅定境界。诸菩萨善巧地建立各种方便法门，示现声闻乘、缘觉乘、菩萨乘等三乘法门。在此处教化众生的机缘结束之时，诸菩萨便示现涅槃灭度，既没有什么可以作为，也没有什么可以持有，不生起也不消灭，达到没有差别的平等法身。诸菩萨圆满地成就对无量佛法的总持，成就百千种正定，成就各种善根功德和智慧，成就各种寂定，深深地契入菩萨法藏，达到佛华严正定的境界，宣扬演说一切经典。诸菩萨安住在甚深的禅定之中，当场全部看到了十方世界无量的三世诸佛，一念之间，没有哪一个佛不受到供养的。诸菩萨全部救度剧难、诸闲和不闲三类众生。诸菩萨帮助众生认识真如佛性，令众生显露出自己的真如佛性。诸菩萨得到了如来的四无碍辩才之智，通晓众生各种不同的语言，开导教化一切众生。诸菩萨超过了世间所有的一切法门，心常安住在救度世人之道上，在一切万法中都能随意自在而不受障碍。诸菩萨为了救度各种平凡的众生，主动做他们的不请之友，担负起救度众生的重担。诸菩萨都能信受行持如来甚深法藏，保护佛的种姓，不使佛种断绝。诸菩萨兴起大悲心，哀悯众生，演说慈悲的法辩，传授能够照见一切佛法的智慧，堵塞三恶道之门，开辟善道之门。诸菩萨不经请求，就主动向众生说法，这种慈悲爱心犹如纯孝的子女爱敬自己的父母一般。诸菩萨对待众生，就像对待自己一样。诸菩萨所修行的一切根本善法，都是为了救度世人到达彼岸，让众生全部都成就像诸佛一样的无量功德。这些菩萨的智慧圣明，真是不可思议啊！这样的菩萨大士，其数量多到无法计数，他们都在此时来到法会现场。

尔时世尊，诸根悦豫①，姿色清净，光颜②巍巍，尊者阿难，承佛圣旨③，即从座起，偏袒右肩④，长跪⑤合掌⑥，而白佛言："今日世尊，诸根悦豫，姿色清净，光颜巍巍，如明镜净，影畅表里⑦。威容显耀，超绝无量，未常瞻睹殊妙如今。唯然大圣，我心念言：今日世尊住奇特之法，今日世雄住诸佛所住，今日世眼住导师之行，今日世英住最胜之道，今日天尊行如来之德。去来现在佛佛相念，得无今佛念诸佛耶？何故威神光光乃尔？"于是世尊告阿难曰："云何阿难，诸天教汝来问佛耶？自以慧见⑧

问威颜乎？”阿难白佛：“无有诸天来教我者，自以所见问斯义耳。”佛言：“善哉阿难，所问甚快[9]。发深智慧，真妙辩才，愍念众生，问斯慧义。如来以无尽大悲，矜哀三界，所以出兴于世，光阐道教，欲拯济群萌[10]，惠以真实之利[11]。无量亿劫，难值[12]难见。犹灵瑞华[13]，时时[14]乃出。今所问者，多所饶益，开化一切诸天人民。阿难当知，如来正觉，其智难量，多所导御[15]。慧见无碍，无能遏绝。以一餐之力，能住寿命亿百千劫，无数无量，复过于此，诸根悦豫，不以毁损，姿色不变，光颜无异。所以者何？如来定慧，究畅无极。于一切法，而得自在。阿难谛听[16]，今为汝说。”对曰：“唯然，愿乐欲闻[17]。”

［注释］

①诸根悦豫：五根显示出喜悦和快乐之色相。悦是内心喜乐，豫是外部表现出快乐，因此佛陀诸根悦豫就是从内到外全体都充满喜悦。②光颜：散发出光芒的容颜。佛的容颜发散光明，因此称光颜。③承佛圣旨：领会佛的意旨。佛在此时并没有开口说话，只是显现出非凡的喜悦、美好、庄严的色相，如此色相含有深意，阿难能领会佛陀深意，所以才启请佛开示。④偏袒右肩：即露出右肩，覆盖左肩。偏袒，偏为一边，袒为解开衣服露出身体。偏袒右肩原本是古代印度表示尊敬的礼仪，佛教沿用，即披袈裟时露出右肩。佛弟子拜见佛陀或问讯师僧时，须偏袒右肩表示礼敬。偏袒右肩还有愿意供长者差遣、为长者提供服务的含义。偏袒右肩与通肩相对，衣物、袈裟覆盖两肩即通肩，佛像有偏袒右肩形，也有通肩形。⑤长跪：两膝着地，两脚指头拄地，上身挺立，表示最高的敬意。若臀部坐在两足足根或小腿上，则是跪坐，不能算长跪，长跪一定要上身正直。长跪表示礼敬。长跪一般是比丘尼的跪姿，男性比丘则行互跪礼，即两膝交互着地行礼，因为女性体弱，男性身强，长跪比较省力，互跪比较费力。⑥合掌：又作合十，即合并两掌，表示我心专一、恭敬礼拜。合掌是古代印度本有的礼节，佛教沿用。合掌有两种寓意：一、表示专心礼敬；二、含有不垢不净、非权非实、事理契合之义，印度人认为右手是神圣之手，左手是不净之手，两掌合一，则象征不垢不净。⑦影畅表里：镜光外照

为影表，外照的光又同时内映镜中，为影里，这里是以镜面比喻佛陀身体光明通透到极致。⑧慧见：以深妙的智慧，透彻地观照诸法而具备的识见。⑨快：称赞语，表示称机、当法、合时。阿难此处发问，与众生的根机相称，与佛法层次相当，问的时间也非常及时，总之从各个方面看来，问得恰到好处。⑩ 群萌：即群生、众生。萌，指种子或草木刚开始发芽而尚未发出的阶段。众生含藏道心，蠢动而未发，就好比种子含藏生命，萌而未发，因此用群萌来比喻众生。⑪ 惠以真实之利：以真实法教导而利益众生。真实，佛法远离迷妄，因此称真实。⑫ 难值：难以遇到。值，偶然遇见。⑬灵瑞华：即优昙花，据说优昙花每三千年才开一次花，而人生不满百岁，非常难遇，以此比喻佛的难得遇见。实际上佛比优昙花更加难见，数十亿年才有一个佛出世。⑭时时：犹如久久，意思是很长时间以后。经过很长时间之后再经过很长时间，为时时；经过很久以后再经过很久，为久久。时时又有常常的意思，此处不取此义。⑮导御：教导和调御。众生本有善性，佛教育引导众生发现本性。众生蒙昧狂乱，犹如狂象恶马，佛调伏众生如象师调象、马师调马。教导和调御是同一个过程的不同策略。⑯谛听：心中明白地听闻。按其所说之本意而听，不掺杂自己的意见，听了之后能正确理解而不曲解。听而能得起谛要，叫谛听；听了却没有听明白，就不能叫谛听。⑰愿乐欲闻：愿，心愿所至。乐，爱乐佛法。欲，欲求得到。

［译文］

这时候，世尊的五根都显示出喜悦之相，姿态和仪容清明洁净，散发出光辉的容颜显得崇高可敬。阿难尊者领会佛的意旨，便从座上起身，偏袒右肩，行长跪合掌之礼，然后向佛进言：“今日世尊诸根显示喜悦之相，姿态和仪容清明洁净，散发光辉的容颜显得崇高可敬，就好像在洁净的明镜上，光影通透镜面之表里。世尊威严的容颜显明耀眼，超过一切无量色相，从来没有看到过世尊威仪像今天这样特别美妙的。独一无二的大圣啊，我心里说道：今日世尊安住在奇特的法门，今日世雄安住于诸佛所安住，今日世眼安住于导师之行，今日世英安住于最胜之道，今日天尊行持如来之功德，过去、将来和现在的诸佛互相意念，难道今天佛陀您是在忆念诸佛吗？何故威仪神采如此光明耀眼呢？”于是世尊对阿难说：“阿难，你为什么这么问呢？是诸天天人教你来问佛呢，还是你自己以智慧洞见而来问威颜之事呢？”阿难向佛进言：“不是诸天天人教我来问的，是我根据自己所见而问这所含的深意啊。”佛陀说道：“好啊，阿难，你问得非常恰当。你发动甚深的智慧，运用如实而不可思议的辩才，又哀悯护念众生，才能问出这个智慧深妙的义理。如来由于无穷无尽的大悲心，怜悯三界众生的苦痛，所以才出现在娑婆世界，光大阐扬正道之教，将要拯救济度蒙昧众生，给予他们真实法的利益。在无量亿劫的长时间里，难以遇到有佛出世，即使有佛出世，也难以亲自见到佛。犹如灵瑞的优昙花三千年才开花一次，佛的出世也要经过很长时间才能遇到一次。你今天所问的问题，有很多的大好处，有助于开化一切天人和人民。阿难你应当知道，如来所得的正觉，其智慧是难以思量的，能够教导和调御最多的众生。如来的智慧和眼力是自在无碍的，没有什么能够遏制阻碍。如来凭借一餐饭食的能量，就能住亿百千劫那么长的时间，乃至经过无数无量的劫数，甚至超过更长的时间之后，仍然诸根喜悦安乐，没有任何损毁，姿态仪容也没有衰化，容光焕发与以前没有不同。为何能够如此呢？因为如来的禅定和智慧都是彻底极致的、通达无碍而没有极限的。如来在一切万法中，都达到自在无碍。阿难你要认真听明白了，今天我将为你所问而说法。”阿难回答说：“独一无二的世尊，我真心情愿、心怀爱乐地想要听闻您说法。”

佛告阿难：“乃往过去久远无量不可思议无央数劫[①]，锭光如来[②]，兴出于世，教化度脱无量众生，皆令得道，乃取灭度。次有如来，名曰光远。次名月光。次名旃檀香。次名善山王。次名须弥天冠。次名须弥等曜。次名月色。次名正念。次名离垢。

次名无著。次名龙天。次名夜光。次名安明顶。次名不动地。次名琉璃妙华。次名琉璃金色。次名金藏。次名炎光。次名炎根。次名地种。次名月像。次名日音。次名解脱华。次名庄严光明。次名海觉神通。次名水光。次名大香。次名离尘垢。次名舍厌意。次名宝炎。次名妙顶。次名勇立。次名功德持慧。次名蔽日月光。次名日月琉璃光。次名无上琉璃光。次名最上首。次名菩提华。次名月明。次名日光。次名华色王。次名水月光。次名除痴冥。次名度盖行。次名净信。次名善宿。次名威神。次名法慧。次名鸾音。次名师子音。次名龙音。次名处世。如此诸佛，皆悉已过。尔时，次有佛，名世自在王[3]、如来[4]、应供[5]、等正觉[6]、明行足[7]、善逝[8]、世间解[9]、无上士[10]、调御丈夫[11]、天人师[12]、佛、世尊[13]。时有国王，闻佛说法，心怀悦豫，寻[14]发无上正真道意。弃国捐王，行作沙门，号曰法藏[15]。高才勇哲，与世超异。诣世自在王如来所，稽首[16]佛足，右绕[17]三匝，长跪合掌，以颂[18]赞曰：

光颜巍巍，威神无极。如是炎明，无与等者。
日月摩尼[19]，珠光焰耀，皆悉隐蔽，犹如聚墨。
如来颜容，超世无伦。正觉大音，响流十方。
戒闻精进，三昧智慧，威德无侣，殊胜希有。
深谛善念，诸佛法海，穷深尽奥，究其涯底。
无明欲怒，世尊永无。人雄师子，神德无量。
功勋广大，智慧深妙，光明威相，震动大千。
愿我作佛，齐圣法王。过度[20]生死，靡不解脱。
布施调意[21]，戒忍精进，如是三昧，智慧为上。
吾誓得佛，普行此愿。一切恐惧，为作大安。
假令有佛，百千亿万，无量大圣，数如恒沙。

供养一切，斯等诸佛，不如求道，坚正不却。
譬如恒沙，诸佛世界，复不可计，无数刹土，
光明悉照，遍此诸国。如是精进，威神难量。
令我作佛，国土第一。其众奇妙，道场超绝。
国如泥洹[22]，而无等双。我当愍哀，度脱一切。
十方来生，心悦清净，已至我国，快乐安隐[23]。
幸佛明信，是我真证。发愿于彼[24]，力精所欲。
十方世尊，智慧无碍，常令此尊[25]，知我心行[26]。
假使身止，诸苦毒中，我行精进，忍终不悔。”

［**注释**］

①无央数劫：无尽数劫。央，尽。劫本身就是很长的时间，无央数劫也就是说在时间上非常久远。②锭光如来：又作定光如来、燃灯佛，出世在久远的过去，曾经为释迦牟尼佛授记。燃灯佛出世的时候，释迦牟尼佛当时是一个儒童，曾以五枝莲花奉佛，因此得到燃灯佛授记，在将来成佛。燃灯佛是最著名的古佛，经论中多以燃灯佛为中心，来叙述其前后诸佛的出世。此处便是从燃灯佛开始，叙述一共五十四尊佛的出世。③世自在王：即世自在王佛，指济度众生而令世人都得自在的佛。④如来：佛的十大尊号之一，梵语音译多陀阿伽陀，意译如来，又作如去。如来，如实而来，即乘真如之道而来，而成正觉。如去，即乘真如之道而去，往于涅槃佛果。下文所述“应供，等正觉，明行足，善逝，世间解，无上士，调御丈夫，天人师，佛，世尊”，都是佛的名号，加上如来，一共有十一个名号，这些名号是诸佛通用的，号称十大名号。⑤应供：梵语音译阿罗汉、阿罗诃，即断一切恶，应当受到一切世间人天供养者。⑥等正觉：梵语音译三藐三菩提，意译等正觉，又作遍知者。觉，即知觉。正，即觉知契合于真理。等，即平等，三世诸佛觉知平等、没有差异。⑦明行足：有两种解释，依据《大本涅槃经》，明即阿耨（nòu）多罗三藐三菩提，行足即能走路的脚，指戒定慧，依戒定慧的行足而达到阿耨多罗三藐三菩提，即明行足；依据大智度论，明是指宿命通、天眼通、漏尽通三明，行是指身口意三业，足是满足、达到圆满。佛的三业圆满达到三明，所以称明行

足。⑧善逝：梵语音译修伽陀，意译善逝，又作好去，善即好，逝即去。如实去往彼岸，不再退没于生死苦海，故名善逝。善逝与如来是两个相对的名号，如来为如实而来，善逝是如实而去，二者显示诸佛来去自在之德。⑨世间解：梵语路迦惫，意译世间解，又作知世间，了知世间一切有情非情之事。⑩无上士：音译阿耨多罗，又作无上、无上丈夫，人中最胜，无有过之者。⑪调御丈夫：即一切丈夫的调御师。佛能调御一切可度的丈夫，使之入道，故称调御丈夫。调御，即驯服，丈夫本性恶劣不羁，以智巧权能降服之，名调御。丈夫，指成年男子，或诸根圆具没有缺陷的男子。佛也化度女人，男尊女卑，以女从男，故以丈夫赅言男女。⑫天人师：诸天天人和人类的教师。佛陀教导一切天人和人类辨别应作和不应作、善和不善，若能依教奉行，能得解脱烦恼之果报。⑬世尊：梵语音译路迦那他、薄伽梵，这二者都译作世尊，又作有德，因为佛陀具备万德、举世尊崇，所以称世尊。世尊又有世间独尊的含义。⑭寻：当即、立即。⑮法藏：梵语音译昙摩迦，意译法藏、法宝处、法积，是阿弥陀佛还没成佛时所用的法号，又称法藏比丘。⑯稽（qǐ）首：以头着地的礼仪。稽首礼又叫接足礼，施礼者弯背曲身，头面着地，两掌向前伸向受礼者的双足，在印度是最高礼节，表示最高的崇敬。佛教的稽首与归命意思相同，稽首是礼节，归命是这种礼节的含义，二者互为表里。⑰右绕：是一种礼仪，向右绕转，表示尊敬。施礼的对象可以是人，也可以是坛、佛像等物。关于右绕和左绕有颇多争论，有说右绕是绕佛致敬，左绕是绕坛做事，实则并无根据。印度以右为尊贵，佛教沿用，右绕与这一习惯有关。⑱颂：即偈（jì）陀，简称偈，一种文体，四字或七字的韵文。⑲摩尼：梵语音译，意译珠、宝、如意，是宝珠的总名。⑳过度：即超越、超过。㉑调意：调伏意念，使不起恶意，如以布施对治悭吝、以忍辱对治嗔恚等。㉒泥洹：涅槃的变音。㉓安隐：即安稳。隐，即稳，隐是古字，稳是今字。㉔发愿于彼：所发的愿在那里，意为所发的愿心已经说出，摆在那里，不能更改反悔。㉕此尊：这个世尊，即指世自在王佛。前面法藏请世自在王佛做见证，这里又请十方世界的诸佛来护念世自在王佛之见证，是重重见证，表示所发愿心之坚决。㉖心行：内心真实的行为。心行有多重含义：一、心之念念念迁流，因此说心为心行；二、起思虑、妄想、分别为心行，如“言语道断、心行路绝”；三、心中念念不忘，也就是内心有思虑作为，如坛经“此是心行，不是口念”，此处即此义；四、心、行合称，心是心愿，行是修行的活动、行为等。

［译文］

佛告诉阿难说：“在过去非常久远之时，难以思量的无数劫的长时间之前，锭光如来出现在世间，教化无量众生，令其渡到彼岸脱离生死，全部都证得道果，然后自己才涅槃成佛。下一个出世的如来，名字叫做光远。下一个名叫月光，下一个名叫旃檀香，下一个名叫善山王，下一个名叫须弥天冠，下一个名叫须弥等曜，下一个名叫月色，下一个名叫正念，下一个名叫离垢，下一个名叫无著，下一个名叫龙天，下一个名叫夜光，下一个名叫安明顶，下一个名叫不动地，下一个名叫琉璃妙华，下一个名叫琉璃金色，下一个名叫金藏，下一个名叫炎光，下一个名叫炎根，下一个名叫地种，下一个名叫月像，下一个名叫日音，下一个名叫解脱华，下一个名叫庄严光明，下一个名叫海觉神通，下一个名叫水光，下一个名叫大香，下一个名叫离尘垢，下一个名叫舍厌意，下一个名叫宝炎，下一个名叫妙顶，下一个名叫勇立，下一个名叫功德持慧，下一个名叫蔽日月光，下一个名叫日月琉璃光，下一个名叫无上琉璃光，下一个名叫最上首，下一个名叫菩提华，下一个名叫月明，下一个名叫日光，下一个名叫华色王，下一个名叫水月光，下一个名叫除痴冥，下一个名叫度盖行，下一个名叫净信，下一个名叫善宿，下一个名叫威神，下一个名叫法慧，下一个名叫鸾音，下一个名叫师子音，下一个名叫龙音，下一个名叫处世，这些众多的佛全部都已经过去之后，那时候，有一个佛出世了，他的名号众多，有世自在王、如来、应供、等正觉、明行足、善逝、世间解、无上士、调御丈夫、天人师、佛、世尊等。在这个佛住世的时候，有一个国王，听闻了佛说法，心中欢喜安乐，立即发下追求无上正等正觉而成佛的心愿。他舍弃邦国，出让王位，出家修行，法号叫做法藏。这位法藏比丘可真是拥有无上的利根、勇猛而有智慧，超过当世的一切众生。法藏前往世自在王如来那里，先顶礼佛足，右绕佛三匝，然后长跪在地，合掌行礼，念出颂词称赞世自在王佛道：

光辉的容颜多么高贵，威严神妙没有极限。如此光明耀眼，没有什么能与之相比。

太阳、月亮和摩尼宝珠，它们明耀的焰光和珠光全都隐蔽起来，犹如墨团一般黑暗。

如来的容颜，超越一切世人，无与伦比。宣讲正觉的大音，响亮地流布在十方世界。

持戒、多闻、精进，禅定和智慧，成就了世自在王无匹的威仪和功德，殊胜而稀有。

深妙真谛、善念功德，诸佛之法海，都能够穷尽其深意和奥妙，探究其边际与底部。

无明、贪欲和嗔怒，世尊永远没有。人中的英雄、犹如狮子王，神妙功德难以思量。

功勋广大，智慧深妙，光辉明耀的威仪和相貌，震动了大千世界。

我发愿求能成佛，与圣人和法王齐平，救度世人超脱生死系缚，没有不获得解脱的。

施行布施、调伏意念，持戒忍辱、精进修行，如此达到禅定，以求得真实智慧为上。

我发誓一定要成佛，普遍实行这个愿心，让众生的一切恐惧，都转化为最大的安乐。

假设有佛，其数众多，至有百千亿万，又有难以计量的大圣，其数目多如恒河之沙。

有人即使能够供养一切这么多的佛，也比不上求成佛道，坚持正行永不退却。

诸佛的世界，多如恒河沙数，另外还有无数的刹土，其数目也是多到不能计算。

他的光明能够照遍这些国土，这样精进修行成佛之道的威力神通真是难以思量。

让我成为这样的佛，我的国土是第一的，道场有各种奇特美妙之处，超过一切。

国土美妙犹如涅槃，独一无二、无与伦比。我将哀悯，救度一切众生脱离生死。

十方世界愿意来生我国的众生，内心喜悦清净；已来到我国的，获得快乐安稳。

幸庆有佛明了我的诚意，做我的真实见证。发愿在那儿，我将尽力精进求偿我愿。

十方世界的世尊，智慧自在无碍，你们要常让此世自在王佛，知道我心之真行。

即使我身处在各种痛苦毒害之中，我仍然要精进修行，忍耐一切而终不后悔。”

佛告阿难：“法藏比丘，说此颂已，而白佛言：‘唯然世尊，我发无上正觉之心。愿佛为我广宣经法，我当修行，摄取[①]佛国清净庄严无量妙土。令我于世，速成正觉，拔诸生死勤苦[②]之本。’”佛告阿难：“时世自在王佛，语法藏比丘：‘如所修行，庄严佛土，汝自当知。’比丘白佛：‘斯义弘深，非我境界。唯愿世尊，广为敷演诸佛如来净土之行。我闻此已，当如说修行，成满所愿。’尔时世自在王佛，知其高明，志愿深广，即为法藏比丘而说经言：‘譬如大海，一人斗量，经历劫数，尚可穷底，得其妙宝。人有至心精进，求道不止，会当克果，何愿不得？’于是世自在王佛，即为广说二百一十亿诸佛刹土，天人之善恶，国土之粗妙，应其心愿，悉现与之。时彼比丘，闻佛所说严净国土，皆悉睹见，起发无上殊胜之愿。其心寂静[3]，志无所著[4]，一切世间，无能及者。具足五劫，思惟摄取庄严佛国清净之行[5]。”阿难白佛：“彼佛国土，寿量几何？”佛言：“其佛寿命四十二劫。时法藏比丘，摄取二百一十亿诸佛妙土清净之行。如是修已，诣彼佛所，稽首礼足，绕佛三匝，合掌而住。白佛言：‘世尊，我已摄取庄严佛土清净之行。’佛告比丘：‘汝今可说，宜知是时，发起悦可[6]一切大众。菩萨闻已，修行此法，缘致满足无量大愿。’比丘白佛：‘唯垂听察，如我所愿[7]，当具说之。

［注释］

①摄取：取而用之，如摄取食物。阿弥陀佛净土是综合一切佛国净土的美妙庄严而成就的，是一切净土的综合、集大成者，因此这里的摄取乃是取而用之之义，食而能化方是摄取，取而不用则是食而不化。②勤苦：劳碌和痛苦。勤还有精进之义。勤在此处是指劳碌而不得休息的痛苦，与勤劳、勤精进之勤不同。③寂静：全身心的安稳快乐。寂，断绝自内所起的动摇；静，远离外部刺激引起的感受带来的痛苦搅动。④志无所著：愿心清白，无所染著，也就是纯一无杂、专心一念。无所著，在此处即无所染著的意思。⑤“具足五劫”二句：此处句读有不同，除本文外，慧远《佛说无量寿经义疏》断为“具足五劫，思惟，摄取庄严佛国清净之行”，也有断为“具足五劫思惟，摄取庄严佛国清净之行”，这样就有一个专有名词“五劫思惟”。无论哪种断法，大意是清楚的，就是表示法藏比丘专心修行的时间极长，达到五劫这样难以思议的时间长度。⑥悦可：使之喜悦认可。⑦如我所愿：如我心中所愿。下文所述法藏比丘所发的四十八愿是本经最核心的部分，整个净土体系的建立都是由这四十八愿所保证。

［译文］

佛陀对阿难说：“法藏比丘说完此颂后，而向世自在王佛进言：‘独一无二的世尊，我发下求无上正觉的愿心，愿佛为我广泛地宣说经法，我将修行，摄取诸佛国的清净美妙之处来庄严我的无量妙土。让我在这世间，迅速地得正觉而成佛，拔去众生生死勤苦的根本。’”佛陀对阿难说：“那时世自在王佛对法藏比丘说：‘以你现在的修行，如何庄严佛土，你自己应当已经知道了。’法藏比丘向佛进言：‘这个义理广大深奥，不是我现在的境界所能明了。恳请世尊，广泛地为我叙述诸佛如来净土的情状。我听完之后，将按您所说修行，圆满成就我的愿心。’那时世自在王佛知道了法藏比丘高尚光明，志愿深坚广大，就为法藏比丘说出经典之言：‘比如大海，一个人一次舀取一斗那么多的海水，经历以劫计数的长时间之后，尚且能够舀尽海水而至海底，得到珍妙的宝贝。人如果有至诚之心精进修行，追求佛道而不停止，一定会成就佛果，还有什么愿心不能得偿的？’于是世自在王佛就为法藏广泛叙述了二百一十亿之多的诸佛刹土，以及一切世界中天人的善恶、国土的粗妙情状等，应他的心愿，全部都呈现给他。这时那法藏比丘，对于佛所说的庄严清净国土，全部都亲眼看见了，就发起无上殊胜的愿心。他的心地清净寂静，志愿专一、无所染著，一切世间众生没有能比上他的。他用了足足五个劫长的时间来修行，思维摄取众佛国的清净之处。”阿难向佛陀进言：“那世自在王佛的国土，寿命有多长呢？”佛陀说：“那佛的寿命有四十二劫长的时间。那时法藏比丘，摄取了二百一十亿诸佛妙土的清净之行，这样修行完毕，前往那世自在王佛之所在，行稽首顶足之礼，行绕佛三匝之礼，然后合掌站立，向佛进言：‘世尊，我已经摄取庄严我的佛土所需的清净之行。’世自在王佛告诉法藏比丘说：‘现在是时候了，你今天可以向大众宣说了，让一切大众喜悦认可你。菩萨听后，也可以修行此法，以此因缘来圆满成就无量的大愿。’法藏比丘向佛进言：‘惟愿佛垂听察鉴，这是我所发的大愿，我将详细宣说如次：

‘设我得佛，国有地狱、饿鬼、畜生者，不取正觉[①]。

‘设我得佛，国中天人寿终之后，复更三恶道者，不取正觉[②]。

‘设我得佛，国中天人，不悉真金色者，不取正觉[③]。

‘设我得佛，国中天人，形色不同，有好丑者，不取正觉[④]。

‘设我得佛，国中天人，不识宿命，下至知百千亿那由他[⑤]诸劫事者，不取正觉[⑥]。

‘设我得佛，国中天人，不得天眼，下至见百千亿那由他诸佛国者，不取正觉[⑦]。

‘设我得佛，国中天人，不得天耳，下至闻百千亿那由他诸佛所说，不悉受持者，不取正觉[⑧]。

‘设我得佛，国中天人，不得见他心智，下至知百千亿那由他诸佛国中众生心念者，不取正觉[⑨]。

‘设我得佛，国中天人，不得神足，于一念顷，下至不能超过百千亿那由他诸佛国者，不取正觉[⑩]。

‘设我得佛，国中天人，若起想念贪计身者，不取正觉[⑪]。

‘设我得佛，国中天人，不住定聚，必至灭度者，不取正觉[⑫]。

‘设我得佛，光明有限量，下至不照百千亿那由他诸佛国者，不取正觉[⑬]。

‘设我得佛，寿命有限量，下至百千亿那由他劫者，不取正觉[⑭]。

‘设我得佛，国中声闻，有能计量，乃至三千大千世界众生，悉成缘觉，于百千劫，悉共计校，知其数者，不取正觉[⑮]。

‘设我得佛，国中天人，寿命无能限量。除其本愿，修短自在。若不尔者，不取正觉[⑯]。

‘设我得佛，国中天人，乃至闻有不善名者，不取正觉[⑰]。

‘设我得佛，十方世界无量诸佛，不悉咨嗟称我名者，不取正觉[18]。

‘设我得佛，十方众生，至心信乐，欲生我国，乃至十念，若不生者，不取正觉。唯除五逆，诽谤正法[19]。

‘设我得佛，十方众生，发菩提心，修诸功德，至心发愿，欲生我国，临寿终时，假令不与大众围绕现其人前者，不取正觉[20]。

‘设我得佛，十方众生，闻我名号，系念我国，植众德本，至心回向，欲生我国，不果遂者，不取正觉[21]。

‘设我得佛，国中天人，不悉成满三十二大人相者，不取正觉[22]。

‘设我得佛，他方佛土诸菩萨众，来生我国，究竟必至一生补处，除其本愿自在所化。为众生故，被弘誓铠，积累德本，度脱一切。游诸佛国，修菩萨行，供养十方诸佛如来。开化恒沙无量众生，使立无上正真之道，超出常伦诸地之行，现前修习普贤之德。若不尔者，不取正觉[23]。

‘设我得佛，国中菩萨，承佛神力，供养诸佛，一食之顷，不能遍至无数无量亿那由他诸佛国者，不取正觉[24]。

‘设我得佛，国中菩萨，在诸佛前，现其德本，诸所求欲供养之具，若不如意者，不取正觉[25]。

‘设我得佛，国中菩萨，不能演说一切智者，不取正觉[26]。

‘设我得佛，国中菩萨，不得金刚那罗延身者，不取正觉[27]。

‘设我得佛，国中天人，一切万物，严净光丽，形色殊特，穷微极妙，无能称量。其诸众生，乃至逮得天眼，有能明了，辩其名数者，不取正觉[28]。

‘设我得佛，国中菩萨，乃至少功德者，不能知见其道场树无量光色，高四百万里者，不取正觉[29]。

‘设我得佛，国中菩萨，若受读经法，讽诵持说，而不得辩才智慧者，不取正觉[30]。

‘设我得佛，国中菩萨，智慧辩才，若可限量者，不取正觉[31]。

‘设我得佛，国土清净，皆悉照见十方一切无量无数不可思议诸佛世界，犹如明镜，睹其面像。若不尔者，不取正觉[32]。

‘设我得佛，自地以上，至于虚空，宫殿楼观，池流华树，国土所有一切万物，皆以无量杂宝、百千种香而共合成。严饰奇妙，超诸天人。其香普熏十方世界，菩萨闻者，皆修佛行。若不如是，不取正觉[33]。

‘设我得佛，十方无量不可思议诸佛世界众生之类，蒙我光明触其身者，身心柔软，超过天人。若不尔者，不取正觉[34]。

‘设我得佛，十方无量不可思议诸佛世界众生之类，闻我名字，不得菩萨无生法忍诸深总持者，不取正觉[35]。

‘设我得佛，十方无量不可思议诸佛世界，其有女人，闻我名字，欢喜信乐，发菩提心，厌恶女身。寿终之后，复为女像者，不取正觉[36]。

‘设我得佛，十方无量不可思议诸佛世界诸菩萨众，闻我名字，寿终之后，常修梵行，至成佛道。若不尔者，不取正觉[37]。

‘设我得佛，十方无量不可思议诸佛世界诸天人民，闻我名字，五体投地，稽首作礼，欢喜信乐，修菩萨行，诸天世人，莫不致敬。若不尔者，不取正觉[38]。

‘设我得佛，国中天人，欲得衣服，随念即至，如佛所赞应法妙服，自然在身。有求裁缝捣染浣濯者，不取正觉[39]。

‘设我得佛，国中天人，所受快乐，不如漏尽比丘者，不取正觉[40]。

‘设我得佛，国中菩萨，随意欲见十方无量严净佛土，应时如愿，于宝树中，皆悉照见，犹如明镜，睹其面像。若不尔者，不取正觉[41]。

‘设我得佛，他方国土诸菩萨众，闻我名字，至于得佛，诸根缺陋不具足者，不取正觉[42]。

‘设我得佛，他方国土诸菩萨众，闻我名字，皆悉逮得清净解脱三昧。住是三昧，一发意顷，供养无量不可思议诸佛世尊，而不失定意。若不尔者，不取正觉[43]。

‘设我得佛，他方国土诸菩萨众，闻我名字，寿终之后，生尊贵家。若不尔者，不取正觉[44]。

‘设我得佛，他方国土诸菩萨众，闻我名字，欢喜踊跃，修菩萨行，具足德本。若不尔者，不取正觉[45]。

‘设我得佛，他方国土诸菩萨众，闻我名字，皆悉逮得普等三昧。住是三昧，至于成佛，常见无量不可思议一切诸佛。若不尔者，不取正觉[46]。

‘设我得佛，国中菩萨，随其志愿所欲闻法，自然得闻。若不尔者，不取正觉[47]。

‘设我得佛，他方国土诸菩萨众，闻我名字，不即得至不退转者，不取正觉[48]。

‘设我得佛，他方国土诸菩萨众，闻我名字，不即得至第一忍，第二第三法忍，于诸佛法，不能即得不退转者，不取正觉[49]。’”

［注释］

①这是第一愿，又称国无恶道愿。六道中以地狱、恶鬼、畜生三道为最苦，贪、嗔、痴三毒为因，三恶道为果，阿弥陀佛国土无恶道，则国中众生没

有堕入恶道的担忧。②第二愿，不更恶道愿。更，轮回、再入。第一愿虽然保证了无恶道，但是国中天人、人类等众生仍然可能有三毒，这一愿明确保证了国中众生不会再次堕入三恶道。③第三愿，身真金色愿。印度的种姓制度残酷野蛮，所依据的是印度人种族的不同，与色貌体征相关。阿弥陀佛国土众生身体都为统一的真金色，真金色是所有颜色中最华贵的，这就是无差别相。④第四愿，形色相同愿。喜美色而厌丑陋，是人受色相所迷惑而失本性。世人追逐美色，以好丑相倾轧，或失国或丧命，祸害无穷。阿弥陀佛国土众生形色均一，则堵塞迷性之源，合乎无相之旨。⑤那由他：又作那述，印度的数目单位，相当于百万。在佛教经论中，那由他表示的数目有多种，有万亿、千亿、一亿、十万等不同说法。⑥第五愿，宿命智通愿。宿命，即过去世的命运。宿命智通，又作宿命智、宿命通，即能知道一切过去世受报差别、善恶苦乐之情状的神通。凡夫不具备宿命通，不知畏惧善恶报应的厉害，无所敬畏，懒惰不精进。具宿命通则清楚知道过去世的事情，一切善恶果报历历目前，畏恶果、乐喜报则种善因、勤精进。阿弥陀佛国土众生都具备宿命通，则自然精进不已。⑦第六愿，天眼普见愿。天眼是六道中的天道之天人生得的眼根，因此称天眼。天眼是色界的四大所造的清净之眼，能超越时间和空间的局限，看到过去一切远近粗细的形色，也能看到未来一切的形色。天眼可通过修行获得，也可通过果报生成。阿弥陀佛国土众生都具有天眼神通，方便修行。⑧第七愿，天耳普闻愿。天耳又作天耳智通，能超越一切障碍，听到并能听懂一切世间的一切声音及语言。阿弥陀佛国土众生都具有天耳神通，方便听闻诸佛说法，并且听了就能理解受持。⑨第八愿，他心悉知愿。他心通，即知他心通，知他人之心念的神通。阿弥陀佛国土众生都具备知他心通，能透彻洞悉一切国土众生的心思。⑩ 第九愿，神足无碍愿。神足通，又作如意足通、神境智通，即身体能超越一切障碍，如意自在。神足通名称容易引起误解，以为只是能随意到任何地方，因此神境智通的名称更好一点。神足通是身体如意自在，有三种如意：一、能到，即可以像飞鸟一样凌空飞行，或移远令近、不往而到，或此处消逝、彼处出现，不留痕迹，或一念之间就到任何地方，总之如意旅行；二、能变，即身体可以如意变化，身体可以变大、变小、变多、变一，也可以变化成各种物体等等；三、圣如意，能观不可爱不净之物为净，观可爱清净之物为不净，圣如意是佛独有的。阿弥陀佛国土众生皆具神境智通，能一念之间以无数分身遍布十方世界供养诸佛，听闻诸佛说法，也能如意教化十方世界众生，福慧无量，增进修行。⑪第十愿，不贪计身愿。不贪计身，即漏尽通，证得漏尽智，已经断尽烦恼。贪计身，即我执，认为有一个真实的我体而贪爱计较，生起一切烦恼。不贪计身则无我相，从根本上断除烦恼。六通中前五通是共法，凡夫和外道通过修行都可以获得，漏尽通唯有圣者能够证得。阿弥陀佛国土众生都没有贪计身的念想，即已证漏尽通。⑫第十一愿，住定证灭愿。定聚，即正定聚，必定证悟者。聚，即类别。依据证悟的可能性，众生可以分为三聚，正定聚是必定证悟的一类，也就是获得不退果位的。三聚，即三类众生，一类是必定证悟，一类是必定不证悟，一类是随缘可能证悟也可能不证悟。灭度，即涅槃成佛，涅槃灭生死，故又称灭度。阿弥陀佛国土众生都是正定聚，化生其国土的众生，即使当时不证悟，也是处于不退位的，在将来必定成佛，这是非常安全的境界。⑬第十二愿，光明无量愿。光是自身发光，明是光照能见。佛身有光，能照众生。佛光有两种，称二光。二光又有两种说法：一为身光和心光，身光即佛身体发出的光，肉眼可以看见，心光即佛心所发的光，又称智慧光；一为常光和神光，常光即佛身常有的光，神光即佛用神通力时发出的光，常光一般范围为一寻，神光则依据神通机缘而有种种不同。阿弥陀佛之光明，有身光也有心光，而其常光则与别的佛有所不同，即范围无量。阿弥陀佛国土众生都受到阿弥陀佛无量佛光的加护，而且阿弥陀佛的光明还照射到无数佛国。⑭第十三愿，寿命无量愿。佛有三身，即法身佛、报身佛、应身佛。严格来说，任何佛都是三身圆满，具体来说，法身佛是自性身，圆融无碍；报身佛是由佛的功德所成就，是酬报愿行所得之果；应身佛是应需要度化的众生机缘而化现的佛身。法身佛寿命无量，报身佛寿命依据受报情况而定，应身佛则依据应现的机缘而定，因此报身佛和应身佛的寿命都是有一定限度的，最终都会灭度。阿弥陀佛属于报身佛，依据其愿行功德，要度化无数众生，因此需要极长的时间，寿命必须很长才能完成任务。但是，阿弥陀佛称无量寿，并非是长生不死，虽然阿弥陀佛寿命长到不可思议，最终还是要灭度，然后由观世音菩萨成佛接替阿弥陀佛主持西方净土。往生至阿弥陀佛国土的众生，也具有无量的长寿，保证在这一生中最终能够成佛，而不用累世修行。

⑮第十四愿，声闻无数愿。此处之声闻是指听闻阿弥陀佛说法的净土众生，属于大乘。声闻无数有两层含义：一往生净土者无数，国中声闻都是从十方世界往生而来，说明阿弥陀佛的声教远播；一是成佛者无数，凡是往生净土者，都成为阿弥陀佛座下的声闻弟子，最终都能成佛，因此说成佛无数。⑯第十五愿，随愿修短愿。往生至阿弥陀佛国土的众生，具有无量的长寿，保证在这一生中最终能够成佛，而不用累世修行。国土众生的寿命是由阿弥陀佛的大愿所保证的，但同时也与自身的愿行功德相关。往生者的本愿各自不同，有的发愿如果自身愿意寿命短暂，也可能只在西方净土度过短暂的时光就往生他处。⑰第十六愿，不闻恶名愿。在阿弥陀佛国土，即使是不善的名称都没有，更何况不善的事实。由此可见，西方净土是至善的境界。⑱第十七愿，诸佛赞叹愿。咨嗟，赞叹声，此处引申为赞叹、称赞。阿弥陀佛功德殊胜，十方世界诸佛全都赞叹。这一点并非阿弥陀佛好名，实则是阿弥陀佛名号有各种殊胜之处，阿弥陀佛同时也是诸佛自性所有。十方世界诸佛称颂阿弥陀佛，则诸佛互相辉映，形成一个不可思议的美妙境界。这既是对自性的肯定，也是为了利益众生而赞叹。⑲第十八愿，十念必生愿。依据真诚的往生之愿，专心念阿弥陀佛名号十声，即可往生西方净土。这一愿显示了净土法门的极度方便。十念，即念佛号十声。五逆，五种最大的罪恶，即杀父、杀母、杀阿罗汉、恶心出佛身血、破和合僧。破和合僧即破坏僧团和谐。除了犯下这五逆大罪的人，都可修行往生西方净土，可见阿弥陀佛法门宽广。⑳第十九愿，临终接引愿。发菩提心，即发起追求无上正道的心愿，也就是说发愿成佛。这一愿中叙述了阿弥陀佛亲自接引的几个条件：一、发菩提心；二、修诸功德；三、至心发愿，欲生我国。发菩提心对于往生净土也非常重要，甚至有人指出，发菩提心比发愿往生更加重要。对于发菩提心的修行者，阿弥陀佛带领诸菩萨亲自迎接，也说明发菩提心的殊胜，这是以佛的规格来接待的。虽然只要往生西方净土，就必定能够成佛，但是往生者还是有阶位深浅的不同。发菩提心而能修诸功德的往生者，阶位是很高的。这就明确了生前修功德的必要性。有的人误以为反正最后能够往生就行，生前不修功德，蹉跎岁月，十分可惜。㉑第二十愿，欲生果遂愿。系念，即心念系于一处，专心一念。回向，佛教专有名词，又作转向、施向，回即回转，向即趣向。回向是修习大乘菩萨道的根本法门，即转让自己

所修的功德给某一对象，也就是利他。回向的对象可以是十方世界的众生、真如理体、冤亲债主以及佛国净土等他者。欲生果遂愿的主旨是说把自己所修功德回向给阿弥陀佛净土，系念净土，发愿往生，就一定能够往生。这是说回向净土功德的殊胜。㉒第二十一愿，三十二相愿。三十二相，即三十二大人相，三十二种完美的貌相。佛和转轮圣王都具备三十二相。阿弥陀佛国土众生都具备这完美的貌相。㉓第二十二愿，一生补处愿。一生补处，参见前注，即等觉菩萨，菩萨的最高果位，此生绝对能够成佛。阿弥陀佛国土众生都能够成为一生补处菩萨，终其一生可以成就佛果，例外的情况是依据本愿之力不愿做一生补处，则按本愿自在应化。㉔第二十三愿，供养诸佛愿。阿弥陀佛国土众生可以借助佛的神力在很短的时间内遍供十方诸佛。㉕第二十四愿，供具如意愿。阿弥陀佛国土众生供养诸佛所用的器具、物品可以根据自己意愿如意化现。㉖第二十五愿，演一切智愿。一切智，即佛智，了知一切法相的智慧。阿弥陀佛国土众生都能够演说一切智以利他，当然首先都具备了一切智。㉗第二十六愿，那罗延身愿。金刚，即金最刚，也就是世间所说的金刚石，最坚固、锐利，能摧毁一切，而不被任何物所破坏。那罗延，天上力士之名，是印度的古代神祇，勇猛强健，那罗延有时也翻译作金刚。金刚那罗延身，即身相坚固且多力。㉘第二十七愿，一切严净愿。严净光丽，庄严、清净、光明、华丽。阿弥陀佛国土众生的身相以及国土所有的一切万物的形象都极度美妙，这样净土众生对于色相的欲求全部得到满足，可以专念修行。㉙第二十八愿，见道场树愿。道场树，即菩提树，佛陀在菩提树下成佛，因此称其道场树。阿弥陀佛国土的道场树形象特别殊胜。㉚第二十九愿，诵经得慧愿。娑婆世界的众生智慧有限，诵读佛经而不能解，还多遗忘。阿弥陀佛国土众生诵读佛经即能得辩才智慧，这是净土的殊胜之处，也更加利于修行精进。㉛第三十愿，慧辩无限愿。阿弥陀佛国土众生的智慧和辩才都是无限的，也就是达到了智慧无碍和辩才无碍。㉜第三十一愿，照见十方愿。阿弥陀佛国土清净，众生能无碍地照见十方世界的庄严佛土。以上所说天眼通是众生神通能见十方世界，此处是说国土殊胜，能见十方佛土，二者功能相同，内外不同。㉝第三十二愿，宝香妙严愿。阿弥陀佛国土的一切物体都由无数宝物和无数妙香合成。㉞第三十三愿，触光柔软愿。柔软，柔和而随顺于道，柔软即不僵硬，相对于岩石顽冥不化，软泥则易于塑造。这一愿不限于阿弥陀佛国土，十方世界的所有众生，凡是触及阿弥陀佛光明的，都变得身心柔软，易于入道。㉟第三十四愿，闻名得忍愿。无生法忍，安住于无生无灭的真如理体而不动，无生法忍也是不退转的果位，最终毕竟成佛。深总持，深妙的总持，总持即总摄一切佛法。阿弥陀佛的名号有殊胜的功能，十方世界的众生，凡是听闻过阿弥陀佛名号的，最终都能获得无生法忍。㊱第三十五愿，脱离女身愿。古印度女人地位十分低下，被认为罪业深重，不能成为梵天王、帝释天、魔王、转轮王和佛。大乘佛教主张一切众生皆可成佛，女人当然也能成佛，这种观念无疑在当时是具有革命意义的。女人厌离女身，发愿往生净土者，都可以往生到阿弥陀佛国土，往生为男身，则具备了成佛的基础。一切众生皆可成佛，不同的众生需要不同的过程，一生补处菩萨此生即可成佛，而劣根众生则要曲折得多。这一愿又作国无女人愿，女人往生净土为男身，自然净土没有女人，但是此愿要点在于女人可以通过往生净土为男身，进而成佛。故慧远义疏作“脱离女身”愿比较切题。㊲第三十六愿，常修梵行愿。梵行，即清净之行，完全断绝淫欲之行。寿终，即死亡，此生寿命结束为寿终。往生净土即是转生净土，净土之命与娑婆世界之命是不同的两生。有学者误以为往生净土是活着往生，只是抛弃此生的躯体，这是对于往生的误解。此处“寿终”明确说明了往生的转生之意。此愿是说，凡是听闻阿弥陀佛名号的众生，寿终之后都能往生净土，在净土常修梵行，则最终都能成佛。因此，此愿的要义是说闻名即可往生，可见念阿弥陀佛名号之功德殊胜，念佛不仅自己可得往生，同时也能使听闻者得往生，兼备自利利他。㊳第三十七愿，天人致敬愿。五体投地，即五轮着地，五轮指双肘、双膝和额顶，是印度表达最高敬意的礼节，先双手合十正立，然后屈膝着地，曲肘着地，以头顶承接受礼者之足。此愿是说十方世界的众生，凡是听闻阿弥陀佛名号而皈依、修菩萨行者，就会得到天人和娑婆世界众生的尊敬。㊴第三十八愿，衣服随念愿。世人常为生计奔波劳碌，穷人衣不蔽体，就是富人衣物充足，也常有不如意的缺憾。阿弥陀佛国土众生的衣服是随念而化现的，这就免去了众生生计之苦，利于专心修习。㊵第三十九愿，乐如漏尽愿。世人生活苦多乐少，人人都希望能趋乐避苦。此愿是方便行权。漏尽比丘六根清净，不染六尘，所以漏尽比丘的快乐是免去烦恼后获得的清净法乐，并非如世人所谓的快乐，世人的快乐是六根染著六尘而发生的乐受。阿弥陀佛国土众生只有快乐没有烦恼，犹如漏尽比丘，烦恼尽除。㊶第四十愿，见诸净土愿。阿弥陀佛国土的菩萨都能在宝树间随意看到十方世界的净土，这是“芥子纳须弥”的华严境界。阿弥陀佛国土的其他众生，如天人等，不一定达到此境界，但是都能经过这个境界而最终成佛。㊷第四十一愿，诸根具足愿。世人常以残疾为苦，残疾即诸根缺漏，聋、哑、盲、瘸等。至于成佛，在成佛的过程中。菩萨修行至于成佛有一个漫长的过程，其中要经历多次生死，因此也可能某一世生为诸根不圆的，凡是听闻阿弥陀佛名号的都可以避免这种状况。诸根圆具也是成佛的基本条件，阿弥陀佛名号能护持其他国土的菩萨全部都诸根圆具，这是说阿弥陀佛名号对他方国土的菩萨而言的殊胜功德。㊸第四十二愿，定中供佛愿。逮得，追上得到，赶超地级，菩萨有十地，赶超其间的某些级别而达到某地即为“逮得”。即使是初地菩萨，听到阿弥陀佛的名号也能迅速超越多个品级，获得清净解脱三昧，所以说是“逮得”。清净解脱三昧，即远离污染和烦恼的正定。地前菩萨有定则无动，有动则无定，地上菩萨则动定一如。他方国土的菩萨只要听闻阿弥陀佛名号，不管功德相差有几地，都立即获得了正定，又能在定中供养诸佛，达到地上菩萨的境界。㊹第四十三愿，闻名得福愿。发愿往生净土的众生，一心专念阿弥陀佛就能往生，往生净土的福报比生于尊贵之家更大，所以不必要求来世转生尊贵之家。凡是听闻阿弥陀佛名号的菩萨，如果不能往生净土，起码也能获得福报，来世生于尊贵之家，可见阿弥陀佛名号功德之殊胜。这是对他方国土的菩萨而言的。㊺第四十四愿，闻名具德愿。他方国土的菩萨，凡是听闻阿弥陀佛名号而能修菩萨行者，都能获得圆满的道德，这是说阿弥陀佛名号的殊胜之处。这是对于他方国土的菩萨而言的。㊻第四十五愿，普等三昧愿。普等三昧，普是普遍，等是齐平，定于普等的境界即普等三昧，住于普等三昧则普见一切诸佛。十方世界的菩萨，听闻阿弥陀佛名号的，都能立即获得普等三昧，并住于普等三昧中修行，一直到最终成佛。这是阿弥陀佛名号对于他方国土菩萨的殊胜之处。㊼第四十六愿，随愿闻法愿。闻法不易，而阿弥陀佛国土的菩萨，随其意愿，想要听闻什么佛法都能获得方便听闻。这是对国中菩萨而言的。㊽第四十七愿，闻名不退愿。不退转，所修的功德日益增进而不退失。修行功夫的最大烦恼就是劳而无功，修行获得的功德后来又失去，时进时退。他方国土的菩萨，听到阿弥陀佛名号者，立即能获得不退转的果位。不退转则不会堕落入恶道。㊾第四十八愿，得三法忍愿。三法忍，即音响忍、柔顺忍、无生法忍。音响忍即听闻教法而安住，柔顺忍即随顺真理而安住，无生法忍即脱离生死而安住。他方国土的菩萨，听闻阿弥陀佛名号，即能获得三法忍。这是对他方国土菩萨而言的。

［译文］

‘假设我想要成佛，国中有地狱、恶鬼、畜生三恶道的话，我就不成佛。

‘假设我想要成佛，国中天人寿终之后，再次堕入三恶道的话，我就不成佛。

‘假设我想要成佛，国中天人，没有全部获得真金色身的话，我就不成佛。

‘假设我想要成佛，国中天人的形貌颜色有所不同，有好丑之分的话，我就不成佛。

‘假设我想要成佛，国中天人没有获得知宿命的神通，往下即使百千亿那由他这么多劫的长时间之中的事，尚有人不能知道的话，我就不成佛。

‘假设我想要成佛，国中天人没有获得天眼神通，往下即使百千亿那由他这么多的诸佛国土，尚有人不能看见的话，我就不成佛。

‘假设我想要成佛，国中天人没有获得天耳神通，往下即使百千亿那由他这么多的诸佛说法，尚有人不能全部听闻受持的话，我就不成佛。

‘假设我想要成佛，国中天人没有获得知他心神通，往下即使百千亿那由他这么多的诸佛国中众生心念，尚有人不能知晓的话，我就不成佛。

‘假设我想要成佛，国中天人没有获得神足通，往下即使百千亿那由他这么多的诸佛国土，尚有人不能在一念之间遍历的话，我就不成佛。

‘假设我想要成佛，国中天人若仍然生起想念分别贪爱计算之烦恼、有漏之我念的话，我就不成佛。

‘假设我想要成佛，国中天人尚有没安住在定聚者，尚有不必定能至于灭度者的话，我就不成佛。

‘假设我想要成佛，我的光辉照耀有限量，往下即使有百千亿那由他这么多的诸佛国土，尚有不能照遍者的话，我就不成佛。

‘假设我想要成佛，我的寿命有限量，往下即使有百千亿那由他劫这么长的时间之后，尚有限量的话，我就不成佛。

‘假设我想要成佛，国中我的声闻弟子之数目能够计量的话，乃至三千大千世界的众生全都成为缘觉佛之后，在百千劫这么长时间中，一起来计算，如果能计算清楚我的声闻弟子数目的话，我就不成佛。

‘假设我想要成佛，国中天人的寿命没有任何限量，除非根据他们自己的本愿而寿命或长或短自在决定，若不如此，我就不成佛。

‘假设我想要成佛，国中天人即使有听说不善之名称的，我就不成佛。

‘假设我想要成佛，十方世界无数的佛，不全部赞叹称颂我的名字的话，我就不成佛。

‘假设我想要成佛，十方世界的众生，以至诚之心信仰并乐意来生我国，想要来生我国，乃至十念就可以来生，若有不能来生者，我就不成佛。唯一的条件是除非犯下五逆大罪和诽谤正法的过恶。

‘假设我想要成佛，十方世界的众生，发下菩提心，修行各种功德，以至诚之心发愿，想要来生我国，临近寿终之时，如果我不和大众出现在他面前围绕着他，我就不成佛。

‘假设我想要成佛，十方世界的众生，听闻我的名号，心念系于我国，培植众多功德，以至诚之心回向我国，想要来生我国，如果有不能往生者的话，我就不成佛。

‘假设我想要成佛，国中天人不全部都成就圆满的三十二大人相的话，我就不成佛。

‘假设我想要成佛，他方佛土的诸菩萨来生我国的，最终一定能够达到一生补处的阶位，除非按其本愿自在应化，为了救度众生，而披着宏大誓愿的铠甲，积累功德，救度一切众生脱离生死，游化各个佛国，修习菩萨行，供养十方世界的诸佛如来，开导教化恒河沙数一般多的无量众生，使他们安立在无上正真之道上，成就超过按功德十地晋升的修行常理，当场就能成就修习普贤愿行的功德，如果不能如此的话，我就不成佛。

‘假设我想要成佛，国中的菩萨，乘借佛的神力，供养诸佛，一顿饭的工夫，若不能游遍无数无量亿那由他这么多的诸佛之国而供养诸佛的话，我就不成佛。

‘假设我想要成佛，国中的菩萨在诸佛面前呈现自己的功德来供养，各种所想要的供养器具，若不能如意化现的话，我就不成佛。

‘假设我想要成佛，国中的菩萨不能演说一切智的话，我就不成佛。

‘假设我想要成佛，国中的菩萨若没有得到金刚那罗延身的话，我就不成佛。

‘假设我想要成佛，国中的天人和一切万物全都庄严、清净、光明、鲜丽，形貌颜色尤其特别，极其细致又极其美妙，无法描述，不可思议。所有的众生，乃至获得天眼神通的众生，对于这些美妙之处若能明白清楚地辨别其名称和数目的话，我就不成佛。

‘假设我想要成佛，国中的菩萨，乃至功德微薄的菩萨，若不能知晓并看见国中道场树的无量光辉和妙色，高达四百万里的话，我就不成佛。

‘假设我想要成佛，国中的菩萨，若听闻或诵读经法，能够背诵并能够受持演说，却没有得到无碍辩才智慧的话，我就不成佛。

‘假设我想要成佛，国中菩萨的智慧和辩才若有限量的话，我就不成佛。

‘假设我想要成佛，国土清净无染，全部照见十方一切无量无数不可思议的诸佛世界，就好比在明镜中看到面容一般清晰，若不能如此的话，我就不成佛。

‘假设我想要成佛，从地面以上，到高处的虚空，其中的宫殿楼观，池塘、流水、花树等，国土中所有的一切万物，全部都是用无数不同的宝贝和百千种香共同合成，装饰得庄严奇妙，超过各个天界和人世。其中的香所散发的香气能够普熏十方世界，闻到此香的菩萨，全都自动修习成佛之行。如果不是如此的话，我就不成佛。

‘假设我想要成佛，十方无量多至不可思议的诸佛世界之众生，被我的光明触及身体的，就变得身心柔软，柔软的程度超过天人。如果不是这样的话，我就不成佛。

‘假设我想要成佛，十方无量多到不可思议的诸佛世界之众生，听闻我的名字，若不能得到菩萨无生法忍和各种甚深总持的话，我就不成佛。

‘假设我想要成佛，十方无量多至不可思议的诸佛世界，其中有女人听到我名字，心中喜悦、信受爱乐佛法，发起菩提心而厌恶女身，这样的女修行者寿终之后，若再生为女人之相的话，我就不成佛。

‘假设我想要成佛，十方无量多至不可思议的诸佛世界之菩萨众，听闻我的名字，寿终之后，不断地修行清净梵行，可以达到成佛的道果。如果不是这样的话，我就不成佛。

‘假设我想要成佛，十方无量多至不可思议的诸佛世界之各天人和人民，若有众生听闻我的名字，五体投地，行稽首礼皈依于我，心生欢喜、信受爱乐佛法，修菩萨自利利他圆满佛果，一切天人和世人没有不向他致敬的。如果不是这样的话，我就不成佛。

‘假设我想要成佛，国中天人想要得到衣服，随念就能化现出来，像佛所赞叹的符合法制的奇妙衣服，自然穿在身上，若需要裁缝捣染浣濯等工序劳作的话，我就不成佛。

‘假设我想要成佛，国中天人所享受的快乐比不上漏尽比丘的话，我就不成佛。

‘假设我想要成佛，国中菩萨随其意愿想见十方无量庄严清净佛土的话，应随时如其所愿，在宝树之中，全部照见，犹如在明镜中看见自己的面像一般清晰。如果不是这样的话，我就不成佛。

‘假设我想要成佛，他方国土的诸位菩萨，听闻我的名字，在其成佛的过程中，若有生成诸根残缺、丑陋、有缺陷者的话，我就不成佛。

‘假设我想要成佛，他方国土的诸菩萨，听闻我的名字，全部都能超越阶位而立即获得清净解脱正定，安住在这正定之中，一次发起意念的瞬间，就能供养无量不可思议的诸佛世尊，同时还不失正定。如果不是这样的话，我就不成佛。

‘假设我想要成佛，他方国土的诸菩萨，听闻我的名字，寿终之后，起码能生在尊贵之家。如果不是这样的话，我就不成佛。

‘假设我想要成佛，他方国土的诸菩萨，听闻我的名字，心生欢喜、鼓舞踊跃，修菩萨行，就能成就圆满功德。如果不是这样的话，我就不成佛。

‘假设我想要成佛，他方国土的诸菩萨，听闻我的名字，全都立即超越阶位获得普等三昧，安住在普等三昧中，一直到成佛，其间常能见到无量不可思议的一切诸佛。如果不是这样的话，我就不成佛。

‘假设我想要成佛，国中菩萨随其志愿，想要听闻什么佛法，自然能够得以听闻。如果不是这样的话，我就不成佛。

‘假设我想要成佛，他方国土诸菩萨，听闻我的名字，不立即得到不退转的果位的话，我就不成佛。

‘假设我想要成佛，他方国土的诸菩萨，听闻我的名字，不立即得到第一忍、第二忍和第三忍等三法忍，对于所修习的各种佛法，不能立即达到不退转的程度的话，我就不成佛。’”

佛告阿难：“尔时法藏比丘，说此愿已，以偈颂曰：
我建超世愿，必至无上道，斯愿不满足，誓不成等觉。
我于无量劫，不为大施主，普济诸贫苦，誓不成等觉。
我至成佛道，名声超十方，究竟有不闻，誓不成等觉。
离欲深正念，净慧修梵行，志求无上尊，为诸天人师。
神力演大光，普照无际土，消除三垢冥[①]，明济[②]众厄难。
开彼智慧眼，灭此昏盲暗，闭塞诸恶道，通达善趣门。
功祚成满足，威曜朗十方，日月戢[③]重晖，天光隐不现。
为众开法藏，广施功德宝，常于大众中，说法师子吼。
供养一切佛，具足众德本，愿慧悉成满，得为三界雄。
如佛无碍智，通达靡不照，愿我功德力，等此最胜尊。
斯愿若克果，大千应感动，虚空诸天神，当雨珍妙华。”

[注释]

①三垢冥：即三垢的障碍。三垢，三种垢秽，即贪、嗔、痴三毒的异名。冥，幽暗，引申为无知、障碍，无明则幽暗，障碍则不见。②明济：以智慧救度，救度至明处。明，智慧。③戢（jí）：收敛、停止。

[译文]

佛陀对阿难说："那时法藏比丘宣说这些大愿完毕，吟颂偈言说道：

'我建立超世的大愿，必定成就无上道，此愿若不能圆满实现，誓不成等觉。

'我在无量劫的长时间中，若不做大施主而普遍救济一切贫苦众生的话，誓不成等觉。

'到我成佛之时，名声必定超越十方诸佛，若到最后还有众生不曾听闻我的名号，誓不成等觉。

'远离欲望、深植正念，清净智慧、修持梵行，志求无上最尊之佛道，成为诸天人民之导师。

'运用神通放射大光明，普遍照亮无边国土，消除冥暗之三垢，救众生出厄难而入智慧。

'开启智慧之眼，灭除昏暗盲目，闭塞诸恶之道，通达诸善之门。

'功德福报成就圆满，威神光明朗照十方，日月为之收起光芒，天光为之隐藏不见。

'为众生开启佛法宝藏，广为施舍功德法宝，经常在大众之中，说法犹如狮子吼。

'供养一切佛，圆满成就众功德，本愿智慧全都成就圆满，终于成为三界之英雄。

'像佛一样具有无碍之智慧，通达一切无所不照，愿我的功德和神通力，与这最胜的尊者相等同。

'如此大愿若能实现，大千世界应当有感应而震动，虚空中的诸位天神，应当撒下如雨的珍妙香花。'"

佛语阿难："法藏比丘说此颂已，应时普地六种震动，天雨妙华，以散其上。自然音乐，空中赞言：‘决定必成无上正觉。’于是法藏比丘，具足修满如是大愿，诚谛不虚，超出世间，深乐寂灭。阿难，法藏比丘于其佛所，诸天、魔、梵、龙、神八部大众①之中，发斯弘誓，建此愿已，一向专志，庄严妙土。所修佛国，开廓广大，超胜独妙。建立常然，无衰无变。于不可思议兆载永劫，积植菩萨无量德行。不生欲觉、瞋觉、害觉②，不起欲想、瞋想、害想③，不著色、声、香、味、触、法④。忍力成就，不计众苦，少欲知足。无染恚痴，三昧常寂，智慧无碍。无有虚伪谄曲之心，和颜爱语，先意承问⑤。勇猛精进，志愿无倦。专求清白之法，以惠利群生。恭敬三宝，奉事师长。以大庄严具足众行，令诸众生功德成就。住空、无相、无愿之法，无作无起，观法如化。远离粗言，自害害彼，彼此俱害。修习善语，自利利人，人我兼利。弃国捐王，绝去财色，自行六波罗蜜⑥，教人令行。无央数劫，积功累德。随其生处，在意所欲，无量宝藏，自然发应。教化安立无数众生，住于无上正真之道。或为长者、居士、豪姓、尊贵，或为刹利国君、转轮圣帝，或为六欲天主，乃至梵王。常以四事，供养恭敬一切诸佛。如是功德，不可称说。口气香洁，如优钵罗华。身诸毛孔，出旃檀香，其香普熏无量世界。容色端正，相好殊妙。其手常出无尽之宝，衣服饮食，珍妙华香，缯盖幢幡，庄严之具。如是等事，超诸天人。于一切法，而得自在。”

［注释］

①八部大众：即八部众，又作天龙八部、龙神八部，是守护佛法的八类神。八部众分别为天、龙、夜叉、乾达婆、阿修罗、迦楼罗、紧那罗、摩侯罗伽。这八类众生并非人类，但是都归化于佛，成为佛之眷属，住于佛土，护持佛法。天众即天人，是欲界六天、色界四禅天、无色界四空处天的众生，身体会发光，果报殊胜；龙众，属于畜类，是水中之王，能兴云布雨，龙中胜者为

龙王；夜叉，能在空中飞行的神，本义是能吃鬼的神，现代人们多以为夜叉就是恶鬼；乾达婆，又称香神，不吃酒肉，只以香气滋养，身体也散发出浓烈的香气，是天界专管音乐的乐神；阿修罗，又作非天，其果报与天人类似，但是又不是天人，阿修罗男性极其丑陋，而女性极其美丽，因阿修罗有美女而没有美食，帝释天有美食而没有美女，两部经常为此发生争斗，多以阿修罗战败为结果，又说阿修罗疑心很重，经常怀疑佛陀偏袒帝释天；迦楼罗，即金翅鸟神，又作妙翅鸟，其翅膀不仅仅为金色，而且有多种颜色，此鸟身形巨大，两翅之间的距离有三百六十万里，阎浮提世界只能容下它的一只脚，以龙为食；紧那罗，即歌神，是帝释天的歌唱家，身形与人相同，唯有头上生有一只角，所以又称“人非人”；摩侯罗伽，即大蟒神，人身而蛇头，与天龙相对，称为地龙，本来是用腹部走路，生性聋呆无知，所以非常厌恶自己的状况，乐意出离、勤勉修行，从而摆脱了腹行类。②欲觉、瞋觉、害觉：即三恶觉。觉者知觉，六根触境为觉。指凡人虽然修习禅定，但是仍然不能完全控制触觉，而经常生起三种恶觉，这是指人身体的本能反应，如喜暖恶冷、喜香恶臭，因此“觉”本身便是行动。由此本能而发起的意念才是“想”。欲觉，即贪欲，对于顺情之境生起贪求之行。瞋觉，对于违情之境发起愤怒之行。害觉，加害的欲望，即破坏欲，害觉的对象应该包括自己。③欲想、瞋想、害想：即三恶想，三种恶的意念。想是对境生心，即生起思想意念。欲想，起贪欲之意念。瞋想，起愤怒怨恨之意念。害想，起伤害破坏之意念。觉是对根而言，是人身本有的，想是对识而言，是对境起分别。如闻花香而愉悦畅快，为欲觉，意欲去某处寻花香而嗅则为欲想。④色、声、香、味、触、法：即六尘，又作六境，因其能污染情识，称其为尘。色，即青黄赤白等颜色，以及男女形貌色相。声，丝竹环佩之声，以及男女歌咏之声。香，花木食物之香气，以及男女身体所散发出的香气。味，饮食肴馔之美味。触，身体之触觉，以及男女身体之柔软细滑等触感。六根、六尘、六识合称十八界，六根具备恶觉，六识具备恶想，六尘触发恶觉和恶想。⑤先意承问：事先准备好关怀之意来承接问题，即不等别人来问，主动询问有什么问题。⑥六波罗蜜：又作六度，大乘菩萨的六种修行法门。波罗蜜译为渡到彼岸。六波罗蜜分别是布施波罗蜜、持戒波罗蜜、忍辱波罗蜜、精进波罗蜜、禅定波罗蜜、智慧波罗蜜。布施波罗蜜，有财施、法施（教授佛法）、无畏施（解除众生恐怖心），对治悭贪。持戒波罗蜜，持守戒律，而常自省，对治恶业。忍辱波罗蜜，忍耐迫害，对治嗔恚。精进波罗蜜，勤奋不懈，对治懈怠。禅定波罗蜜，修习禅定，对治散乱。智慧波罗蜜，开真实智慧，对治愚痴。

［译文］

佛对阿难说："法藏比丘宣说此颂完毕，当时整个大地都发生六种震动，天空下雨一般撒下妙花，散在法会圣众身上。自然发生音乐，空中有声音赞颂说道：'决定必成无上正觉！'于是法藏比丘详尽圆满地修行而完全实现了这些大愿，诚实真正而没有虚假，超过了一切世间众生，得到甚深的安乐和寂静的灭定。阿难，法藏比丘在那世自在王佛的所在，在各种天、魔、梵天、龙、神等八部大众之中，发下这样的宏大誓愿，建立这些大愿完毕，就一向专心致志，庄严修饰妙土。所修行而成就的佛国，开阔空旷、广大无垠，超过其他一切国土，美妙独一无二。所建立的一切都是永恒的，既不会衰老也不会变化。在多至不可思议兆年那么长的劫时之中，积累培植菩萨的无量功德行持，不生起欲觉、嗔觉、害觉，也不生起欲想、嗔想、害想，不染著于色、声、香、味、触、法等六尘，成就忍辱波罗蜜，不计较众苦，少欲望而知满足，不染著于恚怒和愚痴，常常在寂静的正定之中，智慧自在无碍，没有虚伪谄媚、曲意逢迎之心，颜色和悦、语含爱意，预先已备好慈意承接众生之所问，勇猛精进，志愿无所倦怠，专心求清净光明之法，以利益众生，恭敬三宝，奉事师长，以伟大的庄严圆满之德行，令各个众生都获得功德成就，安住在空、无相、无愿之法中，既无造作也无生起，观一切万法犹如幻化。远离粗言恶口、自害、害他、彼此相害等恶业，修习善言、自利利人、人我兼利等善业。舍弃国家和王位，断绝抛弃财产和美色，自愿修行六波罗蜜，并教导别人如此修行。无数劫的长时间中，积累功德。无论他生在何处，都随其意愿所欲，有无量的宝藏自然应其所欲而出现。教化安立了无数众生，使他们安住在无上正真之道。或者生为长者、居士、豪门尊贵之家人，或者生为刹利国君、转轮圣王，或者生为六欲天的天主，乃至梵王等等。经常以四事供养敬奉一切诸佛。这样的功德，超出言表。口气清香洁净，犹如优钵罗花。身体的各个毛孔都散发出旃檀香的香气，这香气普熏无量的世界。容色端直，相貌特别美好。他的手中经常化现出无数的宝贝，以及衣服饮食、珍妙之花和香、缯盖幢幡等庄严的器具。这些事情，超过一切天人。他身处一切事物之中，却能够自在。”

阿难白佛：“法藏菩萨，为已成佛而取灭度，为未成佛，为今现在？”佛告阿难：“法藏菩萨，今已成佛，现在西方，去此十万亿刹。其佛世界，名曰安乐。”阿难又问：“其佛成道已来，为经几时？”佛言：“成佛已来，凡历十劫。其佛国土，自然七宝，金、银、琉璃、珊瑚、琥珀、砗磲、玛瑙，合成为地。恢廓旷荡，不可限极。悉相杂厕，转相间入。光赫煜烁，微妙奇丽，清净庄严。超逾十方一切世界众宝中精，其宝犹如第六天[①]宝。又其国土，无须弥山，及金刚围[②]，一切诸山。亦无大海、小海、溪、渠、井、谷。佛神力故，欲见则见。亦无地狱、饿鬼、畜生诸难之趣。亦无四时春秋冬夏，不寒不热，常和调适。”尔时阿难白佛言：“世尊，若彼国土，无须弥山，其四天王，及忉利天，依何而住？”佛语阿难：“第三炎天，乃至色究竟天，皆依何住？”阿难白佛：“行业[③]果报，不可思议。”佛语阿难：“行业果报不可思议，诸佛世界亦不可思议，其诸众生功德善力，住行业之地，故能尔耳。”阿难白佛：“我不疑此法，但为将来众生，欲除其疑惑，故问斯义。”佛告阿难：“无量寿佛，威神光明，最尊第一，诸佛光明，所不能及。或照百佛世界，或千佛世界，取要言之，乃照东方恒沙佛刹。南西北方，四维[④]上下，亦复如是。或有佛光照于七尺，或一由旬，二三四五由旬，如是转倍，乃至照一佛刹。是故无量寿佛，号无量光佛、无边光佛、无碍光佛、无对光佛、炎王光佛、清净光佛、欢喜光佛、智慧光佛、不断光佛、难思光佛、无称光佛、超日月光佛。其有众生遇斯光者，三垢消灭，身意柔软，欢喜踊跃，善心生焉。若在三涂极苦之处，见此光明，皆得休息，无复苦恼。寿终之后，皆蒙解脱。无量寿佛，光明显赫，照曜十方。诸佛国土，莫不闻焉。不但我今称其光明，一切诸佛、声闻、缘觉、诸菩萨众，咸共叹誉，亦复如是。若有众生，闻其光明、威神、功德，日夜称说，至心不断，随意所愿，得生其国。为诸菩萨声闻之众，所共叹誉，称其功德。至其最后得佛道时，普为十方诸佛菩萨叹其光明，亦如今也。”佛言：“我说无量寿佛光明威神，巍巍殊妙，昼夜一劫，尚未能尽。”佛语阿难：“又无量寿佛，寿命长久，不可称计，汝宁知乎？假使十方世界无量众生，皆得人身，悉令成就声闻、缘觉，都共集会，禅思一心，竭其智力，于百千万劫，悉共推算，计其寿命长远之数，不能穷尽，知其限极。声闻、菩萨、天人之众，寿命长短，亦复如是，非算数譬喻所能知也。又声闻、菩萨，其数难量，不可称说。神智洞达，威力自在，能于掌中，持一切世界。”佛语阿难：“彼佛初会声闻众数不可称计，菩萨亦然。如大目犍连，百千万亿无量无数，于阿僧祇那由他劫，乃至灭度，悉共计校，不能究了多少之数。譬如大海，深广无量，假使有人析其一毛，以为百分，以一分毛，沾取一渧[⑤]，于意云何？其所渧者，于彼大海，何所为多？”阿难白佛：“彼所渧水，比于大海多少之量，非巧历[⑥]算数言辞譬类所能知也。”佛语阿难：“如目连等，于百千万亿那由他劫，计彼初会声闻、菩萨，所知数者，犹如一渧，其所不知，如大海水。

［注释］

①第六天：欲界六天的最高一层，即他化自在天。此天天人能从自身变化成的他者那里享受妙乐，“他化自在”即能自在变化为非我。欲界众生情欲炽盛，贪求对象。他化自在天则以自身所化为情欲对象，故为欲界最上。欲界众生贪财宝，他化自在天天人可以自在变化各种宝贝，自然宝贝最多最妙。阿弥陀佛国土宝贝之多犹如第六天。②金刚围：即铁围山，由铁形成的山，围绕在须弥山四周的外海。③行业：身、口、意所作的行为。④四维：又作四隅，即东北、东南、西南、西北四个方向。四方与四维及上下方合称十方。⑤渧(dī)：同滴。⑥巧历：精于历算的人，相当于今天所说的数学家。

［译文］

阿难向佛进言：“法藏菩萨是已经成佛而取涅槃灭度，还是尚未成佛，还是今世现在做佛？”佛对阿难说：“法藏菩萨，现在已经成佛，现在就在西方，与我们这里相隔十万亿刹土。那佛的世界，名字叫做安乐。”阿难又问道：“那佛成道以来，已经经过了多长时间？”佛陀说：“成佛以来，大概经历了十劫长的时间了。阿弥陀佛的国土，天然的七宝合成为大地，七宝就是金、银、琉璃、珊瑚、琥珀、砗磲、玛瑙等。大地广大平正、宽阔空荡，没有极限。各种宝物全都相互混杂在一起，转而相互间入，光辉耀眼、明亮闪烁，微妙奇丽，清净庄严，超过十方一切世界的众宝之精华，那些宝物犹如第六天上的宝物一般。另外在他的国土中，没有须弥山，以及金刚围山等一切诸山，也没有大海、小海、溪流、沟渠、井、河、谷等，但是凭借佛的神力，想见这些物体就能见到。也没有地狱、恶鬼、畜生等各种苦难之恶道，也没有四时春秋冬夏，那里不冷不热，经常都很暖和舒适。”那时阿难向佛进言：“世尊，若他的国土中没有须弥山，那四天王以及忉利天将依借什么地方居住呢？”佛陀对阿难说："第三炎天，乃至色究竟天，这些天都依借什么来居住?"阿难回答佛陀说道："行业的果报是不可思议的。"佛陀对阿难说："行业果报不可思议，诸佛的世界也是不可思议的，其中的众生凭借功德善业之力，住在行业所造之地，因此能够如此。"阿难向佛进言："我并不怀疑这个法门，只是为了帮助将来的众生解除他们的疑惑，才故意请教这个义理。"佛陀对阿难说："无量寿佛的威神和光明是最崇高而第一位的，其余诸佛的光明都不能跟他相比。阿弥陀佛的佛光有时能照耀上百个佛国世界，有时能照耀上千个佛国世界，大概言之，能照耀东方恒河沙数那么多的佛刹，南方、西方、北方，以及四维方向和上下方都是如此。而有的佛其光明则只能照耀七尺那么远，有的能照耀一由旬、二由旬、三由旬、四由旬、五由旬等，就像这样转而增倍，甚至达到能够照耀一个佛刹的程度。因此之故，无量寿佛又号称无量光佛、无边光佛、无碍光佛、无对光佛、炎王光佛、清净光佛、欢喜光佛、智慧光佛、不断光佛、难思光佛、无称光佛、超日月光佛。若有众生遇到阿弥陀佛的光明，就能消灭三垢，身意变得柔软，心生欢喜、鼓舞踊跃，由此生起善心。若有众生在三途中最为苦难的地方，见到阿弥陀佛的光明，就全都能得到休息，不再有苦痛烦恼，寿终之后都能得到解脱。无量寿佛的光明盛大显著，照耀十方世界，诸佛国土的众生，没有不知晓的。不仅仅是我现在称赞他的光明，一切诸佛、声闻、缘觉和诸菩萨等圣众，全都共同赞叹称誉，也是如此。若有众生听说阿弥陀佛的光明威神功德，日夜不停地称赞念诵佛号，至诚之心不间断，则能随其所愿，得以往生佛国净土。诸菩萨和声闻等圣众将共同赞叹、称颂他的功德。到他最后成就佛道的时候，普遍得到十方世界的诸佛菩萨赞叹他的光明，就像今天我和诸佛称赞阿弥陀佛的光明一样。"佛陀说道："我叙说无量寿佛的光明威神，崇高而特别美妙，昼夜不停地用一劫时间来叙说，尚且不能说完。"

佛陀对阿难说："另外，无量寿佛的寿命之长久不可说出、计算，你能够知道吗？假使十方世界的无量众生，全部都得到人身，全部都让他们成就声闻和缘觉的果位，然后全部共同集会在一起，入禅定而专注一心运思，竭尽智力，用百千万劫的长时，共同推算，计算无量寿佛寿命的长远之数，也不能穷尽而知道极限。净土中的声闻、菩萨、天人等众生，他们的寿命长短也是如此，不是算数和比喻所能知晓的。另外，阿弥陀佛国土中的声闻和菩萨，他们的数量多到难以计量，无法陈述，他们的神通和智慧全部都达到了透彻和通晓的境界，威势神通之力达到自在无碍，能在手掌之中，握持一切世界。"佛陀对阿难说："无量寿佛初次说法的法会上，声闻弟子的数目多到不可说出、计算，菩萨的数目也是如此。假使有百千万亿无量无数的菩萨，全都像大目犍连一样具备了大神通，他们在阿僧祇那由他劫这么长的时间里，乃至到他们全都灭度这么长的时间里，都共同来计算，也不能算清楚到底有多少数目。譬如大海，深广没有边际，假使有人把一毫毛细分为一百份，然后用其中的一份毛，来沾取一滴海水，你觉得怎么样呢？他所取的一滴，与那大海相比，这差距有多大呢？"阿难向佛答言："他所取的一滴水，与大海相比的差距，不是巧历计算和言辞比喻所能知晓的。"佛陀对阿难说："即使像大目犍连这样的大神通菩萨，用百千万亿那由他劫的长时间来计数那初次法会的声闻、菩萨众的数目，所计数清楚的数目，犹如一滴水，他尚未计数清楚的数目，犹如大海水。

"又其国土，七宝诸树，周满世界。金树、银树、琉璃树、玻璃树、珊瑚树、玛瑙树、砗磲之树，或有二宝三宝，乃至七宝，转共合成。或有金树，银叶华果。或有银树，金叶华果。或琉璃树，玻璃为叶，华果亦然。或水精树，琉璃为叶，华果亦然。或珊瑚树，玛瑙为叶，华果亦然。或玛瑙树，琉璃为叶，华果亦然。或砗磲树，众宝为叶，华果亦然。或有宝树，紫金为本，白银为茎，琉璃为枝，水精为条，珊瑚为叶，玛瑙为华，砗磲为实。或有宝树，白银为本，琉璃为茎，水精为枝，珊瑚为条，玛瑙为叶，砗磲为华，紫金为实。或有宝树，琉璃为本，水精为茎，珊瑚为枝，玛瑙为条，砗磲为叶，紫金为华，白银为实。或有宝树，水精为本，珊瑚为茎，玛瑙为枝，砗磲为条，紫金为叶，白银为华，琉璃为实。或有宝树，珊瑚为本，玛瑙为茎，砗磲为枝，紫金为条，白银为叶，琉璃为华，水精为实。或有宝树，玛瑙为本，砗磲为茎，紫金为枝，白银为条，琉璃为叶，水精为华，珊瑚为实。或有宝树，砗磲为本，紫金为茎，白银为枝，琉璃为条，水精为叶，珊瑚为华，玛瑙为实。行行相值，茎茎相望，枝枝相准，叶叶相向，华华相顺，实实相当。荣色光曜，不可胜视。清风时发，出五音[①]声，微妙宫商，自然相和。又无量寿佛，其道场树，高四百万里。其本周围五千由旬。枝叶四布二十万里。一切众宝自然合成。以月光摩尼持海轮宝[②]，众宝之王，而庄严之。周匝条间，垂宝璎珞，百千万色，种种异变，无量光炎，照曜无极。珍妙宝网，罗覆其上。一切庄严，随应而现。微风徐动，吹诸宝树，演出无量妙法音声。其声流布，遍诸佛国。闻其音者，得深法忍，住不退转，至成佛道，耳根清彻，不遭苦患。目睹其色，鼻知其香，口尝其味，身触其光，心以法缘，皆得甚深法忍，住不退转，至成佛道，六根清彻，无诸恼患。阿难，若彼国土天人，见此树者，得三法忍。一者音响忍，二者柔顺忍，三者无生法忍。此皆无量寿佛威神力故，本愿力[③]故，满足愿[④]故，明了愿[⑤]故，坚固愿[⑥]故，究竟愿[⑦]故。”

［注释］

①五音：我国古代音乐里面的五个声调，即宫、商、角（jué）、徵

(zhǐ)、羽。五音与五行、方位相配合，宫调为土声，为君，声音最浊（浑厚），配中央；商调为金声，为臣，次浊，配西方；角调为木声，为民，半清半浊，配东方；徵调为火声，为人事，为黄钟调，配南方；羽调为水声，为万物，最清，配北方。②月光摩尼持海轮宝：月光摩尼就是持海轮宝，二者是同一宝珠的不同名称。月光摩尼又作月精摩尼，是像月亮一样散发光辉的宝珠。持海轮宝，此宝珠能生大海中的一切珍宝，因此说是众宝之王；又能执持大海之水，令海水不增减，海潮不失时，因此说是持海轮宝。就其光辉来说是月光摩尼，就其功用来说是持海轮宝。净土的宝树上面的装饰品尚且是如此的稀世珍宝，可见净土之美妙难以思量。③本愿力：本愿的力用。本愿是诸佛菩萨在过去没有成佛之前、在因位所发的誓愿。在成佛之后，依据本愿而发挥的神通力即本愿力。本愿力与下文满足愿、明了愿、坚固愿、究竟愿合称阿弥陀佛之五愿力。④满足愿：有所希求必得满足之愿心。四十八愿中，多处讲到凡是希求阿弥陀佛，愿生净土者，都能得偿所愿，这便是阿弥陀佛的满足愿。⑤明了愿：指无量寿佛之本愿不是虚设的，确实明了，众生确定可以靠这本愿得到救济。明了，即清楚明了，不含糊。⑥坚固愿：无量寿佛本愿坚固不变，不会今天还起作用，明天就变了。⑦究竟愿：指无量寿佛本愿的实现一定是究竟彻底的，不会半途而废。阿弥陀佛本愿要救济一切众生，那就必定彻底救济一切众生才算究竟。

［译文］

“另外，在无量寿佛的国土中，七种宝贝合成的各种树木，遍布整个净土世界，有金树、银树、琉璃树、玻璃树、珊瑚树、玛瑙树、砗磲树等，或者有的是两种宝贝、三种宝贝，乃至七种宝贝，转绕而共同合成。或者有金树，是银叶、银花、银果；或者有银树，是金叶、金花、金果；或者有琉璃树，玻璃作树叶，花和果也是玻璃；或者有水晶树，琉璃作树叶，花和果也是琉璃。或者有珊瑚树，玛瑙作树叶，花和果也是玛瑙。或者有玛瑙树，琉璃作树叶，花和果也是琉璃。或者有砗磲树，多种宝贝作树叶，花和果也是这样。或者有宝树，紫金作树根，白银作树干，琉璃作大树枝，水晶作小树枝，珊瑚作树叶，玛瑙作花朵，砗磲作果实。或者有宝树，白银作树根，琉璃作树干，水晶作大树枝，珊瑚作小树枝，玛瑙作树叶，砗磲作花朵，紫金作果实。或者有宝树，琉璃作树根，水晶作树干，珊瑚作大树枝，玛瑙作小树枝，砗磲作树叶，紫金作花朵，白银作果实。或者有宝树，水晶作树根，珊瑚作树干，玛瑙作大树枝，砗磲作小树枝，紫金作树叶，白银作花朵，琉璃作果实。或者有宝树，珊瑚作树根，玛瑙作树干，砗磲作大树枝，紫金作小树枝，白银作树叶，琉璃作花朵，水晶作果实。或者有宝树，玛瑙作树根，砗磲作树干，紫金作大树枝，白银作小树枝，琉璃作树叶，水晶作花朵，珊瑚作果实。或者有宝树，砗磲作树根，紫金作树干，白银作大树枝，琉璃作小树枝，水晶作树叶，珊瑚作花朵，玛瑙作果实。这些宝树行行整齐相对，树干和树干相对而立，树枝和树枝相互对齐，树叶和树叶相向而生，花朵和花朵相顺共同开放，果实和果实大小相同。形色荣茂光明闪耀，看也看不完。清风时而吹过，发出具备五音的声音，微妙而合乎宫商韵律，各种宝树的声音自然相和而鸣。另外无量寿佛国土的道场树，高达四百万里，树根周围有五千由旬，枝叶四面覆盖的面积有二十万里，此树是由一切种类的宝贝自然和合而成。用月光摩尼宝珠，即持海轮宝、众宝之王，来装饰道场树。整个道场树的周身和大小树枝之间，垂挂珠宝璎珞，百千万种色彩，种种不同变化，无量的光辉明亮，照耀没有边际。各种珍宝织成的美妙宝网，张罗覆盖在道场树的上空。一切庄重严饰，都随意应现。微风徐徐吹动，吹过各棵宝树，演奏发出无量含有妙法深意的音乐声。这音乐声流传广布，传遍各个佛国，凡是听到这音乐声的，就能得到甚深的法忍，安住在不退转的果位，一直到成佛道，耳根都保持彻底的清净，不遭受苦痛祸患。凡是眼睛看到宝树之颜色、鼻子嗅到宝树花朵的香气、嘴巴尝到宝树果实的味道、身体接触到宝树的光辉、心思系念于宝树的法缘的，全都得到甚深的法忍，安住于不退转的境界，一直到成佛道，六根都保持彻底的清净，没有各种烦恼祸患。阿难，若无量寿佛国土的天人，见到这些宝树的话，就得到三法忍，一是音响忍，二是柔顺忍，三是无生法忍。这些功德都是出于无量寿佛的威势神通力的缘故，出于无量寿佛的本愿之力的缘故，以及出于无量寿佛之满足愿、明了愿、坚固愿、究竟愿的缘故。”

佛告阿难：“世间帝王，有百千音乐，自转轮圣王，乃至第六天上，伎乐音声，展转相胜千亿万倍。第六天上万种乐音，不如无量寿国诸七宝树一种音声千亿倍也。亦有自然万种伎乐。又其乐声，无非法音。清畅哀亮，微妙和雅，十方世界音声之中，最为第一。其讲堂、精舍、宫殿、楼观，皆七宝庄严，自然化成。复以真珠、明月[①]、摩尼众宝，以为交络，覆盖其上。内外左右，有诸浴池。或十由旬，或二十三十，乃至百千由旬。纵广深浅，皆各一等。八功德水，湛然盈满，清净香洁，味如甘露。黄金池者，底白银沙。白银池者，底黄金沙。水精池者，底琉璃沙。琉璃池者，底水精沙。珊瑚池者，底琥珀沙。琥珀池者，底珊瑚沙。砗磲池者，底玛瑙沙。玛瑙池者，底砗磲沙。白玉池者，底紫金沙。紫金池者，底白玉沙。或有二宝三宝，乃至七宝，转共合成。其池岸上，有旃檀树，华叶垂布，香气普熏。天优钵罗华、钵昙摩华、拘牟头华、分陀利华，杂色光茂，弥覆水上。彼诸菩萨，及声闻众，若入宝池，意欲令水没足，水即没足。欲令至膝，即至于膝。欲令至腰，水即至腰。欲令至颈，水即至颈。欲令灌身，自然灌身。欲令还复，水辄还复。调和冷暖，自然随意。开神悦体，荡除心垢。清明澄洁，净若无形。宝沙映彻，无深不照。微澜回流，转相灌注。安详徐逝，不迟不疾。波扬无量自然妙声，随其所应，莫不闻者。或闻佛声，或闻法声，或闻僧声，或寂静声，空无我声，大慈悲声，波罗蜜声，或十力②无畏不共法③声，诸通慧声，无所作声，不起灭声，无生忍声，乃至甘露灌顶④，众妙法声。如是等声，称其所闻，欢喜无量。随顺清净、离欲、寂灭、真实之义，随顺三宝力、无所畏、不共之法，随顺通慧菩萨、声闻所行之道。无有三涂苦难之名，但有自然快乐之音。是故其国，名曰安乐。阿难，彼佛国土，诸往生者，具足如是清净色身，诸妙音声，神通功德。所处宫殿，衣服饮食，众妙华香，庄严之具，犹第六天自然之物。若欲食时，七宝钵器，自然在前。金、银、琉璃、砗磲、玛瑙、珊瑚、琥珀、明月、真珠，如是诸钵，随意而至。百味饮食，自然盈满。虽有此食，实无食者，但见色闻香，意以为食，自然饱足。身心柔软，无所味著⑤。事已化去，时至复现。彼佛国土，清净安隐，微妙快乐，次于无为泥洹之道。

[注释]

①明月：即明月宝珠，此宝珠光辉如明月。②十力：指佛的十种力用。一、知觉处非处智力，即知道一切事物之因缘的智慧，处即道理，知道作善业必定得乐报为知觉处；知道作恶业得无处得乐报，则为知觉非处。二、知三世业报智力，知道一切众生三世因果报应之智慧。三、知诸禅解脱三昧智力，通晓禅定的深浅次第，于禅定自在无碍。四、知诸根胜劣智力，知晓众生根性的胜劣和得果的大小。五、知种种解智力，对于众生的种种欲乐善恶情状，佛都能如实遍知。六、知种种界智力，知晓世间众生的种种境界不同。七、知一切至所道智力，通晓一切戒法，从五戒等一切人间天上之戒法到无漏法、涅槃法等，佛全部知道其行因所至。八、知天眼无碍智力，以天眼无障碍地完全知晓众生之生死、善恶业缘。九、知宿命无漏智力，通晓众生的一切宿命。十、知永断习气智力，通晓永远断除妄惑习气的智慧。③不共法：如来的功德与菩萨和众生所不共同的地方，称不共法，即这些功德只有佛才有，菩萨和众生都没

有。一般以佛的十力加上四无畏、三念住（佛对于众生中之信者不生喜心，对于不信者不生忧虑，对此有信有不信也不生欢喜与忧戚，此为三念住，而常安住于正念正智）、大悲，一共有十八不共法。④灌顶：原本是古代印度帝王即位以及立太子时所行的一种就职礼仪，佛教用灌顶为表示加持祝福之意的礼仪。⑤味著：执著于美味。

［译文］

佛陀对阿难说："世间的帝王有百千种音乐，从转轮圣王，到各个天王乃至第六天上，各处的伎乐音声辗转相比，每一个都胜过前一个千亿万倍。然而第六天上的万种音乐与无量寿国的各个七宝树所发出的各种声音中的一种相比，相差千亿倍。阿弥陀佛国土还有自然而有的万种伎乐，这些音乐，没有不是法音的，清净流畅柔缓明亮，微妙柔和高雅，在十方世界的所有声音之中，最为美妙，名列第一。阿弥陀佛国土的讲堂、精舍、宫殿、楼观等建筑物，全都用七宝装饰严整，自然变化而成，又用珍珠、明月宝珠、摩尼宝珠等各种宝贝交织成网幔，覆盖在宫殿上面。宫殿的内外左右，有各种浴池，有的十由旬大小，有的二十或三十由旬，乃至百千由旬等大小不同。这些浴池的纵广深浅虽然不同，但都是同一等级而没有高下优劣。八功德水清澈而装满浴池，清净香洁，味道犹如甘露。黄金池的话，底铺白银沙。白银池的话，底铺黄金沙。水晶池的话，底铺琉璃沙。琉璃池的话，底铺水晶沙。珊瑚池的话，底铺琥珀沙。琥珀池的话，底铺珊瑚沙。砗磲池的话，底铺玛瑙沙。玛瑙池的话，底铺砗磲沙。白玉池的话，底铺紫金沙。紫金池的话，底铺白玉沙。有的宝池则是由两种宝贝、三种宝贝乃至七种宝贝轮流转换共同合成。在宝池的岸上，有旃檀树，香花和树叶低垂密布，香气普熏。天优钵罗花、钵昙摩花、拘牟头花、分陀利花，各种颜色光彩茂盛，弥漫覆盖在水面上。那里的诸位菩萨和声闻众如果进入宝池中沐浴，想要让水淹没足，水就淹没足；想要让水到膝盖那么深，水就到膝盖；想要让水到腰部，水就到腰部；想要让水到颈部，水就到颈部；想要让水灌洗全身，水自然灌洗全身；想要让水恢复原状，水就立即恢复原状。水温冷暖根据需要调变适度，自然随意而变化。此水能令神清气爽身体悦适，涤荡去除心中的污垢。此水清净明亮澄清洁净，干净得就好像无形一般。水底的宝沙透彻映现，无论水有多深都能看到。微细的波澜回旋流注，转而互相灌注。池水安详地慢慢流动，不慢也不快。水波扬起无量的自然妙声，随顺众生的意愿而应现，没有想听而听不到的。从这些声音中，有的听到佛的声音，有的听到说法的声音，有的听到僧人的声音，或者演说寂静法的声音、演说空无我法的声音、演说大慈悲法的声音、演说波罗蜜的声音，或者演说十力无畏不共法的声音、演说各种神通智慧的声音、演说无所作法的声音、演说不起灭法的声音、演说无生忍法的声音，乃至演说甘露灌顶法等各种妙法的声音。这样的声音，令所闻的众生称心如意、欢喜无量，随顺清净、离欲、寂灭、真实之真义而修行，随顺三宝力、无所畏、不共之法而修行，随顺神通智慧之菩萨、声闻所行之道而修行，没有三途苦难的名称，只有自然快乐的声音。因此之故，阿弥陀佛的国土名叫安乐。阿难，那佛的国土中，各种往生的众生，圆满具备这样的清净色身、各种美妙的声音、神通功德。那里的宫殿、衣服饮食、各种美妙的花香、庄严之用具，犹如第六天自然化现之物。若想吃饭时，七宝做成的饭钵器具自然出现在面前，金、银、琉璃、砗磲、玛瑙、珊瑚、琥珀、明月、珍珠等，这些宝贝做成的各种钵，随其意念而出现。百味饮食，自然盛满饭钵。虽然有这样的食物，实际上并不真的食用，只是看看颜色嗅嗅香气，以意念为食物，自然饱足。身心变得柔软，不执著于任何美味。此事完毕就自然变化消失，时候到了又自然再次化现。阿弥陀佛的国土，清净安稳，美妙快乐，与涅槃之道相比仅差分毫。

“其诸声闻、菩萨、天人，智慧高明，神通洞达，咸同一类，形无异状。但因顺余方[1]，故有天人之名。颜貌端正，超世希有。容色微妙，非天非人，皆受自然虚无之身，无极之体[2]。”佛告阿难：“譬如世间贫穷乞人，在帝王边，形貌容状，宁可类乎？”阿难白佛：“假令此人在帝王边，羸陋丑恶，无以为喻，百千万亿不可计倍。所以然者，贫穷乞人，底极斯下，衣不蔽形，食趣支命，饥寒困苦，人理殆尽。皆坐前世不植德本，积财不施，富有益悭，但欲唐得[3]，贪求无厌。不信修善，犯恶山积。如是寿终，财宝消散。苦身聚积，为之忧恼，于己无益，徒为他有。无善可怙，无德可恃，是故死堕恶趣，受此长苦。罪毕得出，生为下贱，愚鄙斯极，示同人类[4]。所以世间帝王，人中独尊，皆由宿世积德所致。慈惠博施，仁爱兼济，履信修善，无所违争。是以寿终福应，得升善道。上生天上，享兹福乐。积善余庆，今得为人，乃生王家，自然尊贵。仪容端正，众所敬事。妙衣珍膳，随心服御。宿福所追，故能致此。”佛告阿难：“汝言是也。计如帝王，虽人中尊贵，形色端正，比之转轮圣王，甚为鄙陋，犹彼乞人在帝王边也。转轮圣王，威相殊妙，天下第一，比之忉利天王，又复丑恶，不得相喻万亿倍也。假令天帝，比第六天王，百千亿倍不相类也。设第六天王，比无量寿佛国菩萨、声闻，光颜容色，不相及逮，百千万亿不可计倍。”

［注释］

①余方：其他地方、其余的地方。②无极之体：寿命无尽之身体。③唐得：不劳而获。唐，空、徒然。④示同人类：看起来与人类相同，即勉强算是人类之意。因这一类人在人类中处于最下境界，再差一点就不能算人类了。犹如日常语言所说“活得没有个人样”。

［译文］

“那里的诸声闻、菩萨、天人，他们智慧高明，神通洞达，全部都是同一类别，形色没有异常情状。只是为了沿袭随顺别的国土的习惯，才有天人之名称。他们颜色容貌端正，超过其他国土一切众生，非常少有。他们的容貌颜色细致美妙，不同于天人也不同于世人，都是受生的自然虚无而寿命没有极限的身体。”佛陀对阿难说：“譬如世间贫穷的乞丐，站在帝王身边，二者的形貌容色情状，难道可以相比吗？”阿难向佛答言：“假设让这样的人在帝王身边，相比之下他的羸陋丑恶，没有办法表述，二者相差有百千亿倍甚至不可计数的倍数。之所以会这样是因为贫穷的乞丐处在社会最底层、最低下的地位，衣服破烂不能遮盖住身体，奔波劳碌寻求食物以维持生命，忍受饥寒困苦，人之所以为人之理差不多已经丧失了。这都是因为前世不培植功德根本，积聚财产却不施舍，越富有越悭吝小气，只想不劳而获，贪婪求得从不满足，不相信应该修善的道理，犯下的罪累积如山。这样寿终之后，财宝全都消失散尽，一生苦心聚集，为之受尽忧愁烦恼，对自己却没有益处，白白被他人得去。没有善业和功德可以依凭，所以死后堕落入恶趣，遭受这样长时间的苦难。所遭的罪罚完毕之后，才得以从恶趣中出来，在人世中生为下贱之人，愚笨鄙陋达到极点，活得没有人的样子。世间帝王之所以成为人中最尊贵的，都是由于过去世积累功德所致。慈善乐于助人、广为施舍，仁爱兼济，履行诚信修造善业，没有不顺和争斗，因此寿终之时得到福报，能够上升到善道。向上转生到天界之上，享受这样的福乐。积累善德，恩泽及于后世，今生得以做人，于是就生在帝王家，自然依据报应而得尊贵。仪容端庄，众人敬仰侍奉，美妙的衣服随心穿着，珍贵的膳食随心食用，宿世所造善业的福报追随而至，所以能够达到这样。”佛对阿难说：“你说得对。就算是像帝王这样，虽然在人类中是尊贵的，形体容貌是端正的，但是与转轮圣王相比，又是非常鄙陋的，就好比乞丐站在帝王身边一样。转轮圣王的威严相貌非常美妙，天下第一，但是与忉利天王相比，又算是丑恶的了，差距用万亿倍来说也是不够的。假设让天帝与第六天王相比，美好百千亿倍也不相似。假设第六天王与无量寿佛国土的菩萨、声闻众相比，光辉的容貌颜色不能相比，差距计算为百千万亿倍也不止。”

佛告阿难：“无量寿国，其诸天人，衣服饮食，华香璎珞，缯盖幢幡，微妙音声，所居舍宅宫殿楼阁，称其形色，高下大小。或一宝二宝，乃至无量众宝，随意所欲，应念即至。又以众宝妙衣，遍布其地，一切天人践之而行。无量宝网，弥覆佛土，皆以金缕真珠，百千杂宝，奇妙珍异，庄严校饰。周匝四面，垂以宝铃，光色晃曜，尽极严丽。自然德风[①]，徐起微动。其风调和，不寒不暑，温凉柔软，不迟不疾。吹诸罗网及众宝树，演发无量微妙法音，流布万种温雅德香。其有闻者，尘劳垢习，自然不起。风触其身，皆得快乐，譬如比丘，得灭尽三昧。又风吹散华，遍满佛土，随色次第，而不杂乱。柔软光泽，馨香芬烈。足履其上，蹈下四寸，随举足已，还复如故。华用已讫，地辄开裂，以次化没，清净无遗。随其时节，风吹散华，如是六反[②]。又众宝莲华，周满世界。一一宝华，百千亿叶。其华光明，无量种色。青色青光，白色白光，玄[③]黄朱紫，光色赫然，炜烨焕烂[④]，明曜日月。一一华中，出三十六百千亿光。一一光中，出三十六百千亿佛，身色紫金，相好殊特。一一诸佛，又放百千光明，普为十方说微妙法。如是诸佛，各各安立无量众生于佛正道。”

［注释］

①德风：暖风、春风，因其温暖宜人若有德。②六反：昼夜六时循环不

断。反为循环往返。③玄：天青色为玄色，或者是蔚蓝色。④炜（wěi）烨焕烂：光明灿烂。炜烨，光明。焕烂，光耀灿烂。

［译文］

佛陀对阿难说："无量寿佛的国土，那里的诸天人，衣服饮食、花香璎珞、缯盖幢幡、微妙音声，以及他们所居住的房舍宅院、宫殿楼阁，都根据他们的形体容色，高下大小正好合适。这些物品或者是一种宝贝做成，或者是两种宝贝做成，乃至无量众宝做成，一切都随其意念所想要，应念化现而至。又用众宝做成的妙衣铺遍地上，一切天人就踩在上面走路。无量的宝网弥漫覆盖在佛土上空，全都用金线、珍珠百千种杂宝和奇妙珍异的物品装饰得庄重严整。宝网周围四面，垂着宝铃，光辉和色彩耀眼明亮，极尽严整华丽。自然而有的暖风慢慢地吹起、微微地流动，那风调和舒适，不冷不热，温软凉爽而柔软不烈，不慢不快。风吹动罗网，以及众多宝树，演奏发出无量的微妙法音，流布万种温雅德香。若有人听到这音乐、嗅到这德香，则尘劳垢习自然不再生起。若风触到他们的身体，他们全都像比丘灭尽三昧一样快乐。另外那风吹动散布香花，遍布整个佛土，根据颜色次第排布，而没有杂乱。香花柔软而有光泽，馨香芬烈，脚踩在上面，足跟下陷四寸，随着脚举起来，又恢复如故。这些花用过之后，大地就开裂，它们依次变化消失，清净没有遗留。随着一定的时间节奏，风吹动散布香花，就这样每天昼夜六时反复。又有众多的宝莲花，遍布整个世界。每一个宝莲花都有百千亿花叶，那宝莲花光辉明耀，有无量种颜色。青色莲花发出青光，白色莲花发出白光，玄黄朱紫等各色莲花发出玄黄朱紫等各色光辉，光辉色彩鲜明，光明耀眼灿烂，明耀超过日月。从每一朵莲花中，放出三十六百亿光辉。从每一种光中，现出三十六百千亿尊佛，全都身体呈紫金色，相貌端庄，无与伦比。一个一个佛，又放射出百千种光明，普遍为十方世界的众生说微妙之佛法。这样的诸佛，各自安立无量的众生于佛法正道之中。”

佛说无量寿经卷下

佛告阿难：“其有众生，生彼国者，皆悉住于正定之聚。所以者何？彼佛国中，无诸邪聚，及不定聚。十方恒沙诸佛如来，皆共赞叹无量寿佛威神功德不可思议。诸有众生，闻其名号，信心欢喜，乃至一念至心回向，愿生彼国，即得往生，住不退转。唯除五逆，诽谤正法。”佛告阿难：“十方世界诸天人民，其有至心愿生彼国，凡有三辈[①]。其上辈者，舍家弃欲而作沙门，发菩提心，一向专念无量寿佛，修诸功德，愿生彼国[②]。此等众生，临寿终时，无量寿佛，与诸大众，现其人前。即随彼佛往生其国，便于七宝华中，自然化生，住不退转。智慧勇猛，神通自在。是故阿难，其有众生，欲于今世见无量寿佛[③]，应发无上菩提之心，修行功德，愿生彼国。”佛告阿难：“其中辈者，十方世界诸天人民，其有至心愿生彼国，虽不能行作沙门，大修功德，当发无上菩提之心，一向专念无量寿佛，多少修善，奉持斋戒，起立塔像，饭食沙门，悬缯然灯，散华烧香，以此回向，愿生彼国[④]。其人临终，无量寿佛，化现其身，光明相好，具如真佛，与诸大众，现其人前。即随化佛[⑤]往生其国，住不退转。功德智慧，次如上辈者也。”佛告阿难：“其下辈者，十方世界诸天人民，其有至心欲生彼国，假使不能作诸功德，当发无上菩提之心，一向专意，乃至十念，念无量寿佛，愿生其国。若闻深法，欢喜信乐，不生疑惑，乃至一念，念于彼佛，以至诚心，愿生其国[⑥]。此人临终，梦见彼佛[⑦]，亦得往生。功德智慧，次如中辈者也。”

［注释］

①三辈：即上辈、中辈、下辈三个层次。三辈是对修净土功业而能够往生的众生进行的分类，《观无量寿佛经》则把往生众生的品级分为九品。三辈九品同是分类，但是并非简单对应的关系，有的学者把三辈简单地对应于九品的上三品、中三品、下三品，是没有根据的，也是错误的。②“其上辈者”六句：这是讲上辈往生必须具备的五个条件：一、舍家弃欲而作沙门，即出家而断绝世俗欲望，若仅仅形式上出家，剃发披袈裟，心地却是贪好财色，烦恼缠绵，就不能算舍家弃欲；二、发菩提心，真实发下宏誓大愿，要成佛并救度众生；三、一向专念无量寿佛，坚持不懈、至诚恳切地念诵佛号，若有间断，或念佛的时候心思在别处，都不能算一向专念；四、修诸功德，造作而成就自利利他的各种功德；五、愿生彼国，有真实想要往生阿弥陀佛净土的愿望，信心不足或愿望不真切都不行。只有这五个条件都真实具备了，才能以上辈的资格往生。③今世见无量寿佛：上辈众生临终时是阿弥陀佛本尊带领诸菩萨亲自来迎接，在这个时候将要往生者还并没有死亡，所以说是今生见佛。④“其中辈者”十五句：这是讲中辈往生有四个条件：一、发菩提心，发愿成佛是上辈和中辈所共有的；二、一向专念无量寿佛；三、修善回向，即供奉三宝、修行善业功德，把所修功德回向给阿弥陀佛净土；四、愿生彼国。⑤化佛：变化显现的佛。中辈众生临终时所见之佛是阿弥陀佛化现的，不是阿弥陀佛本尊。但是，这也是十分殊胜的，阿弥陀佛一身而变化万亿，应化十方众生，此化身佛与自性佛是同体一如的关系。化佛接引只是说明中辈品级稍差，因为其修行与上辈相比境界稍差。中辈也是今生见佛。⑥“其下辈者”十六句：这是讲下辈往生有两种情况：一种是不能像上辈和中辈那样修诸功德，但是也发菩提心、一心专念佛号甚至只要能够专心十念、愿生净土，就可以往生；另一种是最奇特的一念往生，这类众生平时也没有听闻过佛法，也没有修过功德，也没有念过佛号，但是临终时突然听闻佛法，一听之下立即能够欢喜信受，至诚而没有疑问，愿意往生，甚至只要一念，就能够往生。可见，发菩提心、念佛、发愿往生，这三个条件是往生净土的最基本条件，同时也是圆满条件，符合这三个条件就一定能够往生。至于说一念往生者，经中没有明说发菩提心，

实则“若闻深法、欢喜信乐”已经暗含了发菩提心。关键是这三项都要真实不虚，念佛多少、功德高下等只是决定善缘多少，并不决定往生与否。这也是历来讨论最多的“带业往生”的问题。⑦梦见彼佛：犹如梦中看见阿弥陀佛。上辈往生是亲见阿弥陀佛，中辈往生是亲见阿弥陀佛化身，都是十分清晰的。下辈往生由于功德善缘都不充足，所以见佛就不真切，恍恍惚惚犹如梦见阿弥陀佛，实则也是亲见，也是今生见佛。三辈往生都是今生见佛，也就是往生者都是阿弥陀佛亲自接引的。

[译文]

佛陀对阿难说：“若有众生，往生到阿弥陀佛国土，就全都安住在正定聚中。之所以如此是因为在那个佛国中，没有各种邪聚以及不定聚。十方世界多如恒河沙数的诸佛如来，全都共同赞叹无量寿佛的威神功德不可思议。若有众生听闻他的名号，生起信仰之心和欢喜之心，以至于专心一念修行功德，以至诚之心回向无量寿佛净土，愿意往生其国，就能得以往生，安住于不退转的果位。唯一不能往生的是犯下五逆大恶和诽谤正法罪过的人。”佛对阿难说：“十方世界的诸天人民，其中有至诚之心愿意往生净土的，大概有三辈。其中属于上辈的，舍弃家业、断绝欲望而做出家修行的沙门，发菩提心，一直专心念诵无量寿佛，修造各种功德，发愿往生无量寿佛国。这一类众生，临近寿终的时候，无量寿佛与诸菩萨圣众一起出现在这类人面前。这类众生就跟随无量寿佛往生净土，便在七宝莲花中自然化生，安住在不退转的果位，智慧勇猛，神通自在。所以说啊，阿难，若有众生，想要今生见到无量寿佛，就应该发下追求无上菩提的愿心，修行功德，发愿往生净土。”佛陀对阿难说：“其中属于中辈的，十方世界的诸天人民，若有至诚之心愿意往生净土，虽然不能做沙门出家而大修功德，但是应当发下追求无上菩提的愿心，一直专心念诵无量寿佛，多多少少总要修造一些善业，奉持斋戒，建造塔和佛像，供奉饭食给沙门，悬挂缯绫、点燃灯火、散放香花、燃烧香品，以供养佛像，并把这些功德回向给无量寿佛净土，发愿往生其国。这类众生临近寿终之时，无量寿佛以化身出现，光明相好，与真佛看起来一样，与诸菩萨圣众一起，出现在这类众生面前。这类众生就跟随化身佛往生其国，安住在不退转的境界，功德和智慧次于上辈往生者。”佛对阿难说：“其中属于下辈的，十方世界的诸天人民，若有至诚之心想要往生阿弥陀佛净土，假使不能作各种功德，则应当发下追求无上菩提的愿心，一直专心修行，乃至只有十声念无量寿佛，发愿往生净土；若听闻甚深佛法，心生欢喜、信持爱乐，不生疑惑，甚至只有一声念无量寿佛，以至诚之心发愿往生其国，这类人临近寿终之时，恍如梦中见到无量寿佛，也可以获得往生，他们的功德智慧又次于中辈往生者。”

佛告阿难：“无量寿佛，威神无极。十方世界无量无边不可思议诸佛如来，莫不称叹。于彼东方恒河沙佛国，无量无数诸菩萨众，皆悉往诣无量寿佛所，恭敬供养，及诸菩萨、声闻之众，听受经法，宣布道化。南西北方四维上下，亦复如是。”尔时世尊，而说颂曰：

“东方诸佛国，其数如恒沙，彼土菩萨众，往覲无量觉。
南西北四维，上下亦复然，彼土菩萨众，往覲无量觉。
一切诸菩萨，各赍天妙华、宝香无价衣，供养无量觉。
咸然奏天乐，畅发和雅音，歌叹最胜尊，供养无量觉。
究达神通慧，游入深法门，具足功德藏，妙智无等伦。
慧日朗世间，消除生死云，恭敬绕三匝，稽首无上尊。
见彼严净土，微妙难思议，因发无量心，愿我国[①]亦然。
应时无量尊，动容发欣笑，口出无数光，遍照十方国。
回光围绕身，三匝从顶入，一切天人众，踊跃皆欢喜。

大士观世音，整服稽首问，白佛何缘笑，唯然愿说意。

梵声犹雷震，八音畅妙响，当授菩萨记②，今说仁③谛听。

十方来正士，吾悉知彼愿，志求严净土，受决④当作佛。

觉了一切法，犹如梦幻响⑤，满足诸妙愿，必成如是刹。

知法如电影⑥，究竟菩萨道，具诸功德本，受决当作佛。

通达诸法性，一切空无我，专求净佛土，必成如是刹。

诸佛告菩萨，令觐安养佛⑦，闻法乐受行，疾得清净处。

至彼严净国，便速得神通，必于无量尊，受记成等觉。

其佛本愿力，闻名欲往生，皆悉到彼国，自致不退转。

菩萨兴至愿，愿己国无异，普念度一切⑧，名显满十方。

奉事亿如来，飞化遍诸刹，恭敬欢喜去，还到安养国⑨。

若人无善心，不得闻此经，清净有戒者，乃获闻正法。

曾更见世尊，则能信此事，谦敬闻奉行，踊跃大欢喜。

憍慢弊懈怠，难以信此法，宿世见诸佛，乐听如是教。

声闻或菩萨，莫能究圣心，譬如从生盲，欲行开导人。

如来智慧海，深广无涯底，二乘非所测，唯佛独明了。

假使一切人，具足皆得道⑩，净慧知本空，亿劫思佛智，

穷力极讲说，尽寿犹不知。佛慧无边际，如是致清净。

寿命甚难得，佛世亦难值，人有信慧难；若闻精进求，

闻法能不忘，见敬得大庆，则我善亲友。是故当发意⑪，

设满世界火，必过要闻法，会当成佛道，广度生死流。”

[注释]

①我国：诸菩萨之国。诸佛菩萨参观阿弥陀佛国土，都愿意自己国土如阿弥陀佛国土之清净庄严。②受菩萨记：给诸菩萨授记。③仁：即仁者，对别人的尊称，此处指诸菩萨。④受决：即授记，由于此记决定成佛，故又作受决。⑤犹如梦幻响：即如梦、如幻、如响。如梦，诸法无实体，犹如梦境中的物体。如幻，诸法如幻师变现的物体，虽然如实能见，实则非实，本来空无。

如响，诸法犹如回响，空无实体。响即回音，在空谷或大的空房间里，声音都会产生回响。回响之音是由声音产生的，愚痴之人却以为是由人或物体发出，智慧之人能够知道，此声是空响。这三个比喻是《大本般若经》十喻中的，举这三个为例代表十喻。⑥如电影：如电、如影。如电，诸法如闪电瞬息万变、迁流不住。如影，如镜中影像，能见而不实。⑦安养佛：即无量寿佛。⑧普念度一切：指菩萨希望自己像阿弥陀佛那样，众生普遍念诵自己的名号，以此来度一切众生。⑨安养国：西方极乐国之异名。⑩ 得道：断除烦恼得到智慧名为得道。⑪发意：即发心、发愿。

[译文]

佛陀对阿难说："无量寿佛，威神无极，十方世界无量无边多到不可思议的诸佛如来，没有不称扬赞叹的。在那东方多如恒河沙数的佛国，有无量无数的诸菩萨众生，全都前往无量寿佛的所在，恭敬供养，与那国土的诸菩萨、声闻等众生一起听受经法，宣传流布道法教化。南方、西方、北方等四个方向以及上方和下方都有无数的佛国，也都是如此。"那时世尊释迦牟尼说偈颂道：

"东方的诸佛国，其数目多如恒河沙数，那里的菩萨众，前往参拜无量寿佛。

"南西北四维，以及上下方都是如此，那里的菩萨众，前往参拜无量寿佛。

"一切诸菩萨，各自带着美妙的天花和无价的宝香衣，前往供养无量寿佛。

"全都奏响天人伎乐，流畅发出和雅的声音，歌颂赞叹最胜最尊，供养无量寿佛。

"彻底通达神通智慧，自在进入甚深法门，圆满成就功德宝藏，奇妙智慧无与伦比。

"智慧犹如太阳朗照世间，消除烦恼生死之乌云，恭敬地绕行三匝，稽首顶礼至高无上的世尊。

“亲眼见到那庄严的净土，微妙难以思议，因此发下无量的愿心，愿我的国土也能如此。

“受到感应时，无量寿佛动容发出欣慰的微笑，口中发出无数光明，照遍十方国土。

“回转的光明围绕众人身体，三匝之后从头顶进入，一切天人众生鼓舞踊跃，皆大欢喜。

“大士观世音，整理衣服稽首发问，问佛为何因缘而发笑，真心愿听佛说因缘意。

“清净梵声犹如雷震，八音佛声畅发妙响，将要为诸菩萨授记，现在所说请诸位认真听。

“十方所来的正士，我全部知晓你们的愿望，你们发愿想要庄严自己的净土，授记将来做佛祖。

“觉悟一切法如梦如幻如回响并非真实有，就能圆满成就各种妙愿，必定造就这样的净土。

“知晓一切法如电如影不能长久住，就能成就菩提道，具备诸功德，授记将来成佛。

“通达诸法之性，一切空而无我，就能专心清净佛土，必定成就这样的净土。

“诸佛告诉菩萨，令他们觐见安养佛，听闻佛法而喜乐信受行持，迅速成就清净佛土。

“到那庄严清净的佛国，便能迅速得到神通，必定在无量寿佛那里授记成佛。

“凭借无量寿佛的本愿力，听闻他的名号而想要往生的，全都能往生，自然达到不退转的境界。

“菩萨兴起至大的愿心，愿自己的国土与无量寿佛国土无异，众生都念自己的佛号而得度，名号显赫遍满十方世界。

“供养亿万如来，飞行游化遍及诸佛国，恭敬欢喜地去供养，然后再回到安养国。

“如果人没有善心，就无缘听闻这部经，只有清净持戒的人，才能有机会听闻正法。

“若是在过去世曾见过世尊，就能相信此事，谦虚恭敬地听闻奉行，鼓舞踊跃而大欢喜。

“骄慢、愚蠢、懒惰之人，难以相信这个法门，过去世见过诸佛的，则乐于听闻这样的教化。

“声闻或菩萨，都不能参透诸佛圣心，好比天生的盲人，却想领路引导别人。

“如来智慧如大海，深广无边无有底，声闻、缘觉二乘不能测度，只有佛独自明了。

“假使一切人，都圆满得道，智慧清净知道本空的道理，用亿劫长的时间去思维佛智，用尽力气去讲说，终其一生都不能了解佛智。佛的智慧无边无际，如佛所说修行才能达到清净。

“寿命十分难得，佛出世也难遇到，人的信根慧根难培养；若听闻佛法则应当精进追求，若听闻佛法能不忘，见佛法能生恭敬而得到大利益，则是我的善友、亲友。因此应当发愿：

“假设整个世界充满火，也必定要从中过去听闻佛法，一定要在将来成佛，普度众生脱离生死瀑流。”

佛告阿难：“彼国菩萨，皆当究竟一生补处，除其本愿为众生故，以弘誓功德，而自庄严，普欲度脱一切众生。阿难，彼佛国中诸声闻众，身光一寻。菩萨光明，照百由旬。有二菩萨，最尊第一，威神光明，普照三千大千世界。”阿难白佛：“彼二菩萨，其号云何？”佛言：“一名观世音，二名大势至。此二菩萨，于此国土，修菩萨行，命终转化，生彼佛国。阿难，其有众生，生彼国者，皆悉具足三十二相，智慧成满，深入诸法，究畅要妙，神通无碍，诸根明利。其钝根者，成就二忍。其利根者，得不可计无生法忍。又彼菩萨，乃至成佛，不受恶趣。神通自在，常识宿命。除生他方五浊恶世，示现同彼，如我国也。”佛语阿难：“彼国菩萨，承佛威神，一食之顷，往诣十方无量世界，恭敬供养诸佛世尊。随心所念华香伎乐，衣盖幢幡，无数无量供养之具，自然化生，应念即至。珍妙殊特，非世所有。辄以奉散诸佛，及诸菩萨、声闻之众。在虚空中，化成华盖，光色昱烁，香气普熏。其华周圆四百里者，如是转倍，乃覆三千大千世界。随其前后，以次化没。其诸菩萨，佥然欣悦[①]。于虚空中，共奏天乐，以微妙音，歌叹佛德。听受经法，欢喜无量。供养佛已，未食之前，忽然轻举，还其本国。”

[注释]

①佥（qiān）然欣悦：皆大欢喜。佥，皆、全部。

[译文]

佛陀对阿难说：“无量寿佛国土的菩萨，必将全部达到一生补处的阶位，除非他的本愿是为了众生，要以宏大誓愿和功德来庄严自己的佛土，想要普遍度脱一切众生。阿难，那国中的诸声闻众，身光有一寻，菩萨的光明，可以照数百由旬。有两位菩萨，在菩萨众中最为尊崇，是第一等的，他们的威神光明，普照三千大千世界。”阿难向佛进言：“那两位菩萨，他们的名号怎么称呼？”佛陀说：“第一位名叫观世音，第二位名叫大势至。这两位菩萨，在我们这个国土上，修菩萨行，命终就将转化，往生到那佛国去。阿难，若有众生，往生到那佛国，就全都具备圆满的三十二相，智慧成就圆满，深入诸法，探究明白诸法要义和妙处，神通无碍，诸根明察锐利。若是钝根之人，能成就二忍；若是利根之人，能成就不可思议的无生法忍。另外，那些菩萨，在修行途中一直到最终成佛，不会遭受恶趣果报。神通自在，经常知晓宿命。除非生于他方的五浊恶世，则示现与那五浊恶世之众生相同，就像我国一样。”佛对阿难说：“那国中的菩萨，凭借佛的威神，一顿饭的工夫，前往十方无量世界，恭敬地供养诸佛世尊，香花伎乐、衣盖幢幡等无数无量的供养所用之器具，全都随心中的意念而自然化生，应心念而至。这些器具都是珍贵美妙殊胜特别的，不是世间所有。就用这些器具四处奉献供养诸佛以及诸菩萨、声闻等圣众。在虚空中，化成华盖，光辉色彩明亮闪烁，香气普熏。那华盖周围有四百里，如此再转化增倍，乃至大到覆盖三千大千世界。这些华盖，随其化现的先后顺序，又依次化现消失。那些菩萨，全都欣乐喜悦，在虚空中，共同奏响天乐，以微妙的声音，歌颂赞叹佛的功德。听闻受持经法，欢喜无量。供养诸佛完毕，在还没吃饭之前，忽然飞起，回到他原住的无量寿佛国土。”

佛语阿难：“无量寿佛，为诸声闻、菩萨、天人颁宣法时，都悉集会七宝讲堂，广宣道教，演畅妙法，莫不欢喜，心解得道。即时四方自然风起，吹七宝树，出五音声。无量妙华，随风四散，自然供养，如是不绝。一切诸天，皆赍天上百千华香、万种伎乐，供养其佛，及诸菩萨、声闻之众。普散华香，奏诸音乐。前后来往，更相开避。当斯之时，熙怡快乐，不可胜言。”佛语阿难：“生彼佛国诸菩萨等，所可讲说[①]，常宣正法，随顺智慧，无违无失。于其国土所有万物，无我所心[②]，无染著心。去来进止，情无所系。随意自在，无所适莫[③]。无彼无我，无竞无讼。于诸众生，得大慈悲饶益之心。柔润调伏，无忿恨心。离盖[④]清净，无厌怠心。等心，胜心，深心，定心[⑤]，爱法、乐法、喜法[⑥]之心。灭诸烦恼，离恶趣心。究竟一切菩萨所行，具足成就无量功德。得深禅定，诸通明慧。游志七觉[⑦]，修心佛法[⑧]。肉眼清彻，靡不分了。天眼通达，无量无限。法眼观察，究竟诸道。慧眼见真，能度彼岸。佛眼具足，觉了法性。以无碍智，为人演说。等观[9]三界，空无所有。志求佛法，具诸辩才。除灭众生烦恼之患。从如来生[10]，解法如如[11]。善知集灭音声方便。不欣世语，乐在正论。修诸善本，志崇佛道。知一切法，皆悉寂灭。生身烦恼，二余[12]俱尽。闻甚深法，心不疑惧，常能修行。其大悲者，深远微妙，靡不覆载。究竟一乘，至于彼岸。决断疑网，慧由心出。于佛教法，该罗无外。智慧如大海，三昧如山王。慧光明净，超逾日月。清白之法，具足圆满。犹如雪山，照诸功德等一净故。犹如大地，净秽好恶无异心故。犹如净水，洗除尘劳诸垢染故。犹如火王，烧灭一切烦恼薪故。犹如大风，行诸世界无障碍故。犹如虚空，于一切有无所著故。犹如莲华，于诸世间无染污故。犹如大乘，运载群萌出生死故。犹如重云，震大法雷觉未觉故。犹如大雨，雨甘露法润众生故。如金刚山，众魔外道不能动故。如梵天王，于诸善法最上首故。如尼拘类树[13]，普覆一切故。如优昙钵华，希有难遇故。如金翅鸟，威伏外道故。如众游禽，无所藏积故[14]。犹如牛王，无能胜故。犹如象王，善调伏故。如师子王，无所畏故。旷若虚空，大慈等故。摧灭嫉心，不忌胜故。专乐求法，心无厌足。常欲广说，志无疲倦。击法鼓，建法幢。曜慧日，除痴暗。修六和敬[15]，常行法施。志勇精进，心不退弱。为世灯明，最胜福田。常为师导，等无憎爱。唯乐正道，无余欣戚。拔诸欲刺，以安群生。功慧殊胜，莫不尊敬。灭三垢障[16]，游诸神通。因力，缘力，意力，愿力，方便之力。常力，善力，定力，慧力，多闻之力。施戒忍辱精进禅定智慧之力。正念止观，诸通明力[17]。如法调伏诸众生力。如是等力，一切具足。身色相好，功德辩才，具足庄严，无与等者。恭敬供养无量诸佛。常为诸佛所共称叹。究竟菩萨诸波罗蜜[18]，修空无相无愿三昧，不生不灭诸三昧门。远离声闻、缘觉之地。阿难，彼诸菩萨成就如是无量功德，我但为汝略言之耳。若广说者，百千万劫不能穷尽。”

［注释］

①所可讲说：即方便说法，根据众生的根器机缘而趁机说法。②我所心：为我所有的心。我所，为我所有的简称。③无所适莫：没有好恶之见，不受偏见之束缚。适莫，用情的亲疏厚薄。适为心之所主、所向。莫为心之所否定、疏远。不好不恶即没有偏见，无所适莫。④离盖：远离五盖。五盖，五种烦恼，烦恼能盖覆心性而生不善法，五盖为贪欲盖、嗔恚盖、睡眠盖、掉悔盖、疑法盖。盖，即障碍、烦恼。⑤等心，胜心，深心，定心：这四者是同一心之不同别名。就其一切法平等而言是等心，就其无漏而胜超一切有漏而言是胜心，就其彻入佛法源底深信不疑而言是深心，就其得甚深禅定远离乱意而言是定心。⑥爱法、乐法、喜法：这三者可以对应于闻、思、修三慧，听闻经教而生深爱执著，思维道理而乐于修行，修禅定而得不乐不忧之法喜。就世俗喜爱之情来说，这三者的欢喜程度是越来越低的，到了最后的喜法，实则已经脱离快乐，既没有快乐也没有忧愁了。慧远《无量寿经义疏》：“下修慧行，得法爱著，名为爱法，此据终也。闻时甘露乐，名为乐法，此据次也。求时心喜，名为喜法，此据始也。”以爱法为终，以喜法为始，正好弄颠倒了。⑦七觉：即七觉支、七菩提分，七种觉察修行功夫，目的是令定慧得到均等。⑧ 修心佛法：依佛法修养心性。⑨等观：一切平等之观。⑩从如来生：从如来经教而生，为佛之眷属，又可理解作从自性如来而生。⑪解法如如：对于一切法的知解与真如相符合。如如，如真如一样，后一个“如”即指真如。⑫二余：生身之苦与烦恼之苦，就是最高阶位的菩萨也不能完全脱离这两种苦，所以称二余，只有涅槃成佛才能无所剩余地除去二余之苦。⑬尼拘类树：又作尼拘律树、尼拘陀树，意译无节、纵广、多根，桑科树种，树干端直无节，树冠巨大覆盖宽广，树枝上又垂下气根，入地后生根继续向四周扩张生长，犹如榕树，所结果实如无花果，大如拇指，内含无数小种子。此处取其覆盖宽广比喻佛法庇护广大，《大智度论》则取其种子细小而成就巨大来比喻因小果大，如老女人修净供佛，其因虽小，却能得大果报。⑭无所藏积：没有储

藏积蓄。游禽没有储藏食物，故四处遨游，不住一处，如比丘乞食戒律要求不储藏食物，每饭乞食。⑮六和敬：指六种和同爱敬，是维持僧团和合的根本教义。和，没有矛盾争斗、与人为善。敬，对外尊重他人、内心无傲慢。六和敬具体而言为身和敬、口和敬、意和敬、戒和敬、见和敬、利和敬。身和敬即身业清净、礼敬和乐、举止有度、共住而不分居。口和敬即口业清净、无粗口、无无益之争论乃至吵闹。意和敬即意业清净，无恶意、无分歧、无慢等。戒和敬即同守戒律、同修功德。见和敬即见地有共识、不冲突，对于佛法的见解达到有共识，又能互相尊重别人的不同见解。利和敬即物质生活是平等的，供养资财的使用能够达到均等，不争财夺利，如乞食有多寡，同修合食均分，即是利和敬。⑯三垢障：由贪嗔痴三毒引起的障碍。⑰诸通明力：各种神通和智慧之力。通，神通，有六神通。明，即智慧，有三智明，即宿命明、天眼明、漏尽明。阿弥陀佛净土众生都具备六神通和三智明。⑱究竟菩萨诸波罗蜜：即彻底地修行菩萨道六波罗蜜。六波罗蜜是大乘菩萨修行之道，阿弥陀佛众生都能功德圆满地修行六波罗蜜。

[译文]

佛陀对阿难说："无量寿佛为诸位声闻、菩萨、天人颁布宣讲佛法的时候，全都集会在七宝讲堂中，广为宣讲正道之教，演说阐明妙法，没有不欢喜的，全都心解佛法而得道。当时从四方自然有风生起，吹过七宝树，发出齐备五音之声，无量的妙花，随风四处飘散，自然供养，就像这样不断。一切诸天天人，全都带着天上的百千种香花、万种伎乐，供养无量寿佛，以及诸菩萨、声闻等圣众。到处撒下香花，奏响音乐，众生前后往来轮流供养，互相礼让避开。在这个时候，一切都喜悦快乐，不是言语所能说尽的。"佛对阿难说："生于无量寿佛国土的诸菩萨等，根据机缘讲说，常常宣讲正法，随顺智慧说法，不违佛法也不犯过失。对于国中的所有万物，没有自私自利的心，没有贪爱执著的心，去来进止，情无所系，随意自在，无所喜好厌恶之分别，没有人我的分别，无竞争争讼之心，有的是让众生得到大慈悲利益众生的心。柔软、滋润、调和平伏，没有愤恨之心；得到远离五盖的清净，无厌恶怠惰的心。有的是平等心、胜超有漏心、深信不疑心、甚深禅定心，以及爱法、乐法、喜法的心，灭除了各种烦恼、远离了恶趣之心。彻底地修持一切菩萨所当行，圆满成就无量功德，得到甚深禅定、诸种神通智慧，自在无碍地修行七觉支，以佛法修养心性。肉眼清澈，没有分辨不清楚的。天眼通达，无量无限。法眼善于观察诸法，能穷尽一切道法。慧眼能看见万法真相，能渡人到彼岸。佛眼圆满具足，觉悟法性。以无遮蔽的智慧，为别人演说佛法。视三界平等，空无所有。发愿求佛法，具备各种无碍辩才，帮助众生除灭烦恼的病患。从如来而生，了解万法与真如相合。善于知晓苦、集、灭、道之理和音声方便说法的法门，不喜欢世人的俗话，兴趣在于佛法的正论。修行各种功德，志在尊崇佛道。知道一切法全都是寂灭的，生身和烦恼这二余之苦全部除尽，听闻甚深佛法，心中不怀疑不恐惧，常能修行。他们的大悲心深远而微妙，没有什么不能覆护承载的。修行圆满的一乘，渡到彼岸。决绝断除疑惑之网，智慧从心中生出。对于佛的教化之法，全部搜罗齐备而没有遗漏。智慧如大海，禅定如山王。智慧之光明亮清净，超过日月。清净无染之法，完全实现圆满。他们的智慧好比雪山，因为照见功德都是一样清净的；犹如大地，因为无论干净污秽喜好厌恶都没有分别；犹如净水，因为能洗涤除去尘劳烦恼和各种垢染不净；犹如火山，因为能焚烧灭除一切生起烦恼之火的柴薪；犹如大风，因为行进在世界中没有障碍；犹如虚空，因为对于一切都没有执著贪爱；犹如莲花，因为对于世间一切不受污染；犹如大车，因为能运载蒙昧众生出离生死；犹如重云，因为能震动大法雷觉醒未觉之人；犹如大雨，因为能以甘露滋润众生；犹如金刚山，因为众魔外道不能撼动；犹如梵天王，因为在诸种善法中最胜无上；犹如尼拘类树，因为能够普遍覆盖保护一切；犹如优昙钵花，因为稀有而难以遇见；

犹如金翅鸟，因为能以威力降服外道；犹如众游禽，因为无所储藏积蓄；犹如牛王，因为没有什么能胜过他；犹如象王，因为善于调伏众生；犹如狮子王，因为无所畏惧。这些菩萨心地空旷犹如虚空，因为大慈大悲平等一如。他们摧毁灭除了嫉妒心，不妒忌别人胜过自己。专一乐求佛法，心中从来没有感到满足。经常想要广为演说佛法，志愿从来没有倦怠。击响法鼓，建立法幢，像太阳一般的智慧放射光明，除去愚痴和无知。修行六和敬，常行法施舍，志气勇猛精进，心不退缩衰弱。作世人指路的明灯，为世人种最胜的福田。经常做导师教导众生，对于众生平等对待没有憎爱之分。只乐求正道，心中没有任何快乐哀愁的余迹。拔出各种贪欲之毒刺，以安立群生。功德智慧殊胜，没有不尊敬他们的。灭除三垢之障碍，获得自在的神通。因力、缘力、意力、愿力、方便之力，常力、善力、定力、慧力、多闻之力，施、戒、忍辱、精进、禅定、智慧之力，正念止观、诸通明力，如法调伏诸众生力，像这样的种种力用，全都圆满实现。身体颜色相貌美好，功德圆满辩才无碍，圆满庄严，没有什么能与之相比。恭敬供养无量的诸佛，经常为诸佛所共同称颂赞叹，圆满彻底地成就菩萨所应修的各种波罗蜜，修行空、无相、无愿的禅定，修行不生不灭的各种禅定法门，远远超离声闻、缘觉的境界。阿难，那些菩萨成就这样的无量功德，我只是简略为你叙述而已，若要展开来说，百千万劫的时间也不能穷尽。”

佛告弥勒菩萨、诸天人等：“无量寿国，声闻、菩萨，功德智慧，不可称说。又其国土，微妙安乐清净若此。何不力为善？念道之自然[①]，著于无上下[②]，洞达无边际[③]。宜各勤精进，努力自求之。必得超绝[④]去，往生安乐国。横截五恶道[⑤]，恶道自然闭。升道无穷极[⑥]，易往而无人。其国不逆违[⑦]，自然之所牵。

何不弃世事？勤行求道德，可得极长生，寿乐无有极。然世人薄俗，共诤不急之事[8]。于此剧恶极苦之中，勤身营务，以自给济。无尊无卑，无贫无富，少长男女，共忧钱财。有无同然，忧思适等[9]。屏营愁苦[10]，累念积虑。为心走使，无有安时。有田忧田，有宅忧宅。牛马六畜，奴婢钱财，衣食什物，复共忧之。重思累息[11]，忧念愁怖。横为非常水、火、盗贼、怨家、债主，焚漂劫夺，消散磨灭。忧毒忪忪[12]，无有解时。结愤心中，不离忧恼。心坚意固，适无纵舍[13]。或坐摧碎，身亡命终，弃捐之去，莫谁随者。尊贵豪富，亦有斯患。忧惧万端，勤苦若此，结众寒热[14]，与痛共居。贫穷下劣，困乏常无。无田亦忧欲有田，无宅亦忧欲有宅。无牛马六畜，奴婢钱财，衣食什物，亦忧欲有之。适有一，复少一，有是少是[15]，思有齐等。适欲具有，便复糜散。如是忧苦，当复求索。不能时得[16]，思想无益。身心俱劳，坐起不安。忧念相随，勤苦若此，亦结众寒热，与痛共居。或时坐之[17]，终身夭命。不肯为善，行道进德。寿终身死，当独远去。有所趣向，善恶之道，莫能知者。世间人民，父子兄弟，夫妇家室，中外亲属，当相敬爱，无相憎嫉。有无相通，无得贪惜。言色常和，莫相违戾。或时心诤，有所恚怒。今世恨意，微相憎嫉，后世转剧，至成大怨。所以者何？世间之事，更相患害。虽不即时，应急相破。然含毒畜怒，结愤精神，自然克识[18]，不得相离。皆当对生[19]，更相报复。人在世间，爱欲之中，独生独死，独去独来。当行至趣苦乐之地，身自当之，无有代者。善恶变化[20]，殃福异处，宿豫严待[21]，当独趣入。远到他所，莫能见者。善恶自然，追行所生，窈窈冥冥，别离久长。道路不同，会见无期。甚难甚难，今得相值。何不弃众事，各遇强健时，努力勤修善，精进愿度世[22]？可得极长生，如何不求道？安所须待，欲何乐乎？如是世人不信作善得善，为道得道。不信人死更生，惠施得福。善恶之事，都不信之。谓之不然，终无有是。但坐此故，且自见㉓之。更相瞻视㉔，先后同然，转相承受，父余教令㉕。先人祖父，素不为善，不识道德。身愚神暗，心塞意闭。死生之趣，善恶之道，自不能见，无有语者。吉凶祸福，竞各作之㉖，无一怪也。生死常道㉗，转相嗣立㉘。或父哭子，或子哭父。兄弟夫妇，更相哭泣。颠倒上下，无常根本，皆当过去，不可常保。教语开导，信之者少。是以生死流转，无有休止。如此之人，蒙冥抵突㉙，不信经法，心无远虑，各欲快意，痴惑爱欲。不达于道德，迷没于瞋怒，贪狼㉚于财色，坐之不得道。当更恶趣苦，生死无穷已，哀哉甚可伤。或时室家父子，兄弟夫妇，一死一生，更相哀愍。恩爱思慕，忧念结缚，心意痛著，迭相顾恋，穷日卒岁，无有解已。教语道德，心不开明。思想恩好，不离情欲。昏蒙暗塞，愚惑所覆。不能深思熟计，心自端正，专精行道，决断世事。便旋至竟㉛，年寿终尽，不能得道，无可奈何。总猥愦扰㉜，皆贪爱欲。惑道者众，悟之者少。世间匆匆，无可聊赖。尊卑上下，贫富贵贱，勤苦匆务，各怀杀毒㉝，恶气窈冥㉞，为妄兴事。违逆天地，不从人心。自然非恶㉟，先随与之，恣听所为，待其罪极，其寿未终尽，便顿夺之。下入恶道，累世勤苦，展转其中，数千亿劫，无有出期，痛不可言，甚可哀愍。”

［注释］

①念道之自然：修行念佛之道而达到法尔自然之境界。念道，修行净土念佛往生法门。自然，法尔自然，阿弥陀佛净土即是自然境界。之，去往、达到。②著于无上下：停留在那没有上也没有下的地方。无上无下即平等一如，实则并没有一个地方是无上无下的，比喻通过修行达到平等法，此处实际上是指阿弥陀佛净土。③洞达无边际：智慧通达一切，无边无际。无边际也是指阿

弥陀佛净土而言。④超绝：超越极限。六道轮回、生死缠缚犹如牢笼，难以逃脱犹如绝境，净土法门能超越此牢笼之限制。⑤横截五恶道：横向截断五恶道。五恶道，即地狱、畜生、恶鬼、人、天五道，其中地狱、畜生、恶鬼为三恶道，人、天为二善道，但是对于阿弥陀佛净土来说，五道都是恶道。轮回众生要脱离轮回，出离五恶道，要通过不断的因缘果报，积累善因，累世修行，依次由地狱至畜生、恶鬼、人、天，一层层向上，最终才能脱离。净土法门则是直接简便，无论你处于哪一道，只要能如法念佛修行，就可以直接往生净土，脱离五恶道，因此说是横截五恶道。五道众生虽然种下五道之因，但是通过修行净土法门，不用受五道之果报。⑥升道无穷极：指阿弥陀佛国土无边无际能够容纳无量众生。升道，指净土，与五恶道相对而言叫做升道。往生阿弥陀佛国土则得到不退转，最终必定能够成佛，所以说阿弥陀佛净土是升道。⑦其国不逆违：阿弥陀佛国土不逆违众生之常情，表示净土法门容易修行、容易成就。⑧共诤不急之事：共同争夺无关紧要的事物。诤，即"争"的假借字。不急之事，功名利禄等世人所急欲追求之事，在佛看来却是不急之事，修行功德脱离生死苦海，在佛看来甚为紧急，世人却以为不急之事。⑨ 有无同然，忧思适等：有钱没钱都一样，忧思烦恼相对来说一样多。人们并不会因为有钱而减少烦恼，不管财产多少，都根据其境况而有相应的忧思烦恼。适，相配合，相对。⑩ 屏营愁苦：独自一个人的时候还要不停谋划，受愁思之苦。⑪重思累息：重复地思考，屏住呼吸。累息，即因为恐惧而屏住呼吸。⑫忧毒忪（sōng）忪：因为担忧受到毒害而惊恐不安。忪忪，惊恐不安的样子。⑬心坚意固，适无纵舍：贪心欲念坚牢顽固，无论如何都不愿放手舍弃。人心总是贪婪的，难以看破，财产多时，贪得无厌，财产被抢夺了，就想着怎么再弄回来。即使手上剩余的越来越少，贪求的心却从来没有改变，总是根据当下的情况思虑怎么得到更多，这便是"适无纵舍"。适，根据变化的情况调适，相对。⑭结众寒热：结出八寒八热之地狱苦果。结，结果之结，结在佛经中有"系缚"之义，但此处不是此义。众寒热，八寒地狱与八热地狱，简称八寒八热。⑮有是少是：有多少就缺多少。世人贪得无厌，有了一个就想两个，有了两个就想四个，有的越多就感觉缺少的越多，越是富有越是觉得自己贫穷，穷人少一千，富人少一万。⑯不能时得：没有机会得到。时，时机、机会、运气。⑰坐之：因此犯罪。坐，犯罪，触犯法律。之，指称代词，相当于“此”。⑱克识：能被识所记忆，即污染识。克，能够。识，心，记忆。⑲对生：生而为仇人。对，敌对。⑳善恶变化：指三世善恶不同的转化，过去世受苦为恶报，行善为善业，则今世受善报，今世若造恶业，则来世又受恶报，善恶在不同的世根据所造之业而转化。㉑宿豫严待：善恶果报分毫不爽地在严格等待。宿豫，宿本指过去世，引申为过去所造作的善恶之因，这里因为要在修辞上与前面的善恶、殃福对照，特指过去所造恶因而注定的恶果；豫，安乐，此处指过去所造善因而注定的善果。㉒度世：超出世间。度，即超过。㉓自见：亲眼所见。因果报应是基于三世而言，世人亲眼所见善恶都没有立即得到报应，而不信因果。㉔更相瞻视：互相看，互相观察，你看我我看你。世人习气相互沿袭，互相观察互相模仿、学习，前者错误，后者效尤，辗转错误加剧，实在是可悲可叹。只有根除习气污染，才能开启智慧而见道。㉕父余教令：父辈留下的教导，父亲的遗教。余，留下。教令，教导、命令，教条。㉖竞各作之：指吉凶祸福无常转换，此时为吉，忽而又变成凶，祸福也是如此，好像这四者互相在竞争。世人看惯吉凶祸福的无常转换，以为是当然，没有什么原因，却不知无常之根本在于因果。㉗常道：常存的轮回六道。因世人愚昧，而轮回六道常存不灭。常道又有永恒之道的含义，此处不取此义。㉘转相嗣立：辗转相续而成立。众生辗转而为六道众生，六道因此相续成立。㉙蒙冥抵突：蒙，愚昧、不学、无智慧。冥，神智昏暗、糊涂。抵，抵触、不合。突，矛盾冲突。㉚贪狼：像狼一样贪婪。㉛便旋至竟：很快就到了终点。便，就、即。旋，不久。竟，终点，结局。㉜总猥愦扰：都是猥琐鄙陋、昏愦糊涂、扰乱不安。㉝杀毒：伤害别人之毒心。㉞窈冥：昏暗、幽暗，形容恶气之污浊。㉟自然非恶：自然招致非法、恶果。非，否定，非法，不合道德，即恶因恶果。

[译文]

佛对弥勒菩萨和诸天人等说道：“无量寿佛国土的声闻、菩萨，他们的功德智慧不是语言所能描述的。另外，他的国土就是这样安乐清净。为什么不勉力做善事修功德？念佛修道而自然往生，安住在那无上下分别的平等佛国，智慧神通洞达没有极限。应当各自勤奋精进，努力自求往生。必定能够超出世间，往生安乐国。横向截断五恶道，恶道自然永远封闭。上升的道路宽广无边际，往生容易却没有人走。那佛国不违逆常情，往生只是善业之自然牵引。为什么不舍弃烦恼世事？勤勉修行求为道德，可以得到极长的生命，寿命和快乐没有极限。然而世人风俗浅薄，共同争夺无关紧要的东西。在这剧毒的恶和极度的苦痛之中，勤苦身体经营事务，以求满足自己的欲望。不管地位是尊贵还是低贱，不管是贫穷还是富有，也不管是年少年长、是男是女，全都为钱财而忧恼。有钱没钱是一样的，忧思烦恼相对而言一样多。独自苦心经营，遭受愁思痛苦，反复不断地思虑谋划。做贪婪之心的仆役，没有安宁之时。有田产的则为田产担忧，有宅院的则为宅院担忧。牛马等六畜，奴婢、钱财、衣食、杂物等，又都需要担忧。重复不停地思虑，担惊受怕以至于屏住呼吸，忧思念虑、发愁害怕。突然又遭遇意外的水灾、火灾、盗贼、怨家、债主，火焚水漂，抢劫争夺，财产被消散磨灭。担心被毒害而忪忪不安，没有解脱之时。愤懑郁结心中，离不开忧愁烦恼。贪心欲念坚牢顽固，无论如何都不愿放手舍弃。或者遭遇摧残破碎，身亡命终，才放弃而去，什么也带不走。尊贵豪富之人，也有这样的祸患。忧虑恐惧有万般之多，辛勤劳苦到这样的程度，却只是造恶业结出八寒八热地狱之苦果，与痛苦相随共处。贫穷下劣之人，困苦贫乏常常什么都没有。没田产也要忧虑，想要有田产，没有宅院也要忧虑，想有宅院。没有牛马六畜、奴婢、钱财、衣食杂物等，也要忧虑，想要得到这些。才有了一个这，又少了一个那，有多少就缺多少，思虑想要跟别人一样多。刚刚到手而想要牢固地拥有，便又破碎消散。这样的忧思苦恼，想要再次寻求得到，却没有机会得到，白白浪费心机，身心全都劳顿，坐下站立都不安宁，忧愁念虑相随不离，辛勤劳苦到如此地步，也只是结下八寒八热地狱的苦果，与痛苦相随共处而已。甚至有时犯王法而获罪，亡身而死于非命。不肯做善事，不修道不增进道德，寿终身死之时，将独自远离而去。所去的是哪一地方，是善道还是恶道，没有谁能够知道。世间的人民，父子兄弟，夫妇家人，族内外的亲戚朋友，应当相互尊敬爱护，不要相互憎恨和嫉妒，钱财有无相互通融帮助，不得贪婪吝惜，语言脸色要经常温和，不要相互抵触。若有时心中有异议，有所怨恨愤怒，今世的恨意，只是程度轻微的憎恨嫉妒，到了后世就会转而变得剧烈，直至成为大怨。为什么会这样呢？因为世间之事，是轮流相互祸害报复的。虽然不会即时就有报应，也应当立即寻求破解的办法。但是世人往往是心中含藏怨毒、蓄积愤怒，精神郁结愤懑，自然被神识所记忆，不能脱离。全都在来世生为仇人，轮流相互报复。人在世间，深陷爱欲之中，独自生独自死，独自离去又独自来生，当他走到去往苦道和乐道之边缘而根据所造之业必须有所选择的时候，只有自己来担当，没有谁能代替他。善恶在三世之间变动转化，祸殃和福德分在两处，都根据过去世和今世所造的业已经决定好了而在来世等待着，他将独自去往那里受报。死后远去而转生到了别处，没有谁能看到。善恶果报都是自然而然的，追随转生之处，遥远而又幽暗，别离的时间非常长久，三世所走的道路不同，重新会面见到的机会渺茫。甚为难得啊甚为难得，今世我们得以相互遇见。为什么不舍弃各种烦杂之事，趁着各自年轻强健的时候，努力勤奋修行善业，精进发愿超脱轮回？可以得到无限的长生，为何不求道呢？还有什么可等待的，还想有什么比这更可乐的吗？这样的世人不相信做善事能得善报，修道能得道，不相信人死之后转生，好心施舍能得福报，善恶因果报应的道理，都不相信，认为并非如此，终究没有这些道理。只是因为有这样错误的见解，并且依据亲眼所见而加固这种看法。这样的人又相互观察而互相仿效，先人后人见解错误都相同，接受并传承这种邪见，最后成了父辈的遗教。先人、祖辈和父辈，从来不做善事，不知道德之理，身体行愚昧之事，神智昏暗，心意被阻塞封闭，死生轮回六趣的道理，善恶因果报应的道理，自然不能了解，因为没人告诉他。吉凶祸福无常转换，四者竞相出现，却没有一个人感到奇怪。由此生死轮回六道常存不灭，众生在六道中转生相续而使六道成立不坏。或者父亲为儿子死亡而哭，或者儿子为父亲死亡而哭，兄弟夫妇，轮流相互为之哭泣。上下颠倒分不清楚，以无常为根本，全都会成为过去，不可能永远保有。以教化之语开导，相信的人少。所以生死流动转换，没有休息停止。这样的人，愚昧糊涂叛逆冲突，不相信经法，心中没有远虑，各自只想要快乐当时，愚痴迷惑而陷于爱欲，不懂得道德，在嗔怒中迷失淹没，对于财色贪得无厌犹如豺狼野兽，因此之故不能得道。这样的人将来要转生到恶道中受苦，生死轮回没有穷尽止息，哀哉，真是十分可怜。有的人则当家人父子、兄弟夫妇生死之时，轮转相互哀伤怜悯，恩爱思慕之情，忧思念虑捆绑束缚，心意伤痛，一再回顾留恋，整日整年都是如此，没有解脱停止之时。教导告诉他们道德，他们却心不开明，仍然思想恩好之情，不离情欲，糊涂蒙昧昏暗闭塞，被愚痴迷惑所障碍，不能深思熟虑，则不能心思自然端正，不能专心精进修行道德，不能决绝断离世事。就这样很快就到了结局，寿命终将结束，不能得道，无可奈何。总之，猥琐鄙陋、昏聩糊涂、纷扰不安，全都是贪婪、爱情、欲望。迷惑而不得道的人多，醒悟而得道的人少。世间时日匆匆，没有什么可以依靠的。无论尊卑上下、贫富贵贱，都在辛勤劳苦地忙于事务，心中各自怀着伤害别人的毒心，恶气昏暗污浊，为了妄念而惹是生非，违逆天地，不顺从人心。这样自然招致恶报，先随其妄念而给他，让他恣意所为，等到他罪大恶极之时，他的寿命还不到结束的时候，就突然夺走他剩余的寿命。让他下生到恶道，世世代代遭受没有休止的苦痛，在恶道中辗转更生数千亿劫，没有脱离恶道而出来的时日，痛苦到无法言说的程度，非常可怜。”

佛告弥勒菩萨、诸天人等：“我今语汝，世间之事，人用是故，坐不得道。当熟思计，远离众恶，择其善者，勤而行之。爱欲荣华，不可常保，皆当别离，无可乐者。遇佛在世，当勤精进。其有至愿生安乐国者，可得智慧明达，功德殊胜。勿得随心所欲[1]，亏负经戒，在人后也。倘有疑意，不解经者，可具问佛，当为说之。”弥勒菩萨长跪白言：“佛威神尊重，所说快善。听佛经语，贯心[2]思之，世人实尔，如佛所言。今佛慈愍，显示大道，耳目开明，长得度脱。闻佛所说，莫不欢喜。诸天人民、蠕动[3]之类，皆蒙慈恩，解脱忧苦。佛语教戒，甚深甚善。智慧明见，八方上下，去来今事[4]，莫不究畅。今我众等，所以蒙得度脱，皆佛前世求道之时，谦苦[5]所致。恩德普覆，福禄巍巍。光明彻照，达空无极[6]，开入泥洹[7]。教授典揽[8]，威制消化[9]。感动十方，无穷无极。佛为法王，尊超众圣，普为一切天人之师，随心所愿，皆令得道。今得值佛，复闻无量寿声，靡不欢喜，心得开明。”佛告弥勒：“汝言是也。若有慈敬于佛者，实为大善。天下久久，乃复有佛。今我于此世作佛，演说经法，宣布道教，断诸疑网。拔爱欲之本，杜众恶之源。游步三界，无所挂碍。典揽智慧，众道之要。执持纲维，昭然分明。开示五趣[10]，度未度者，决正[11]生死泥洹之道。弥勒当知，汝从无数劫来，修菩萨行，欲度众生，其已久远。从汝得道，至于泥洹，不可称数。汝及十方诸天人民一切四众，永劫已来，展转五道，忧畏勤苦，不可具言。乃至今世，生死不绝，与佛相值，听受经法，又复得闻无量寿佛，快哉甚善，吾助尔喜[12]。汝今亦可自厌生、死、老、病痛苦，恶露不净[13]，无可乐者。宜自决断，端身正行，益作诸善。修己洁净，洗除心垢。言行忠信，表里相应。人能自度，转相拯济，精明求愿⑭，积累善本。虽一世勤苦，须臾之间。后生无量寿国，快乐无极。长与道德合明，永拔生死根本。无复贪、恚、愚痴苦恼之患，欲寿一劫，百劫，千亿万劫，自在随意，皆可得之。无为自然，次于泥洹之道。汝等宜各精进，求心所愿。无得疑惑中悔⑮，自为过咎，生彼边地⑯七宝宫殿，五百岁中受诸厄也。”弥勒白言：“受佛重诲，专精修学，如教奉行，不敢有疑。”

［注释］

①随心所欲：随顺习心之所欲。此处之心指智慧未开的无明习心。②贯心：用尽全部心力、全心，即真实诚恳地用心。③蠕动：爬行类动物，也就是横生，身体横向的众生，包括畜生、虫类等。④去来今事：过去、未来和当今之事。⑤谦苦：谦卑和辛苦。阿弥陀佛因地修行，其中的忍辱波罗蜜为谦，精进波罗蜜为苦，六度波罗蜜中单提谦苦，意在强调净土功德成就之不易，众生应当珍惜。⑥达空无极：通达诸法的空性和涅槃性。无极，涅槃的异称。⑦开入泥洹：开智慧而入涅槃。⑧教授典揽：教导授予总揽一切佛法经典的无量寿经。教授，教导授予，只管教而不管学，则只是教导，教而令其能得，才能称教授。典揽，指此经所宣说的佛法而言，因其能总揽一切经教、经典，所以称为典揽。⑨ 威制消化：以神威制服冥顽众生、消灭化除一切烦恼。⑩开示五趣：开示有关五道轮回的知见。开示，开佛知见，示佛知见，使众生入佛知见。众生深陷轮回而不自知，佛通过开示，令众生得知，而求出脱轮回。⑪决正：肯定地指出。决，决定，肯定。正，纠正，世人迷惑步入邪途，佛陀指示涅槃正道。⑫吾助尔喜：我为你们感到高兴，随喜之意。弥勒菩萨等四众历经永劫修行，功德无量，现在能够值遇佛陀，又听闻佛陀所说净土法门，正是大喜事，佛陀也为之感到高兴，即佛陀随喜弥勒菩萨等四众。⑬恶露不净：人身体之津液肮脏不净。恶露，即人身体的津液，如脓、血、屎、尿、汗液、眼泪等，因其肮脏不净，称恶露。这是不净观。世人自爱其身，贪爱无度，不知此身不净，应该厌离。⑭精明求愿：精进修行、智慧修行，以求得偿往生净土之

愿。精明，即精进和智慧两度波罗蜜，并非世人所谓精于算计。⑮疑惑中悔：对净土法门心存疑惑，修行中途又后悔而中断修行。净土法门易行而难信，信心不足则生疑惑，修行也不坚定，中途可能因为不信而中断，也可能见异思迁，不知净土法门包含一切法门，而改修别的法门。⑯边地：此处指阿弥陀佛国土的边缘之地。信心不足的众生，就是最终获得往生净土，也只能往生在边地，五百岁不能见佛。

[译文]

佛陀对弥勒菩萨、诸天天人说道："我今天告诉你们，世间之事就是这样，人们因此之故，犯下不能得道的过恶。应当深思熟虑，远离各种恶事，选择那些善事，勤勉而行善。爱欲欲望、荣华富贵，不能永远保有，将来都会离你而去，没有什么值得爱乐的。遇到佛陀在此世中，应当勤奋精进，若有至诚之愿想要往生安乐国的，能够往生而得到智慧明达的果报，功德殊胜。不可随顺心思欲望而妄行，亏负经法戒律，落在别人后面。如果有人有疑问，不能理解经中义理的，可以详细问佛，将为之解说。"弥勒菩萨长跪在地向佛进言："佛陀您威神尊重，所说经法当机而妙好。听闻了佛陀的经语，诚心思考，世人实际上就是如此，像佛陀所描述的一样。今天佛陀慈悲哀悯，显示大道，我等耳目开明，将永远得以脱离生死轮回。听闻佛陀所说经法，没有不欢喜的。诸天、人民和蠕动之类等所有众生，全都蒙受慈悲的恩德，从烦忧苦痛中获得解脱。佛陀的话语教导训诫，甚为深奥，甚为善好。智慧明见，八方上下、过去未来现今的世事，没有不探究明白的。今天我等众生，之所以蒙恩得以度脱生死，都是佛陀前世求道的过程中，修行的谦卑和辛苦所致。恩德普遍覆盖一切众生，福禄功德盛大巍巍，光明彻照，通达诸法的空性和真如无极，开佛知见而悟入涅槃。教导授予总揽一切佛法之经典，威力制服冥顽众生、智慧消除化灭众生烦恼。感动十方世界无穷无尽的众生。佛陀是法王，尊贵超过众多的圣人，普遍做一切天人的导师，随其心所愿，全都让他们得道。今世能够遇到佛陀，又听闻说无量寿佛之法声，没有不欢喜的，心得以开悟智慧。”佛陀对弥勒说：“你说得对。若有人对佛陀慈爱崇敬，实在是大善。天下很久很久才会再有佛出世。现在我在此世做佛，演说经法，宣说流布正道之教，断裂各种疑惑之网，拔除爱欲之根本，堵塞众恶之源头，自在无碍地行步在三界，没有任何牵挂障碍，说经典佛法而总揽一切智慧，穷尽一切道法之要妙，执持佛法纲领，昭然分明。开示五道轮回的知见，济度未度的众生，肯定明确地指出脱离生死的涅槃之道。弥勒你应当知道，你历无数劫来，修行菩萨行，想要救度众生，所经历的时间已经很久远了。从你这里得道，达到涅槃的众生，其数目多到不可计数。你以及十方世界的诸天人民等一切四类众生，永久劫的时间以来，辗转示现在五道，遭受的忧恼、恐惧、辛勤、痛苦，多到说不清楚。乃至到了今世，仍然不断绝生死，与佛相遇，听闻受持经法，又得以听闻无量寿佛，开心啊，非常好，我为你们感到高兴。你现在也可以自己厌离生死老病等痛苦，恶露不净等污秽，没什么值得爱乐的。应当自己决绝断离，端正身行，多做各种善事，修行自己、洁净身心，洗涤除去心中的污垢，言行忠诚守信，表里一致。人能够自己救度自己，然后再转而救济别人，以精进和智慧修行，求生无量寿佛净土，积累善本功德。虽然一生辛勤劳苦，但是须臾之间就过去了。后来往生无量寿国，快乐没有极限，永远智慧功德圆满，永远拔除生死烦恼的根本，不再有贪欲、嗔恚、愚痴等苦恼的祸患。想要自己寿命为一劫、百劫、千万亿劫都可以，自在随你的意愿，都可以达到愿望。无为自然，仅次于涅槃之道。你们应当各自精进修行，追求心中所愿，不要有疑惑而中途改悔，自己犯下过错，往生在无量寿国边缘地区的七宝宫殿中，五百年中遭受各种困厄。”弥勒向佛进言：“领受佛陀您再三的教诲，专一精进修行所学，如佛陀所教而奉行，不敢有所怀疑。”

佛告弥勒：“汝等能于此世，端心正意，不作众恶，甚为至德。十方世界，最无伦匹。所以者何？诸佛国土，天人之类，自然作善，不大为恶，易可开化。今我于此世间作佛，处于五恶[①]、五痛、五烧[②]之中，为最剧苦，教化群生，令舍五恶，令去五痛，令离五烧，降化其意，令持五善，获其福德度世长寿泥洹之道。”佛言：“何等五恶，何等五痛，何等五烧，何等消化五恶，令持五善，获其福德度世长寿泥洹之道？

［注释］

①五恶：五种犯重戒的恶行，即杀生、偷盗、邪淫、妄语、饮酒。②五痛、五烧：“犯行五恶者所遭受的果报，现实所报为五痛，如杀生、偷盗、邪淫则王法治罪，妄语则心不安，饮酒则身体失和；来世三途受报则是五烧，犯五恶则生地狱，遭受痛苦犹如大火焚身。

［译文］

佛陀对弥勒说：“你们能在此世端正心意，不造作各种恶业，实在是最高的道德。在十方世界中，最高而没有谁能与你们相匹敌。为什么这么说呢？诸佛的国土中，天人之类的众生，自然乐于作善，不大喜欢作恶，容易被开导教化。现今我在这个世间做佛，处于五恶、五痛、五烧之中，是痛苦最剧烈的世间，教化群生，让他们舍弃五恶，让他们去除五痛，让他们离开五烧，降服消化他们的恶意，让他们持行五善，获得那福德具备、度脱世间、长寿涅槃之道。”佛陀说：“什么样的五恶，什么样的五痛，什么样的五烧，如何消灭化除五恶，让他们持行五善而获得那福德具备、度脱世间、长寿涅槃之道？

“其一恶者，诸天人民、蠕动之类，欲为众恶，莫不皆然。

强者伏弱，转相克贼。残害杀戮，迭相吞噬[①]。不知修善，恶逆无道。后受殃罚，自然趣向。神明[②]记识，犯者不赦。故有贫穷下贱，乞丐孤独，聋盲喑哑[③]，愚痴弊恶，至有尪狂不逮[④]之属；又有尊贵豪富，高才明达，皆由宿世慈孝，修善积德所致。世有常道，王法牢狱，不肯畏慎，为恶入罪，受其殃罚，求望解脱，难得勉出。世间有此目前现事，寿终后世，尤深尤剧。入其幽冥，转生受身[⑤]。譬如王法，痛苦极刑。故有自然三涂[⑥]，无量苦恼。转贸[⑦]其身，改形易道。所受寿命，或长或短。魂神精识[⑧]，自然趣之。当独值向，相从共生[⑨]。更相报复，无有止已。殃恶未尽，不得相离。展转其中，无有出期，难得解脱，痛不可言。天地之间，自然有是，虽不即时卒暴应至，善恶之道，会当归之。是为一大恶、一痛、一烧，勤苦如是。譬如大火焚烧人身，人能于中一心制意，端身正行，独作诸善，不为众恶者，身独度脱，获其福德度世上天泥洹之道[⑩]，是为一大善也。”

［注释］

①迭相吞噬：循环相互吞噬，即指食物链，各种生物以某些生物为食物，而自身又被另外一些生物作为食物，如此形成一个循环的食物链，即迭相吞噬，并非两种生物之间互相吞噬。②神明：众生之神识，即阿赖耶识，能含藏一切万法之种子，也就是能记忆众生的一切经验。此处之神明并非能赏善罚恶的神仙，一切善恶赏罚都依据因果自然产生。③喑（yīn）哑：喑，失声。哑，不会说话。喑是有语言能力但是没有声音，想说而不能。哑是有声音但是没有语言能力。④尪（wāng）狂不逮：尪本义是身体弯曲，此处尪狂连用，引申为行为怪癖失常；狂，癫狂，犹如现代医学所说精神病；不逮，达不到，比不上，引申为不肖，达不到人的标准，犹如俗语“不是人”，是对人的最低品评。⑤转生受身：转生为受报之身。⑥三涂：又作三途，指火、刀、血三途，也就是五道中的三恶道。三途对应三毒，火途对应嗔恚，众生造嗔恚恶业，则感生地狱道，常受汤、火等热苦所折磨；刀途对应悭贪，众生造悭吝、

贪婪恶业，则感生饿鬼道，常受刀杖驱逼；血途对应愚痴，众生造愚痴恶业，则感生畜生道，畜生道弱肉强食、常互相残杀，因此常受肢体残破、流血身亡之苦。⑦贸：改变。⑧魂神精识：魂魄、神识、精神、识，都是神识的别名，与一般所谓的灵魂含义不同。参考八识概念的各种说法。⑨当独值向，相从共生：当独自向某道更生的时候，宿怨债主都相互跟随共生一处。众生在轮回中生死变换的时候，都是独来独往的，所以说“当独值向”。相从共生是前世结下仇怨的债主也一定会跟随共生一处，共生一处但是互相不再认识，但是注定了要继续互相报复。⑩获其福德度世上天泥洹之道：获得福德的果报、超脱轮回的果报、上生为天人的果报乃至涅槃成佛的果报。福德指今世或来世的果报，其余则指来世果报。

［译文］

“其中的第一恶，就是诸天人民、蠕动之类等众生，有作众恶的欲望，没有不是这样的。强者制伏弱者，转而相互克制贼害，残害杀戮，迭次相互吞噬，不知道修造善业，恶逆不合道德。后来则遭受祸殃罪罚，自然转生恶道。神识记忆，犯恶的都不能得到赦免。因此之故而有贫穷下贱、乞丐孤独、聋盲喑哑、愚痴丑恶，乃至有邪僻癫狂不肖之类。又有尊贵富豪、高才明达一类的世人，他们都是由于过去世仁慈孝顺、修善积德而招致的福报。世间有世间的伦常之道，不肯畏惧王法牢狱，作恶而被判罪，遭受祸殃罪罚，求望解脱，费尽周折也难以勉强出来。世间有这样目前现世报应的事情，寿终而转生再世，苦痛恶报会更深更剧烈。进入黑暗寒冷的恶道，转生为受报之身，遭受的痛苦极刑就好比受到王法惩罚一般。因此之故，依据众生的恶业，自然有三途的果报，无量的痛苦烦恼。转换改变身形，改变形色转生别的道。所受报而得的寿命，有的长有的短。神识业力的作用，自然而然去往受报之处。转生之时孤独前往，宿怨债主跟随往生共处一处，轮流相互报复，没有停止结束的时候。祸殃恶报没有结束就不能相离。在恶道中辗转，没有出离的时日，难以得到解脱，痛苦不可言说。天地之间，自然有这些道理，虽然没有当时就立即发生报应，善恶因缘果报丝毫不爽，一定会善报归善业、恶报归恶业。这个就是第一大恶、第一痛、第一烧，如此无休止的痛苦。这好比大火焚烧人的身体，人能在火中专心制伏心意，端正身体行为，独自做各种善事，不做各种恶事，此身独自得到度脱，获得他应得的福德、度世、上天、涅槃之道等善报，这就是第一大善。”

佛言：“其二恶者，世间人民，父子兄弟，室家夫妇，都无义理，不顺法度。奢淫憍纵，各欲快意。任心自恣，更相欺惑。心口各异，言念无实。佞谄不忠，巧言谀媚。嫉贤谤善，陷入怨枉。主上不明，任用臣下。臣下自在，机伪多端。践度能行[①]，知其形势。在位不正，为其所欺。妄损忠良，不当天心[②]。臣欺其君，子欺其父。兄弟夫妇，中外知识[③]，更相欺诳。各怀贪欲、瞋恚、愚痴。欲自厚己，欲贪多有。尊卑上下，心俱同然。破家亡身，不顾前后。亲属内外，坐之灭族。或时室家知识，乡党市里[④]，愚民野人，转共从事。更相利害，忿成怨结。富有悭惜，不肯施与。爱保贪重，心劳身苦。如是至竟，无所恃怙。独来独去，无一随者。善恶祸福，追命所生。或在乐处，或入苦毒，然后乃悔，当复何及？世间人民，心愚少智。见善憎谤，不思慕及。但欲为恶，妄作非法。常怀盗心，希望他利。消散磨尽，而复求索。邪心不正，惧人有色[⑤]。不豫思计，事至乃悔。今世现有王法牢狱，随罪趣向，受其殃罚。因其前世不信道德，不修善本。今复为恶，天神克识，别其名籍。寿终神逝，下入恶道。故有自然三涂，无量苦恼。展转其中，世世累劫，无有出期，难得解脱，痛不可言。是为二大恶、二痛、二烧，勤苦如是。譬如大火焚烧人身，人能于中一心制意，端身正行，独作诸善，不为众恶者，身独度脱，获其福德度世上天泥洹之道，是为二大善也。”

［注释］

①践度能行：不择手段，只要能实现目的就做，一边做一边揣摩能做到什么地步。指奸诈之辈不遵守法度，而根据实际情势谋求最大功利，不择手段，能行则行。②天心：天理良心。③中外知识：中指家里人，外指外人，知识指所认识、结交的人。知识，知即知道，识即认识，此处并非文化知识之义。④乡党市里：泛指家乡附近同处一地的人。乡党，按周代礼制，五百人为一党，一万两千五百为一乡，乡党泛指家乡。市，本义是交易货物的市场，人们多以市场为中心聚集居住，市又引申为城镇。里，本义是中国古代最小的居民组织单位，各时代具体有差别，有以八十户、七十二户、二十五户或一百八十户为一里，引申为街坊邻居。⑤惧人有色：害怕别人的脸色。邪人心怀鬼胎，总怕别人识破，因此害怕看到别人脸色变化，与俗言“不做亏心事，不怕鬼敲门”意思相同。

［译文］

佛陀说：“其中的第二恶，是指世间人民、父子兄弟、家人夫妇，都不讲究义理，不遵从法度，奢侈淫靡骄横放纵，各自都想满足欲望，放任心意恣意所为，轮流互相欺骗迷惑，心口不一，言语和念虑没有诚实的，伪善谄媚不忠诚，巧言阿谀奉承媚惑讨好，嫉妒贤能诽谤善良，诬陷别人使人受冤枉。主上昏庸不明，听凭臣下胡作非为。臣下没有约束自由自在作恶，机巧作伪多种多样，不择手段能行则行，知晓当时的形势而不顾道义。在上位的如果不贤明，就会被他们欺骗，胡乱损害忠诚善良之人，不合天理良心。大臣欺骗他的君王，儿子欺骗他的父亲，兄弟夫妇、族人外人以及所认识的熟人，轮番相互欺骗迷惑。各自都怀着贪欲、嗔恚和愚痴，想要自己得到丰厚的利益，想要贪得更多的资财。无论尊卑上下，大家心思都是相同的，即使弄得家破身亡，也不顾虑一下前因后果究竟应该如何行事。亲戚眷属家人朋友，因受连累而灭族。或者有时家人族人熟人朋友，同一乡党市里之人，都是愚痴的人和野蛮的人，转而共同从事犯罪，自己内部又发生利害冲突，造成忿恨、构结怨怒。富有之人却悭吝小气，不肯施舍给人，吝啬守护已有而贪欲深重，身心劳苦。就这样到了人生结束的时候，没有什么可以依靠的，独自来独自去，没有一样能够随他而去的。善恶祸福的果报，追随他的命运到他所转生的地方，或者转生在乐处，或者转生在苦难毒痛的地方，然后才知道后悔，但是也来不及追悔了。世间的人民，心智愚痴而缺少智慧，见到善人善事就憎恨诽谤，却不想着敬慕仿效。只想着做坏事，胡乱做犯法的事，常常怀着偷盗的心思，想要得到别人的财产，财产消耗散失花光用尽之后，又再次寻找机会追求索要。邪心不正，害怕别人识破。不预先思考计划好，临到有事了才后悔。今世现在有王法牢狱，根据罪行判定去向，让他受到祸殃罪罚。因为他前世不相信道德，不修善本功德，今世又作恶，他的神识自然记忆，将他所造的恶业，分别记于其名下。寿命终了神识离去，向下进入恶道。因此之故而有自然三途无量的烦恼。辗转在三途恶道，世世如此，经历累劫的长时，没有出来的时日，难以得到解脱，痛苦到不能用语言描述。这是第二大恶、第二痛、第二烧，无休止的痛苦达到如此的程度。这好比大火焚烧人的身体，人在其中若能专心制伏恶意，端正身体行为，独自做各种善事，不做各种恶事，此人独自得以度脱，获得他应得的福德、度世、上天、涅槃之道等善报，这是第二大善。”

佛言：“其三恶者，世间人民，相因寄生，共居天地之间。处年寿命，无能几何。上有贤明长者尊贵豪富，下有贫穷厮贱尪劣愚夫，中有不善之人，常怀邪恶。但念淫泆，烦满胸中。爱欲交乱，坐起不安。贪意守惜[①]，但欲唐得。眄睐细色[②]，邪态外逸。自妻厌憎，私妄出入[③]。费损家财，事为非法。交结聚会，兴师相伐。攻劫杀戮，强夺无道。恶心在外，不自修业。盗窃趣得，欲击成事④。恐势迫胁，归给妻子⑤。恣心快意，极身作乐。或于亲属，不避尊卑。家室中外，患而苦之。亦复不畏王法禁令。如是之恶，著于人鬼。日月照见，神明记识。故有自然三涂，无量苦恼。展转其中，世世累劫，无有出期，难得解脱，痛不可言。是为三大恶、三痛、三烧，勤苦如是。譬如大火焚烧人身，人能于中一心制意，端身正行，独作诸善，不为众恶者，身独度脱，获其福德度世上天泥洹之道，是为三大善也。”

[注释]

①贪意守惜：贪图别人的美色，守护爱惜自己已有的美色。②眄（miǎn）睐（lài）细色：四处寻觅美色。眄睐，用目光左右环视，此处为寻找之意。细色，美色。③私妄出入：为了自己的私欲，胡乱花费家庭财产。出入，财物的收入与支出。④欲击成事：想要靠武力成事。击，攻击、打击。⑤恐势迫胁，归给（jǐ）妻子：恐吓、威势、逼迫、威胁等手段，用在妻子儿女等家人身上。家人当以和睦爱护为根本，这种人却全不顾及，为了私欲肆意妄为。妻子，妻子和儿女。

[译文]

佛陀说：“其中的第三恶，是说世间人民，相互依靠对方为生，共同生活在天地之间。处在人世的年龄寿命，没有多少，但是无论在上的贤明长者尊贵富豪之人，还是在下的贫穷下贱邪僻恶劣愚笨之人，还是居中的不善之人，大家都常常心怀邪恶，只念想淫欲放荡，烦恼塞满胸中，贪爱欲望交错杂乱，坐下起立都不得安宁。心意贪求另外的、守护吝惜自己所有的，只想白白得到，目光乱瞟搜寻美色，淫邪之态表现无遗。厌憎自己的妻子，为了个人的私欲挥霍无度，浪费损毁家财，做出犯法的事情。甚至结交聚会，兴师动众前往讨伐，攻打劫掠杀戮，强行抢夺美色，不合道德。罪恶的心思显露在外，不自己修造善业，以盗窃的手段来达到目的，想要靠武力打杀来成事。恐吓、威势、压迫、威胁，这些手段用在自己的妻子儿女身上。放纵心思满足意欲，尽其身体之所能寻欢作乐，或者在亲戚眷属中，不管尊卑上下，族人家人内外朋友全都受其祸患而苦恼，也不敬畏王法禁令。这样的罪恶，人鬼都能清楚地看到，日月之光都能照见，他的识也清楚明白地记录下来。因此之故自然而有三途果报，无量的痛苦烦恼，辗转在三途恶道，世世如此，经历累劫的长时，没有出来的时日，难以得到解脱，痛苦到难以言说的程度。这是第三大恶、第三痛、第三烧，无休止的痛苦达到如此程度。这好比大火焚烧人的身体，人若能在其中专心制伏意念，端正身体行为，独自做各种善事，不做各种恶事，此身独自得以度脱，获得他应得的福德、度世、上天、涅槃之道等善报，这是第三大善。”

佛言："其四恶者，世间人民，不念修善。转相教令，共为众恶。两舌恶口，妄言绮语。谗贼斗乱，憎嫉善人。败坏贤明，于傍快喜。不孝二亲，轻慢师长。朋友无信，难得诚实。尊贵自大，谓己有道。横行威势，侵易于人。不能自知，为恶无耻。自以强健，欲人敬难。不畏天地神明日月，不肯作善，难可降化。自用偃蹇[①]，谓可常尔。无所忧惧，常怀憍慢。如是众恶，天神记识。赖其前世颇作福德，小善扶接，营护[②]助之。今世为恶，福德尽灭。诸善鬼神，各去离之。身独空立，无所复依。寿命终尽，诸恶所归。自然迫促，共趣夺之。又其名籍，记在神明。殃咎牵引，当往趣向。罪报自然，无从舍离。但得前行，入于火镬。身心摧碎，精神痛苦。当斯之时，悔复何及？天道冏然，不得蹉跌[③]。故有自然三涂，无量苦恼。展转其中，世世累劫，无有出期，难得解脱，痛不可言。是为四大恶、四痛、四烧，勤苦如是。譬如大火焚烧人身，人能于中一心制意，端身正行，独作诸善，不为众恶，身独度脱，获其福德度世上天泥洹之道，是为四大善也。”

［注释］

①自用偃蹇（jiǎn）：刚愎自用、骄傲蛮横。自用，自以为是，不考虑别人的意见。②营护：在危险之中保护。③蹉跌：失足跌倒，此处意思是失误、不灵。天道分明，必然不会失灵，一定会实现。

［译文］

佛陀说道：“其中的第四恶是说，世间人民，不念想着做善事，转而又相互教导，共同做各种恶事。搬弄是非，说粗话脏话，说假话，说轻浮绮丽的话，谗言贼害、争斗祸乱。憎恨嫉妒善人，败坏贤明，却在傍边偷偷地幸灾乐祸。不孝顺父母二亲，轻视慢待老师长辈，对于朋友不讲信用，很少有诚实。自视为尊贵伟大，认为自己有道德，横行霸道、威势压人，侵犯别人，不能自知，做恶事而不知廉耻。自认为自己强健有威力，想要别人敬畏他认为他难得。不敬畏天地神明日月，不肯做善事，难以降服教化，刚愎自用骄傲蛮横，自以为可以永远这样。无所忧虑畏惧，常怀骄傲轻慢。这样多的恶业，他的神识都自然记录下来。靠着他前世做了不少福德之业，此世才能有小的善报来扶持接济，营救保护帮助他。今世做恶事，福德全部消耗没有了，各种善护的鬼神，一个个都离开他，他的身体只能孤独空立，不再有什么可以依靠的。等到寿命终尽的时候，各种恶报都要归于他。自然逼迫催促，各种恶报共同前往夺取他生前的荣耀。另外他的名籍，记录在神识之中，祸殃罪恶的业力牵引，将去往恶道转生。罪报自然发生，没有办法舍弃脱离，只能前行没有退路，进入大火汤锅之中，身心被摧毁破碎，精神遭受痛苦。在这个时候，后悔如何能够追得回来？天道清楚明白，不会有一点失误。因此之故自然而有三途果报，无量的痛苦烦恼，辗转在三途恶道，世世如此，经历累劫的长时，没有出来的时日，难以得到解脱，痛苦到难以言说的程度。这是第四大恶、第四痛、第四烧，无休止的痛苦达到如此程度。这好比大火焚烧人的身体，人若能在其中专心制伏意念，端正身体行为，独自做各种善事，不做各种恶事，此身独自得以度脱，获得他应得的福德、度世、上天、涅槃之道等善报，这是第四大善。”

佛言：“其五恶者，世间人民，徙倚[①]懈惰，不肯作善，治身修业。家室眷属，饥寒困苦。父母教诲，瞋目怒应。言令不和，违戾反逆。譬如怨家，不如无子。取与无节，众共患厌。负恩违义，无有报偿之心。贫穷困乏，不能复得。辜较纵夺[②]，放恣游散。串数唐得[③]，用自赈给。耽酒嗜美，饮食无度。肆心荡逸，鲁扈抵突。不识人情，强欲抑制。见人有善，妒嫉恶之。无义无礼，无所顾难。自用识当[④]，不可谏晓。六亲眷属，所资有无，不能忧念。不惟[⑤]父母之恩，不存师友之义。心常念恶，口常言恶，身常行恶，曾无一善。不信先圣诸佛经法，不信行道可得度世，不信死后神明更生。不信作善得善，为恶得恶。欲杀真人，斗乱众僧。欲害父母兄弟眷属。六亲憎恶，愿令其死。如是世人，心意俱然。愚痴蒙昧，而自以智慧。不知生所从来，死所趣向。不仁不顺，恶逆天地。而于其中，希望侥幸。欲求长生，会当归死。慈心教诲，令其念善。开示生死善恶之趣，自然有是，而不肯信之。苦心与语，无益其人。心中闭塞，意不开解。大命将终，悔惧交至。不豫修善，临穷方悔，悔之于后，将何及乎？天地之间，五道分明。恢廓窈冥，浩浩茫茫。善恶报应，祸福相承。身自当之，无谁代者。数之自然，应期所行。殃咎追命，无得从舍。善人行善，从乐入乐，从明入明。恶人行恶，从苦入苦，从冥入冥。谁能知者，独佛知耳。教语开示，信用[⑥]者少。生死不休，恶道不绝。如是世人，难可具尽。故有自然三涂，无量苦恼。展转其中，世世累劫，无有出期，难得解脱，痛不可言。是为五大恶、五痛、五烧，勤苦如是。譬如大火焚烧人身，人能于中一心制意，端身正念，言行相副，所作至诚，所语如语⑦，心口不转，独作诸善，不为众恶，身独度脱，获其福德度世上天泥洹之道，是为五大善也。”

［注释］

①徙（xǐ）倚：徘徊，流连不去，此处引申为犹豫、反复变化，没有专心致志。②辜较纵夺：斤斤计较、强行抢夺。辜较，本义是计较、比较，此处引申为算计心强、斤斤计较、争夺利益。③串数唐得：多次妄想不劳而获。串数，多次。④自用识当：自以为是、想当然。自用与识当是同一个意思，就是坚持自己的错误，反而认为是对的。⑤惟：思考、思想。⑥信用：相信而实行。用，实行、使用、修行。⑦如语：如实之言语，不妄之语。

［译文］

佛陀说道："其中第五恶是说，世间人民，徘徊不定、懈怠懒惰，不肯做善事，不肯修养身心做事业，致使族人家人眷属遭受饥寒困苦。父母有所教诲，则睁大眼睛以愤怒相回应，对父母的言语教令不接受，反而违抗叛逆，像冤家一般，还不如没有这样的儿女。没有节制地挥霍浪费，众人都被祸害而厌恶他。亏负恩德违背道义，没有报答之心，最终变得贫穷困乏，想再得到资财而不可能。斤斤计较、强行抢夺，放纵恣睢、游手好闲、散漫懒惰，屡次想要不劳而获，以满足自己的生活需求。沉湎酒色，饮食没有节制，肆意妄为、放荡不羁，粗鲁骄横、抵触冲突，不了解人情道理，想要强力抑制别人以让自己出人头地。见到善人善事，就嫉妒厌恶。不讲道义不遵从礼仪，从不顾虑可能遭遇的困难，自以为是、认为一切都是当然，不可谏言晓谕。六亲眷属有没有足够的生活所用资财，不忧虑挂念。不思想父母的恩德，不存念老师和朋友的好处。心中经常思虑恶念，口中经常说出恶语，身体经常做出恶行，从来没有一点善处。不相信先圣诸佛的经法，不相信修行佛道能得以度脱世间，不相信死后神明转生轮回，不相信作善得善报，作恶得恶报。想要杀害得道的真人，引起众僧的争斗和骚乱。想要加害父母兄弟眷属，六亲憎恶，都愿意让他死掉。这样的世人，心性和意念都是这样，愚痴蒙昧，却自以为智慧，不知道生是从哪里而来，也不知死后去往哪里，不仁慈不孝顺，作恶违逆天地，却在天地之间希望能够侥幸逃脱罪罚。想要求得长生，却必定要得到死亡的结果。慈悲心教诲他，让他念善，向他开示生死轮回善恶果报的六道之义，这些都是自然而有的，却不肯相信。苦心对他讲说，他却不能从中得益。心中被恶念闭塞，思想意念不能明白理解。大命将要终了之时，悔恨和恐惧交集而至，不预先修善，临到结局才后悔，后悔在后面，将如何能够追回？天地之间，五道的存在是分明的，宽广空旷深远幽暗，浩浩茫茫。善恶的报应，祸福的承受，只能自己以身担当，没有谁能够代替。这些都是自然的定数，到了期限自然实行。祸殃凶灾追随命运，没有办法能够舍弃。善人行善，从乐处还入到乐处，从光明处还入到光明处。恶人行恶，从苦处还入到苦处，从黑暗处还入到黑暗处。这些谁能知道？唯独佛能够知道。教导的语言开示真理，相信且能实行的少。生死轮回不停休，恶道常存不断绝。这样的世人，多到难以数尽。因此之故自然而有三途果报，无量的痛苦烦恼，辗转在三途恶道，世世如此，经历累劫的长时，没有出来的时日，难以得到解脱，痛苦到难以言说的程度。这是第五大恶、第五痛、第五烧，无休止的痛苦达到如此程度。这好比大火焚烧人的身体，人若能在其中专心制伏意念，端正身体行为，言行一致，诚心诚意地做事，如实言语，心口一致，独自做各种善事，不做各种恶事，此身独自得以度脱，获得他应得的福德、度世、上天、涅槃之道等善报，这是第五大善。”

佛告弥勒："吾语汝等，是世五恶，勤苦若此。五痛五烧，展转相生。但作众恶，不修善本，皆悉自然入诸恶趣。或其今世先被殃病，求死不得，求生不得，罪恶所招，示众见之。身死随行，入三恶道。苦毒无量，自相燋然[①]。至其久后，共作怨结。从小微起，遂成大恶。皆由贪著财色，不能施惠。痴欲所迫，随心思想。烦恼结缚，无有解已。厚己诤利，无所省录[②]。富贵荣华，当时快意。不能忍辱，不务修善。威势无几，随以磨灭。身坐劳苦，久后大剧。天道弛张，自然纠举[③]。纲维罗网，上下相应。茕茕忪忪[④]，当入其中。古今有是，痛哉可伤。"佛语弥勒："世间如是，佛皆哀之。以威神力，摧灭众恶，悉令就善。弃捐所思，奉持经戒。受行道法，无所违失。终得度世泥洹之道。"佛言："汝今诸天人民，及后世人，得佛经语，当熟思之。能于其中端心正行。主上为善，率化其下。转相敕令，各自端守。尊圣敬善，仁慈博爱。佛语教诲，无敢亏负。当求度世，拔断生死众恶之本，当离三涂无量忧怖苦痛之道。汝等于是广植德本，布恩施惠，勿犯道禁。忍辱精进，一心智慧。转相教化，为德立善。正心正意，斋戒清净一日一夜，胜在无量寿国为善百岁。所以者何？彼佛国土，无为自然，皆积众善，无毛发之恶。于此修善十日十夜，胜于他方诸佛国中为善千岁。所以者何？他方佛国，为善者多，为恶者少，福德自然，无造恶之地。唯此间多恶，无有自然。勤苦求欲，转相欺殆[⑤]。心劳形困，饮苦食毒。如是恶务，未尝宁息。吾哀汝等天人之类，苦心诲喻，教令修善。随宜开导，授与经法，莫不承用。在意所愿，皆令得道。佛所游履国邑丘聚，靡不蒙化。天下和顺，日月清明。风雨以时，灾厉不起。国丰民安，兵戈无用。崇德兴仁，务修礼让。"佛言：“我哀愍汝等诸天人民，甚于父母念子。今我于此世作佛，降化五恶，消除五痛，绝灭五烧。以善攻恶，拔生死之苦。令获五德，升无为之安。吾去世后，经道渐灭，人民谄伪，复为众恶。五烧五痛，还如前法。久后转剧，不可悉说。我但为汝略言之耳。”佛语弥勒：“汝等各善思之，转相教诫，如佛经法，无得犯也。”于是弥勒菩萨，合掌白言：“佛所说甚善，世人实尔。如来普慈哀愍，悉令度脱。受佛重诲，不敢违失。”

［注释］

①燋然：即燋燃，烧灼燃烧。②省录：反省并汲取经验教训。古人有日省录，即每天反省自己，并做记录，以防再犯。③自然纠举：善恶自然会被辨别出来并给予相应的报应。纠举，纠察举报，善恶果报都是自然发生的，善恶果报定数难逃，犹如被纠察举报一般。④茕茕忪忪：孤独而害怕。⑤欺殆：欺诈。

［译文］

佛陀对弥勒说道：“我对你们说，这个世界的五恶，无休止的痛苦达到如此地步，五痛和五烧，辗转相互生起，只做各种恶事，不修善本功德，全都自然进入各个恶趣受报。或者他们今世先要遭受祸殃病痛，求死不得，求生也不得，都是罪恶所招致的果报，显示出来让众人看到。身死之后恶报跟随，进入三恶道，痛苦毒害无量，恶道众生又自己相互烧灼燃烧，到了久远以后，共同形成怨恨死结。从微小的恶业开始，最后成为大恶的果报。这全都是由于贪念执著于财物美色，不能施舍给予，被愚痴的欲望所逼迫，随着心中的欲望而思想，烦恼捆绑束缚，没有解脱停止的时候。厚待自己只顾自己的欲望满足，与人争夺利益，从不反省，也不汲取经验教训。富贵荣华之人，只图当时快意，不能忍辱，不从事修善，过不了多久威势随即磨损消灭，身体遭受劳苦之罪，久远以后不断加剧。天道有松有紧，善恶自然会被辨别出来给予相应的报应，犹如纲维罗网一般，上升和下降都有相应之处。茕茕孤独、忪忪恐惧，将要进入其中。古往今来都是这样，痛心啊，真是值得哀伤！”佛陀对弥勒说道：“世间的情况就是这样，诸佛都为之感到哀悯，以威神之力，摧毁灭除各种恶，全都让他们转变为善，舍弃离开欲望所思想，奉持经法戒律，受持修行道法，没有违反失误的过错，最终得到度世涅槃之道。”佛陀说道：“你们今世的诸天人民，以及后世之人，得到佛的经语，应当反复思考到熟悉透彻。能在人世之中端正身体行为。主上做善事为表率，教化他的臣下，这样层层辗转犹如发布命令，各自端正行为遵守道义，尊崇圣贤敬爱善人，仁慈博爱。佛的教诲之话语，不敢亏负。应当追求度脱轮回，拔除断绝生死这众恶的根本，将来离开三途无量烦忧恐怖苦痛的恶道。你们在这里广泛地培植道德根本，布施恩惠，不要违犯道禁戒律。忍辱精进，一心修行智慧，转而相互教化，为德立善。正心正意，吃斋守戒清净一日一夜，胜过在无量寿国做善事一百年。为什么会这样呢？那佛的国土，无为自然，全都积存着各种善，连微小如毛发的恶都没有。在这里修善十日十夜，胜过在他方诸佛的国中做善事一千年。为什么会这样呢？他方佛国之中，做善事的多，做恶事的少，福德果报自然感召，没有作恶的地方。只有这个世间多恶，没有自然感召的福德，辛勤劳苦追求欲望，转而相互欺诈，心思劳累身体困乏，像吃饭喝水一样遭受痛苦和毒害，这样的恶事，从来没有停息过。我哀悯你们这些天人之类，苦心教诲解说，教你们修善，根据不同的情况开示教导，讲授给你们经法，没有不接受而实行修行的。根据你们的意愿，全都让你们得道。佛所游历经过的国家、城邑、丘陵、聚落，没有不蒙受教化的。天下和顺，日月清明，风雨及时而至，灾害瘟疫不生起，国家丰足人民安乐，兵戈没有用处，崇尚道德兴盛仁爱，从事修行礼让。”佛陀说道：“我哀悯你们这些诸天人民，程度超过父母念想子女。现今我在此世做佛，降服化除五恶，消除五痛，绝灭五烧，用善来攻恶，拔除生死之苦，让你们获得五德，上升到无为安乐的国土。我去世之后，经道逐渐磨灭，人民谄媚虚伪，又会做各种恶事，五烧五痛，还会像以前那样，久远以后转而加剧，说也说不尽。我只能为你们稍微说说而已。"佛陀对弥勒说道："你们各自要认真想想，转而相互教导训诫，按照佛的经法来行事，不要违犯。"于是弥勒菩萨合掌向佛陀进言："佛陀您说得很好，世人实际上是这样。如来全部施与慈悲哀悯，全都让度脱。接受佛陀再三的教诲，不敢有违犯错失。"

佛告阿难："汝起，更整衣服，合掌恭敬，礼无量寿佛。十方国土诸佛如来，常共称扬赞叹彼佛，无著无碍。"于是阿难起整衣服，正身西面，恭敬合掌，五体投地，礼无量寿佛。白言："世尊，愿见彼佛安乐国土，及诸菩萨、声闻大众。"说是语已，即时无量寿佛，放大光明，普照一切诸佛世界。金刚围山，须弥山王，大小诸山，一切所有，皆同一色。譬如劫水[①]弥满世界，其中万物沉没不现。滉瀁浩汗[②]，唯见大水。彼佛光明，亦复如是。声闻、菩萨一切光明，皆悉隐蔽，唯见佛光，明耀显赫。尔时阿难，即见无量寿佛，威德巍巍，如须弥山王，高出一切诸世界上。相好光明，靡不照耀。此会四众，一时悉见。彼见此土，亦复如是。尔时佛告阿难，及慈氏菩萨："汝见彼国，从地已上，至净居天[③]，其中所有微妙严净自然之物，为悉见不？"阿难对曰："唯然，已见。""汝宁复闻无量寿佛大音宣布一切世界化众生不？"阿难对曰："唯然，已闻。""彼国人民，乘百千由旬七宝宫殿，无所障碍，遍至十方供养诸佛，汝复见不？"对曰："已见。""彼国人民，有胎生者，汝复见不？"对曰："已见。""其胎生者，所处宫殿，或百由旬，或五百由旬。各于其中受诸快乐，如忉利天上，亦皆自然。”

［注释］

①劫水：一大劫有成、住、坏、空四时，是一期世界的始末。在世界处于坏劫之时，发生三种大灾难，大水灾是其中之一，即为劫水。②滉漾浩汗：即汪洋浩瀚，形容水势之大而壮观。③净居天：即五净居天，是证得不还果位的圣人所生之处，共有五处：一为无烦天，此天没有一切烦恼；二为无热天，此天没有一切热恼；三为善现天，此天能变现胜法；四为善见天，能见一切胜法；五为色究竟天，是色天的最胜之处。

［译文］

佛陀对阿难说道：“请你站起来，整理好衣服，合掌恭敬，礼拜无量寿佛。十方国土的诸佛如来，经常共同称扬赞叹那佛清净无执著、自在无障碍。”于是阿难起身整理衣服，正身面朝西方，恭敬合掌，五体投地，礼拜无量寿佛。禀告道：“世尊，我愿意见到那佛的安乐国土，以及诸菩萨、声闻大众。”这话刚说完，即时无量寿佛放射出大光明，普遍照彻一切诸佛世界。金刚围山、须弥山王以及大小诸山，所有的万物，全都同一个颜色，好比劫水弥漫灌满整个世界，其中的万物沉没在劫水中而看不见，汪洋浩瀚，只能看见大水，那佛的光明也是这样。声闻、菩萨等一切圣众的光明全都隐蔽起来，只能看见佛光，明耀显赫。那时阿难就看到无量寿佛，威严德相崇高巍巍，像须弥山王一样，高出一切诸世界之上，相貌美好光明，没有哪里照耀不到的。这个法会上的四众，同时全都看见了。无量寿国众生也同时看到娑婆世界。那时佛陀对阿难以及慈氏菩萨说：“你们看见他的国土，从地面以上，到五净居天，其间的所有微妙庄严清净自然之物，全都看见了没有?”阿难回答说：“是的，已经看到了。”“你们难道没有听到无量寿佛以大音宣说佛法传布到一切世界以教化众生吗?”阿难回答说：“是的，已经听到了。”“那国的人民，乘坐百千由旬高大的七宝宫殿，无所障碍地遍至十方世界供养诸佛，你们又看见了没有？”回答说：“已经看见了。”“那国的人民，有的是胎生的，你们又看见了没有？”回答说：“已经看见了。”“那些胎生的众生，所处的宫殿，有的百由旬那么高大，有的五百由旬那么高大，他们各自在其中享受各种快乐，就像在忉利天上一样，也都是自然如此。”

尔时慈氏菩萨白佛言：“世尊，何因何缘，彼国人民，胎生化生？”佛告慈氏：“若有众生，以疑惑心，修诸功德，愿生彼国。不了佛智，不思议智，不可称智，大乘广智，无等无伦最上胜智。于此诸智，疑惑不信。然犹信罪福，修习善本，愿生其国。此诸众生，生彼宫殿，寿五百岁，常不见佛，不闻经法，不见菩萨、声闻圣众，是故于彼国土，谓之胎生。若有众生，明信佛智，乃至胜智，作诸功德，信心回向。此诸众生，于七宝华中，自然化生，跏趺而坐。须臾之顷，身相光明，智慧功德，如诸菩萨具足成就。复次慈氏，他方诸大菩萨，发心欲见无量寿佛，恭敬供养，及诸菩萨、声闻圣众。彼菩萨等，命终得生无量寿国，于七宝华中，自然化生。弥勒当知，彼化生者，智慧胜故。其胎生者，皆无智慧，于五百岁中，常不见佛，不闻经法，不见菩萨、诸声闻众。无由供养于佛，不知菩萨法式[①]，不得修习功德。当知此人，宿世之时，无有智慧，疑惑所致。”佛告弥勒：“譬如转轮圣王，有七宝牢狱，种种庄严，张设床帐，悬诸缯盖。若有诸小王子，得罪于王，辄内[②]彼狱中，系以金锁。供养饭食衣服床蓐，华香伎乐，如转轮王，无所乏少。于意云何，此诸王子，宁乐彼处不？”对曰：“不也。但种种方便，求诸大力，欲自勉出。”佛告弥勒：“此诸众生，亦复如是。以疑惑佛智故，生彼七宝宫殿，无有刑罚，乃至一念恶事。但于五百岁中，不见三宝，不得供养修诸善本，以此为苦。虽有余乐，犹不乐彼处。若此众生，识其本罪，深自悔责，求离彼处，即得如意，往诣无量寿佛所，恭敬供养，亦得遍至无量无数诸余佛所，修诸功德。弥勒当知，其有菩萨，生疑惑者，为失大利。是故应当明信诸佛无上智慧。”

[注释]

①法式：作法仪式、修行方法。②内：即纳，收容。

[译文]

那时慈氏菩萨向佛进言：“世尊，是由于什么因缘，那国的人民有胎生化生的不同?”佛陀告诉慈氏菩萨：“如果有众生以疑惑之心修行各种功德，发愿往生那国，但是他们不明了佛的智慧，诸如不思议智、不可称智、大乘广智、无等无伦最上胜智，对于这些佛智，疑惑不信，然而他们还是相信罪福因果的，修习善本道德，发愿往生无量寿佛国。这些众生，往生到那里的宫殿中，寿命经历五百岁的时间，常不能见佛，不能听闻经法，不能见到菩萨、声闻等圣众，所以在那国土中，称作胎生。若有众生明了、相信佛智，乃至胜智，做各种功德，以至诚的信心回向给无量寿佛国土，这些众生，在七宝莲花中自然化生，跏趺而坐。须臾之间，身相光明，智慧功德达到像诸菩萨一样圆满的成就。慈氏，另外还有他方国土的诸位大菩萨，发下愿心想要见无量寿佛，恭敬供养无量寿佛以及诸菩萨、声闻等圣众。那些菩萨等，命终之后得以往生无量寿佛国，在七宝莲花中自然化生。弥勒你应当知道，那些化生的，是因为智慧高明，那些胎生的，全都没有智慧，在五百年时间中，常不能见到佛，不能听闻经法，不能见到菩萨和诸声闻等圣众，没有办法供养佛，不知道菩萨的修行法门，不能修习功德。应当知道这些人，在过去世的时候，没有智慧，疑惑佛法导致如此。”佛陀告诉弥勒：“比如转轮圣王，有七宝筑成的牢狱，种种庄严装饰，张设床帐，悬挂缯绫做成的盖。若有哪个小王子，从转轮圣王那里得罪，就把他收容到那牢狱中，系上黄金的锁链，供养饭食、衣服、床褥，还有香花伎乐，与转轮圣王相比没什么缺少的。你觉得怎么样？这些王子难道喜欢待在那牢狱里吗？”回答说：“不会喜欢，只会用种种办法，求助于有大权力的人，想尽办法要让自己出去。”佛陀告诉弥勒：“这些众生，也是这样的。因为疑惑佛智的原因，生在那七宝宫殿中，没有刑罚，乃至一念的恶事都没有，但是在五百年之间，不能见到三宝，不能供养、不能修行各种善本道德，他们认为这是痛苦的。虽然有各种别的快乐，还是不喜欢那里。如果这些众生，认识到自己原来犯下的罪过，深刻地自我忏悔责备，请求离开那里，就能够如他心意，前往无量寿佛的所在，恭敬供养，也得以遍至无量无数的其他诸佛之所在供养，修行各种功德。弥勒你应当知道，若有菩萨心生疑惑的话，是失去大利的啊！所以说应当明了、相信诸佛具备无上的智慧。”

弥勒菩萨白佛言：“世尊，于此世界，有几所[①]不退菩萨，生彼佛国？”佛告弥勒：“于此世界，六十七亿不退菩萨，往生彼国。一一菩萨，已曾供养无数诸佛，次如弥勒者也。诸小行菩萨[②]，及修习少功德者，不可称计，皆当往生。”佛告弥勒：“不但我刹诸菩萨等，往生彼国。他方佛土，亦复如是。其第一佛，名曰远照，彼有百八十亿菩萨，皆当往生。其第二佛，名曰宝藏，彼有九十亿菩萨，皆当往生。其第三佛，名曰无量音，彼有二百二十亿菩萨，皆当往生。其第四佛，名曰甘露味，彼有二百五十亿菩萨，皆当往生。其第五佛，名曰龙胜，彼有十四亿菩萨，皆当往生。其第六佛，名曰胜力，彼有万四千菩萨，皆当往生。其第七佛，名曰师子，彼有五百菩萨，皆当往生。其第八佛，名曰离垢光，彼有八十亿菩萨，皆当往生。其第九佛，名曰德首，彼有六十亿菩萨，皆当往生。其第十佛，名曰妙德山，彼有六十亿菩萨，皆当往生。其第十一佛，名曰人王，彼有十亿菩萨，皆当往生。其第十二佛，名曰无上华，彼有无数不可称计诸菩萨众，皆不退转，智慧勇猛，已曾供养无量诸佛。于七日中，即能摄取百千亿劫大士所修坚固之法。斯等菩萨，皆当往生。其第十三佛，名曰无畏，彼有七百九十亿大菩萨众，诸小菩萨，及比丘等，不可称计，皆当往生。"佛语弥勒："不但此十四佛国中诸菩萨等，当往生也。十方世界无量佛国，其往生者，亦复如是，甚多无数。我但说十方诸佛名号，及菩萨、比丘生彼国者，昼夜一劫，尚未能尽。我今为汝略说之耳。"

［注释］

①几所：多少。②小行菩萨：修行功德浅的菩萨。小行，修行功德小，又小乘也被称为小行，但此处指菩萨而言，不取小乘之义，因为小乘是没有菩萨的，菩萨都是大乘。

［译文］

弥勒菩萨向佛进言："世尊，在这个世界中，有多少达到不退位的菩萨，往生到那佛国？"佛陀告诉弥勒："在这个世界中，有六十七亿不退位菩萨，往生那国。每一个菩萨，都已曾供养过无数诸佛，与你弥勒相比不差上下。还有各小行菩萨以及修习功德少的修行者，他们的数目多到不可称量计数，都将要往生。"佛陀告诉弥勒："不仅仅我刹的诸菩萨等要往生那国，他方佛土也是这样。其中第一佛，名叫远照，那里有一百八十亿菩萨全都将要往生。其中第二佛，名叫宝藏，那里有九十亿菩萨，全都将要往生。其中第三佛，名叫无量音，那里有二百二十亿菩萨，全都将要往生。其中第四佛，名叫甘露味，那里有二百五十亿菩萨，全都将要往生。其中第五佛，名叫龙胜，那里有十四亿菩萨，全都将要往生。其中第六佛，名叫胜力，那里有一万四千菩萨，全都将要往生。其中第七佛，名叫师子，那里有五百菩萨，全都将要往生。其中第八佛，名叫离垢光，那里有八十亿菩萨，全都将要往生。其中第九佛，名叫德首，那里有六十亿菩萨，全都将要往生。其中第十佛，名叫妙德山，那里有六十亿菩萨，全都将要往生。其中第十一佛，名叫人王，那里有十亿菩萨，全都将要往生。其中第十二佛，名叫无上华，那里有无数不可称量计算的诸菩萨众，全都达到不退转境界，智慧勇猛，都已曾供养无量诸佛，在七日之中，就能摄取百千亿劫大士所修的坚固之法，这样的菩萨，全都将要往生。其中第十三佛，名叫无畏，那里有七百九十亿大菩萨众，还有诸小菩萨以及比丘等，数目多到不可称量计算，全都将要往生。”佛陀对弥勒说：“不仅仅这十四个佛国中的诸菩萨等众生将要往生，十方世界无量佛国中，那些往生的众生，也是这样，数量非常多以至于无法计数。我只说十方诸佛的名号，以及菩萨、比丘中往生那国的，昼夜不停用尽一劫长的时间，尚且不能说尽。我现在只是为你们略微说一点而已。”

佛告弥勒：“其有得闻彼佛名号，欢喜踊跃，乃至一念，当知此人为得大利，则是具足无上功德。是故弥勒，设有大火，充满三千大千世界，要当过此，闻是经法，欢喜信乐，受持读诵，如说修行。所以者何？多有菩萨，欲闻此经，而不能得。若有众生，闻此经者，于无上道，终不退转。是故应当专心信受，持诵说行。吾今为诸众生，说此经法，令见无量寿佛，及其国土一切所有。所当为者，皆可求之。无得以我灭度之后，复生疑惑。当来之世，经道灭尽，我以慈悲哀愍，特留此经，止住百岁。其有众生，值斯经者，随意所愿，皆可得度。”佛语弥勒：“如来兴世，难值难见。诸佛经道，难得难闻。菩萨胜法，诸波罗蜜，得闻亦难。遇善知识，闻法能行，此亦为难。若闻斯经，信乐受持，难中之难，无过此难。是故我法，如是作，如是说，如是教。应当信顺，如法修行。”

［译文］

佛陀告诉弥勒：“若有人得以听闻那佛名号，心生欢喜鼓舞踊跃，甚至达到专心一念，应当知道这人是得到大利的，这是圆满具备无上功德的。因此说弥勒啊，假设有大火，充满三千大千世界，也应当从大火中穿过，去听闻这经法，欢喜信乐，受持读诵，按照佛所说的修行。为什么要这样呢？因为有很多菩萨，想要听闻这部经，却不能得到。若有众生，能听闻这部经的，对于无上道，终究不会退转。因此之故，当专心相信接受，持诵说行。我现在为了诸位众生，说这部经法，让你们见无量寿佛，及其国土中的一切所有。所有我应当做的事，你们全都可以向我要求。不可在我灭度以后，又生疑惑。将来之世，经道消灭净尽之时，我以慈悲哀悯之心，特别留下这部经住世，只住一百年。若有众生，遇到这部经的话，随意所愿，全都可以得度。”佛陀对弥勒说：“如来兴出于世，难以遇到难以亲见。诸佛的经道，难以得到难以听闻。菩萨的胜法，即六波罗蜜法门，也是很难得以听闻的。遇到正直有德行而能教导正道的良师，听闻佛法而能行持，这也是难得的。若听了这部经，就能信乐受持，更加难得，就是难中之难，也比不上这个难。因此我的佛法，就这样修行，就这样宣说，就这样教化，你们应当信仰随顺，如法所教导而修行。”

尔时世尊，说此经法，无量众生，皆发无上正觉之心。万二千那由他人，得清净法眼。二十二亿诸天人民，得阿那含果①。八十万比丘，漏尽意解②。四十亿菩萨，得不退转。以弘誓功德而自庄严。于将来世，当成正觉。尔时三千大千世界六种震动，大光普照十方国土。百千音乐，自然而作。无量妙华，芬芬而降。佛说经已，弥勒菩萨，及十方来诸菩萨众、长老阿难、诸大声闻，一切大众，靡不欢喜。

［注释］

①阿那含果：不还果，阿那含意译为不还，断尽欲界烦恼的圣者不再生于欲界，而将生于色界、无色界，因此名不还。属于小乘四果（小乘声闻所修得的四种证果，其阶段依次为预流果、一来果、不还果、阿罗汉果）中的第三果。②漏尽意解：断尽一切烦恼而心意得到解脱。漏尽，断尽一切烦恼。意解，不造作意而心得解脱。

［译文］

那时世尊宣说这部经法，无量的众生全都发下追求无上正觉的愿心，一万二千那由他的众生得到清净法眼，二十二亿的诸天人民得到阿那含不还果，八十万比丘得到漏尽意解的境界，四十亿菩萨得到不退转的果位，用宏大的誓愿和功德来自我庄严。他们在将来世，必定获得正觉而成佛。那时，三千大千世界发生六种震动，大光明普遍照耀十方国土，百千种音乐自然奏鸣，无量的妙花纷纷从空中降落。佛陀宣说经法完毕，弥勒菩萨以及从十方世界来的诸菩萨众，长老阿难、诸位大声闻等一切众生，没有不欢喜的。

观[1] 无量寿佛经[2]

宋[3]西域[4]三藏畺良耶舍[5]译

如是我闻。一时，佛在王舍城[6]，耆阇崛山中。与大比丘众千二百五十人俱，菩萨三万二千，文殊师利法王子，而为上首。

［注释］

①观：观想，观照。②观无量寿佛经：即《佛说观无量寿经》，又称《观无量寿佛经》、《无量寿佛经》、《无量寿观经》、《十六观经》，简称《观经》，与《佛说阿弥陀经》、《佛说无量寿经》合称净土三经。净土宗的修持方法，主要是持名念佛与观想念佛，《观经》就是以观想为主，进一步发挥了《佛说无量寿经》的净土思想，叙述释迦牟尼佛应韦提希夫人之请，在频婆娑罗宫为信众讲述观想阿弥陀佛的身相和极乐净土庄严的十六种观想方法（即十六观）。其所阐述的就是"观想念佛"法门，即通过静坐入定，专心观想思念阿弥陀佛的相貌及其所居佛土，由此往生极乐净土的修持法门。③宋：指南北朝时南朝刘裕所建的宋。④西域：指现在的印度。⑤畺良耶舍：印度高僧。据《梁高僧传》记载，他精通三藏典籍，尤以禅门为专业。刘宋元嘉初年来到洛阳，被宋太祖文皇帝安排居住在钟山道林精舍弘扬佛法。⑥王舍城：古代中印度摩揭陀国都城，释迦牟尼佛传教中心之一，位于今日比哈省巴特那县南方的拉遮基尔。初名矩奢揭罗补罗（上茅宫城），或作山城。相传频婆娑罗王时，王城遭火烧毁，乃将首都移往城北平地，遂有新、旧王舍城之分。附近有迦兰陀竹园、灵鹫山等释尊说法圣地。相传佛陀入灭后第一次结集在此举行。后来，阿育王把摩揭陀国都城迁至华氏城。

[译文]

我（阿难）听说的就是这样。那时，佛陀住在王舍城附近的耆阇崛山中，与大比丘一千二百五十人在一起，还有菩萨三万二千人，文殊师利菩萨法王子为众菩萨的上首。

尔时王舍大城有一太子，名阿阇世①，随顺调达②恶友之教，收执父王频婆娑罗③，幽闭置于七重室内，制诸群臣，一不得往。

[注释]

①阿阇世：又作阿阇贯，意指未生怨，即由于过去世作仙人时与频婆娑罗王结怨，死后转生为频婆娑罗王之子，未出生就已与其父结怨。其为古印度摩揭陀国悉苏那伽王朝国王（约前 493—前 462），弑父频婆娑罗后自立为王。对内实行残酷统治，对外积极扩张。开始敌视佛教，后来皈依佛门，并在国都王舍城举行第一次佛典结集。②调达：又作提婆达多、地婆达多，译曰天热、天授，斛饭王之子，阿难的哥哥，佛的堂弟。幼时与释尊、阿难共同习艺，提婆技艺优异，身具三十相，诵六万法藏，为利养造三逆罪，生堕于地狱。但其本地为深位之菩萨，于法华受天王如来之记别。③频婆娑罗：摩揭陀国的国王，阿阇世的父亲。

[译文]

那时，王舍城有一位太子，名叫阿阇世，听从一个叫做调达的坏朋友的教唆，把自己的父王频婆娑罗王拘捕监禁起来，幽闭在七重防护的狱室内，制止诸位大臣，一个都不允许前去探望。

国太夫人名韦提希①，恭敬大王，澡浴清净，以酥蜜和麨用涂其身，诸璎珞②中盛葡萄浆，密以上王。尔时大王，食麨饮浆，求水漱口，漱口毕已，合掌恭敬，向耆阇崛山遥礼世尊，而作是言：

“大目犍连③，是吾亲友，愿兴慈悲④，授我八戒⑤。”

时目犍连如鹰隼飞，疾至王所。日日如是，授王八戒。世尊亦遣尊者富楼那，为王说法。如是时间，经三七日。王食麨蜜，得闻法故，颜色和悦。

［注释］

①韦提希：频婆娑罗王的王后，阿阇世的母亲。②璎珞：用珠玉或花等编织成的装饰物，可以挂在头、颈、胸或手脚等部位。在印度，一般王公贵人都佩戴璎珞。③大目犍连：即《阿弥陀经》中的“摩诃目犍连”。④慈悲：与乐曰慈，拔苦曰悲。即愿给一切众生安乐叫做慈，愿拔一切众生痛苦叫做悲。《智度论》卷二十七说：“大慈与一切众生乐，大悲拔一切众生苦。”⑤八戒：又作八斋戒、八戒斋、八关斋、八支斋。关于“八戒”有两种说法，按照《俱舍论》的说法，“八戒”指杀生（杀有情之生命）、不与取（取他人不与之物）、非梵行（指不清净的行为，与五戒中的不邪淫不同）、虚诳语（虚是不实在的意思，诳是说假话骗人，虚诳语指与心相违的言论）、饮诸酒（饮各种酒）、涂饰香鬘舞歌观听（身涂香饰花鬘，观舞蹈，听歌曲）、眠坐高广严丽床座、食非时食（即过午食），离此八种之非法为八戒，其中第八食非时食，是斋法，所以总称八戒斋。按照《萨婆多论》及《成实论》、《智度论》等说法，把涂饰香鬘舞歌观听分为两种，则为九戒，其中前八戒为戒，后一个为斋，所以戒斋合而成八戒斋。

［译文］

国太夫人叫做韦提希，一向对国王恭敬，洗澡沐浴清洗干净身体，然后用酥油蜂蜜和着炒熟的麦粉涂抹在自己身上，在各个璎珞中盛装葡萄浆，秘密地献给国王。那时国王，吃过了酥蜜麦粉，喝过了葡萄浆，要来了水漱口，漱口完毕，双手合掌，恭敬地面向耆阇崛山，向世尊遥遥地施礼，而这样说道：

“大目犍连，是我亲密的朋友，愿您兴发慈悲之心，传授我八戒。”

当时，大目犍连就像鹰隼一样飞起来，飞速地来到了国王的身边。每天都是这样，传授国王八戒。世尊还派遣尊者富楼那为国王说法。这样的时间经过了三七二十一日。国王食用麦粉和蜜，得以听闻佛法，容颜气色平和而喜悦。

时阿阇世，问守门人：父王今者犹存在邪？时守门者白言：大王，国太夫人身涂麨蜜，璎珞盛浆，持用上王。沙门目连及富楼那，从空而来，为王说法，不可禁制。

时阿阇世闻此语已，怒其母曰：我母是贼，与贼为伴。沙门恶人，幻惑咒术，令此恶王多日不死。

即执利剑，欲害其母。时有一臣名曰月光，聪明多智，及与耆婆[①]，为王作礼。白言：

“大王。臣闻《毗陀论经》[②]说，劫初[③]已来，有诸恶王贪国位故，杀害其父一万八千[④]，未曾闻有无道害母。王今为此杀逆之事，污刹利[⑤]种，臣不忍闻。是旃陀罗[⑥]，我等不宜复住于此。”

时二大臣说此语竟，以手按剑却行而退。时阿阇世惊怖惶惧。告耆婆言：“汝不为我[⑦]耶？”

耆婆白言：“大王，慎莫害母。”

王闻此语，忏悔[⑧]求救，即便舍剑，止不害母。敕语内官，闭置深宫，不令复出。

［注释］

①耆婆：意译固活，能活。其为王舍城良医，虔诚信佛，屡次治愈佛弟子之病，曾经引导阿阇世到释尊面前忏悔。②《毗陀论经》：毗陀，意译明智，即明白事理，发生智慧。《毗陀论经》是一部讲修净行的书。③劫初：成劫之初，即欲界有情世界成立之初。④一万八千：指有情世界存在以来，为贪王位而杀害亲生父亲的恶王已经有一万八千人。⑤刹利：即刹帝利，意译土田主，即国王、大臣等统御民众、从事兵役的种族，因此又称“王种”，印度四种种姓之一，地位仅次于婆罗门。⑥旃陀罗：意译严炽，“帜”是出门到街上时拿在手里或插在衣领上标志自己是贱种的小旗，属于卑贱的种族，四大姓的人都不肯与他们来往。这里是说，如果阿阇世做下杀害母亲的恶事，就与旃陀

罗贱种没有区别。⑦为我：帮助我。⑧忏悔：忏是梵语音译“忏摩”的略称，意指请他人忍恕、原谅。悔，追悔、悔过。一般认为“悔”有两种意思，一种认为“悔”是指师家听修行者陈说罪状而予以宽恕；一种认为悔即说罪，陈说罪状。

［译文］

这时，阿阇世问守门人：“我的父王现在还活着吗？”当时守门人报告说道：“大王，国太夫人身上涂抹麦粉和蜜，用璎珞盛装葡萄浆，拿来呈上给大王。沙门大目犍连和富楼那，从空中而来，为大王说法，没有办法能禁止他们。”

那时阿阇世听到这些话，恼怒他的母亲说：“我的母亲是贼，与贼是一伙儿的。沙门的恶人，运用幻术、迷惑之术、咒语之术，让这个恶王多日还没有死去。”

于是便手拿利剑，想要杀害自己的母亲。那时有一个大臣名字叫做月光，聪明而多智谋，与耆婆一起，前往拜见国王阿阇世，恭敬进言：

“大王，臣下记得《毗陀论经》说：从劫初以来到现在，有很多恶王出于贪图国家王位的原因，杀害自己父亲的有一万八千位，没有听说过有违背道义而杀害母亲的。大王您现在想要做这种忤逆杀戮的事情，会玷污高贵的刹帝利种，臣下不忍见到这样的事情发生。这是旃陀罗贱种的行为，我们不应该再住在这里。”

那时两位大臣说完这些话，用手按着剑柄倒退着离开了。那时阿阇世惊恐害怕，对耆婆说道：“你不帮我了吗？”

耆婆回答说道：“大王，千万不要杀害你母亲。”

大王听到这话，就忏悔请求原谅，于是便扔掉利剑，停止下来不再杀害他的母亲。并向宫内官员发布命令，把国太夫人关闭在深宫之中，不再让她出来。

时韦提希被幽闭已，愁忧憔悴，遥向耆阇崛山，为佛作礼，而作是言：

“如来世尊在昔之时，恒遣阿难来慰问我。我今愁忧，世尊威重，无由得见。愿遣目连、尊者阿难，与我相见。”

作是语已，悲泣雨泪，遥向佛礼，未举头顷。尔时世尊在耆阇崛山，知韦提希心之所念，即敕大目犍连及以阿难，从空而来。

［译文］

那时韦提希被幽闭以后，发愁烦忧而形容憔悴，面向耆阇崛山，遥遥地向佛陀行礼，而这样说道：

“如来世尊在过去的时候，经常派遣阿难来慰问我。我现在发愁烦忧，世尊威严尊重，我没有资格见到。愿您派遣大目犍连尊者和阿难尊者，来与我相见。”

说完这些话，悲伤地哭泣起来，泪水像雨水一样落下，遥遥地向佛行礼，一刻也没有抬过头。那时，世尊在耆阇崛山中，知道韦提希心中的念想，就命令大目犍连和阿难，从空中飞过来。

佛从耆阇崛山没[1]，于王宫出。

时韦提希礼已举头，见世尊释迦牟尼佛，身紫金[2]色，坐百宝莲华，目连侍左，阿难在右，释梵护世[3]诸天在虚空中，普雨天华，持用供养。

时韦提希见佛世尊，自绝璎珞，举身投地，号泣向佛白言：

“世尊，我宿[4]何罪，生此恶子？世尊复有何等因缘，与提婆达多共为眷属[5]？唯愿世尊为我广说无忧恼处，我当往生，不乐阎浮提[6]浊恶世也！此浊恶处，地狱[7]、饿鬼[8]、畜生[9]盈满、多不善聚[10]。愿我未来[11]不闻恶声、不见恶人。今向世尊五体投地、求哀忏悔，唯愿佛日教我观于清净业处[12]。”

［注释］

①没：消失。这是六大神通之一的神足通，此处没而彼处出。②紫金：

又称紫磨金、紫磨黄金，指带有紫色的黄金，是黄金中的最上品。据《法华经》、《佛说无量寿经》、《普曜经》、《续博物志》记载，佛身为紫磨金色身，有忍辱柔软之相。③释梵护世：帝释和梵天二天王是经论中常见的守护天神。因为此二天神是护持世界佛法的天神，所以称“护世”。④宿：前世。⑤眷属：眷意指亲爱，属意指隶属，指亲近、顺从者，或亲戚、本家，或一同学习的人。⑥阎浮提：阎浮是一种树的名称，提是梵语，即洲；阎浮树是树林中最大的树，因此以此树名命名洲名，泛指人间世界。⑦地狱：译为不乐，可厌，苦器等，指众生在自己所造恶业的业力驱使下堕入地下的牢狱。五趣（五种所趋的意思，又作五道、五恶趣、五有，即地狱、饿鬼、傍生、人、天）之一，六趣（众生因为业力不同而趋向之处有六种，即地狱趣、饿鬼趣、畜生趣、阿修罗趣、人趣、天趣）之一，五道（与五趣同义）之一，六道（与六趣同义）之一，七有（一切有分为七类，即地狱有、畜生有、饿鬼有、人有、业有、中有）之一，十界（地狱界、饿鬼界、畜生界、修罗界、人间界、天上界、声闻界、缘觉界、菩萨界、佛界等十法界的简称）之一，故又称地狱道、地狱趣、地狱有、地狱界。在地狱、恶鬼、畜生三种恶道中，地狱是第一等苦。⑧饿鬼：指前生造恶业、多贪欲的人，死后生为饿鬼，常受饥渴之苦，又作鬼道、鬼趣、饿鬼道。饿鬼是三种恶道中第二等苦。⑨畜生：指鸟兽虫鱼等一切动物，因由人蓄养而名畜生，主要指家畜家禽。又作傍生、横生、畜生道、傍生趣，五道之一，六道之一，三恶道之一。⑩不善聚：不善之类。聚，类别。⑪未来：指来生、下一世。⑫清净业处：清净而没有恶业恶果的地方。

[译文]

佛陀从耆阇崛山消失，在王宫中出现。

那时韦提希已行礼完毕，刚刚抬头，看见世尊释迦牟尼佛，佛身紫金色，坐在百种宝贝合成的莲花台座上，大目犍连在左边侍立，阿难在右边侍立，帝释天、梵天和做护法神的诸天停在虚空之中，到处像下雨一般落下天花，用来供养佛陀。

韦提希看到佛陀世尊的时候，自己扯断璎珞项链，行五体投地之礼，哀号哭泣着对佛说道：

“世尊，我前世犯下了什么罪过，生下这样的恶子？世尊您又有什么因缘，与提婆达多这样的恶人共生一处成为亲戚？诚恳愿望世尊为我广泛讲说没有忧愁烦恼之处，我将要往生到那里，不乐住在阎浮提这个五浊恶世了！这个浊恶的世界，到处充满了地狱、恶鬼、畜生，很多不善的种类。愿我将来不听闻恶声，不见到恶人。现在我向世尊五体投地，祈求哀告，忏悔罪过，诚心愿像太阳一样的佛陀教导我观看那清净业所成就的地方。”

尔时世尊放眉间光，其光金色，遍照十方无量世界，还住佛顶，化为金台，如须弥山。

十方诸佛，净妙国土，皆于中现。

或有国土，七宝合成；复有国土，纯是莲华；复有国土，如自在天宫①；复有国土，如颇梨镜②。十方国土，皆于中现。有如是等无量诸佛国土，严显③可观，令韦提希见。

时韦提希白佛言：“世尊，是诸佛土。虽复清净，皆有光明。我今乐生极乐世界阿弥陀佛所；唯愿世尊，教我思惟，教我正受④。”

[注释]

①自在天宫：自在天王的宫殿，在三界中色界的第四禅天。②颇梨：七宝之一，意译水玉、白珠、水精，又作玻璃，光莹如水，坚实如玉，故称水玉。③严显：庄严清净，没有垢秽。④正受：梵语三昧，译为正受，禅定的别称。定心离邪乱谓之正，无念无想、心系佛法谓之受。

[译文]

那时，世尊从两眉之间放射出光辉，那光辉是金色的，照遍了十方无量的世界，然后返回停留在佛陀头顶，化为一座金色的莲花台，像须弥山一样。

十方世界诸佛的清净美妙的国土，都在佛陀的金光莲台中映现出来。

有的国土，是由七宝合成的；又有国土，纯粹是莲花做成；又有国土，好像自在天宫一样；又有国土，像玻璃镜一样。十方世界的国土，都在其中映现。有这样多到无法计量的诸佛国土，庄严显耀、煞是好看，让韦提希看到。

那时韦提希向佛进言道："世尊，这些诸多的佛土，虽然都是清净无染的，都有光明，但是我现在乐意往生到极乐世界阿弥陀佛那里去。恳愿世尊，教我如何思维修行，教我如何禅定修行。"

尔时世尊即便微笑。有五色光从佛口出[①]。一一光照频婆娑罗王顶。

尔时大王虽在幽闭，心眼无障[②]，遥见世尊，头面作礼，自然增进，成阿那含。

尔时世尊，告韦提希："汝今知不？阿弥陀佛，去此不远，汝当系念谛观彼国净业成者[③]。我今为汝广说众譬[④]，亦令未来世一切凡夫欲修净业[⑤]者，得生西方极乐国土。

"欲生彼国者，当修三福：一者，孝养父母，奉事师长，慈心不杀，修十善[⑥]业；二者，受持三归[⑦]，具足众戒，不犯威仪[⑧]；三者，发菩提心，深信因果，读诵大乘[⑨]，劝进行者[⑩]。如此三事，名为净业。"佛告韦提希："汝今知不？此三种业，乃是过去、未来、现在三世诸佛净业正因[⑪]。"

[注释]

①有五色光从佛口出：此是利益小乘的做法，因为佛看到频婆娑罗王的小乘根基，因此从口里放出利益小乘的光来照耀他。②障：阻碍隔离的意思。③谛观彼国净业成者：有不同说法：一、隋代慧远所著《观无量寿经义疏》认为"彼国"指"彼土之依报"，"净业成者"指"彼土佛菩萨及往生人等之正报。"二、宋代元照《观无量寿佛经义疏》认为"彼土之依、正二报，总为净业所成。"三、善导《观经序分义》认为众生根机有定、散二种，如来方便开显三福，以应散动之根机；而"欲生彼国"则旨在揭示"所归"的意义，"当修三福"则特地为揭示"行门"意义。谛观，如实观察，不增不减。④众

譬：观想所要摹画的各种形象。譬，打比方、比喻，但是此处不是比喻的意思，而是引申为观想对象。净土各种净业所成就的万物是观想的对象，观想则是运用思维在意识中模仿这些事物，这二者形象类同，好比是比喻关系，因此说为众譬。⑤净业：清净之业，也是往生阿弥陀佛净土之业，指世福、戒福、行福三种往生净土的清净业。⑥十善：是佛教对世间善的行为的总称，它是死后不堕恶趣、往生天道的前提条件。具体包括三种身业（不杀生、不偷盗、不邪淫）、四种语业（不妄语、不恶口、不两舌、不绮语）、三种意业（不贪欲、不嗔恚、不邪见），又称为十善道、十善世道、十善根本业道、十白业道。⑦ 三归：即三皈，又称三归依、三归戒，具体指皈依佛宝，以佛为老师；皈依法宝，以法宝为良药；皈依僧宝，以僧宝为良友。⑧威仪：指行、住、坐、卧合乎规矩，语默动静不失方正。⑨大乘：梵语摩诃衍，译称大乘，乘指交通工具，即车，大乘指大车，喻指能把众生从烦恼的此岸载到觉悟的彼岸的教法。⑩行者：泛指一般修道的修行人。⑪正因：直接原因、根本原因，与助缘相对而言。有些修行的净业只是增进成佛的功德，是助缘，好比阳光雨露令种子发芽成长，阳光雨露是助缘，种子自身的种性是正因。

［译文］

那时，世尊便微微而笑，有五色光芒从佛陀的口中放射出来，每一道光芒都照射到频婆娑罗王的头顶上。

那时，大王虽然还被关闭在幽暗的密牢之中，但是心思和眼睛却没有受到任何阻碍，从远处就能看见世尊，便向世尊行头面着地的大礼，自然而然修行功德增进，成就了阿那含果。

那时，世尊对韦提希说道："你现在知道了没有？阿弥陀佛离我们这里不远，你应当把心念放在如实观察他的国土，他的国土是清净之业所成就的。我现在为你展开来描述观想所要摹画的净土万物，也让未来世中一切想要修习净土功德的凡夫，得到往生西方极乐国土的法门。

想要往生那国的众生，应当修造三种福德：第一，孝敬赡养父母，尊敬侍奉师长，心地仁慈不杀生，修习十善功德净业；第二，领受并行持三皈依，圆满具备一切戒，不违犯威仪所要求的规矩；

第三，发成就正等正觉而成佛的菩提心，深信因果的真理，读诵大乘经典，劝导勉励修行之人。这样的三种事业，称作净业。”佛陀告诉韦提希说：“你现在知道了没？这三种业，就是过去、未来、现在三世诸佛成佛过程中所修的净业，也是成佛的根本原因、直接原因。”

佛告阿难及韦提希：“谛听谛听，善思念之。如来今者，为未来世一切众生为烦恼贼之所害者，说清净业。善哉，韦提希快问此事。阿难，汝当受持广为多众宣说佛语。如来今者，教韦提希及未来世一切众生观于西方极乐世界。以佛力故，当得见彼清净国土，如执明镜，自见面像。见彼国土极妙乐事，心欢喜故，应时即得无生法忍。”佛告韦提希：“汝是凡夫，心想羸劣，未得天眼，不能远观。诸佛如来有异方便，令汝得见。”时韦提希白佛言：“世尊，如我今者，以佛力故，见彼国土。若佛灭后，诸众生等，浊恶不善，五苦所逼，云何当见阿弥陀佛极乐世界？”

［译文］

佛陀告诉阿难和韦提希说：“如实而听啊，如实而听，好好地思考理解。现在，如来为未来世一切被烦恼所害的众生，讲说清净业。很好，韦提希提出这个问题问得正是时候。阿难，你应当受持佛陀所说的法语，广泛地为更多的众生宣说。现在，如来教导韦提希以及未来世一切众生如何观想西方极乐世界。凭着佛陀的神通力，应当能够看见那清净国土，就像手拿明镜，能照见自己的面像一样。看见那国土极度美妙可爱的事物，心中生起欢喜，因而当即得到无生法忍的成就。”佛陀告诉韦提希：“你是凡人，心的思维力太弱、太下劣，没有得到天眼的神通，不能看到远处。诸佛如来有特别的方便法门，让你得以看见。”那时，韦提希向佛陀进言：“世尊，像我现在这样，凭借佛陀神力而能够见到那国土。如果佛陀灭寂之后，各种众生，浊恶不善，受五苦所逼迫，如何才能见到阿弥陀佛极乐世界呢？”

佛告韦提希：“汝及众生，应当专心，系念一处，想于西方。云何作想？凡作想者，一切众生自非生盲，有目之徒皆见日没。当起想念，正坐西向，谛观于日欲没之处，令心坚住，专想不移，见日欲没状如悬鼓。既见日已，闭目开目皆令明了，是为日想，名曰初观。作是观者名为正观，若他观者名为邪观。”

［译文］

佛陀告诉韦提希说：“你以及众生，应当专心致志，把心念系在一处，观想西方极乐世界的情景。如何作观想呢？凡是作观想的众生，自然都不是天生而目盲的，有眼睛的人都见过日落。当开始观想的时候，面向西方端正身姿而坐，如是而观察太阳将要西沉的地方，让心思坚持停在此处，专一思想而不转移，看见太阳将落的时候形状像悬浮在空中的鼓一样。在看过太阳以后，闭眼睁眼全都使太阳形象清晰明白，这就是日想，叫做初观。作这样的观想叫做正观，如果是别的观想叫做邪观。”

佛告阿难及韦提希：“初观成已，次作水想。想见西方一切皆是大水，见水澄清，亦令明了，无分散意。既见水已，当起冰想，见冰映彻，作琉璃想。此想成已，见琉璃地内外映彻，下有金刚七宝金幢，擎琉璃地。其幢八方八楞具足，一一方面百宝所成，一一宝珠有千光明，一光明八万四千色。映琉璃地，如亿千日不可具见。琉璃地上，以黄金绳杂厕间错，以七宝界分齐分明，一一宝中有五百色光，其光如华，又似星月，悬处虚空成光明台。楼阁千万百宝合成。于台两边各有百亿华幢无量乐器，以为庄严。八种清风从光明出，鼓此乐器，演说苦、空、无常、无我之音。是为水想，名第二观。此想成时，一一观之极令了了，闭目开目不令散失，唯除食时，恒忆此事。作此观者名为正观，若他观者名为邪观。”

［译文］

佛陀对阿难和韦提希说道：“初观已经成功，接着作对水的观想。想象看见西方极乐世界中一切都是大水，看见水澄清透明，也让想象的形象清楚明白，专心想象而不要分散注意力。看见水以后，应当开始观想冰，看见冰映透光明，像琉璃一样。这样的观想成功以后，看见琉璃一样的大地内外映透光明，下面有金刚七宝合成的金幢，高高竖立在琉璃地上。那幢八个面八个楞圆满具足，每一个方面都由百宝合成，每一个宝珠都放射出千道光明，每一道光明都有八万四千种色彩。这些光芒映射在琉璃地上，犹如亿千个太阳一样不能够看清楚。琉璃地上，用黄金做的绳子互相交叉间隔来装饰，又用七宝装饰边缘以分清界线，每一个宝物中都有五百种色彩光芒，那光芒像花一样，又像星星和月亮一样，这些光芒在虚空之处合成悬空的光明台，台上的楼阁由以千万计数的百宝合成，在台子的两边各有百亿数的花幢和无量的乐器作为严净装饰。八种清风从光明中吹出，鼓动这些乐器，演奏出宣说苦、空、无常、无我等佛法的音乐。这便是水想，叫做第二观。这一观想成功的时候，每一种观想的形象都达到了了分明，闭眼睁眼都不要让它们消散灭失，唯独除了吃饭的时候，要经常想着这个事情。作这样的观想叫做正观，如果是别的观想叫做邪观。”

佛告阿难及韦提希：“水想成已，名为粗见极乐国地。若得三昧，见彼国地了了分明，不可具说。是为地想，名第三观。”佛告阿难：“汝持佛语，为未来世一切大众欲脱苦者，说是观地法。若观是地者，除八十亿劫生死之罪，舍身他世必生净国，心得无疑。作是观者名为正观，若他观者名为邪观。”

[译文]

佛陀对阿难和韦提希说：“对水的观想已经成功，可称作粗略见到了极乐国土的大地。若得到观想禅定的成就，则能看到那国的大地了了分明，不能够详细说明。这是地想，叫做第三观。”佛陀对阿难说：“你要记着佛的话，为未来世的一切想要脱离苦海的大众，宣说这个观地法门。若是观想这样的地的众生，能消除他八十亿劫的生死罪报，死后往生来世的话必定生在净土佛国，必定成功不用怀疑。作这样的观想叫做正观，若是其他的观想叫做邪观。”

佛告阿难及韦提希：“地想成已，次观宝树。观宝树者，一一观之作七重行树想，一一树高八千由旬。其诸宝树，七宝花叶无不具足，一一华叶作异宝色，琉璃色中出金色光，颇梨色中出红色光，马脑色中出车磲光，车磲色中出绿真珠光，珊瑚琥珀一切众宝以为映饰。妙真珠网弥覆树上，一一树上有七重网，一一网间有五百亿妙华宫殿，如梵王宫。诸天童子自然在中，一一童子有五百亿释迦毗楞伽摩尼宝①以为璎珞，其摩尼光照百由旬，犹如和合百亿日月，不可具名。众宝间错，色中上者。此诸宝树行行相当，叶叶相次，于众叶间生诸妙华，华上自然有七宝果。一一树叶，纵广正等二十五由旬。其叶千色有百种画，如天璎珞。有众妙华作阎浮檀金色，如旋火轮。宛转叶间踊生诸果，如帝释瓶，有大光明，化成幢幡无量宝盖。是宝盖中，映现三千大千世界一切佛事，十方佛国亦于中现。见此树已，亦当次第一一观之。观见树茎枝叶华果，皆令分明。是为树想，名第四观。作是观者名为正观，若他观者名为邪观。”

[注释]

①释迦毗（pí）楞伽摩尼宝：帝释天所用的宝珠。这种宝珠能经常不断

发光，是帝释天的颈饰，在佛经中也经常作诸佛菩萨或净土等的装饰品。释迦毗楞伽，意译帝释持，意思是帝释天之所有。

[译文]

佛陀对阿难和韦提希说："地想已经成功，接着观想宝树。观想宝树的话，一幕一幕的观想都想象七重的行树，每一棵树都高达八千由旬。那些宝树，七宝合成的花朵和树叶没有不完美圆满的，每一朵花每一片树叶都呈现出奇异的宝物之色彩，琉璃色中发出金色的光芒，玻璃色中发出红色的光芒，玛瑙色中发出砗磲色光芒，砗磲色中发出绿珍珠的光芒，珊瑚、琥珀等一切众宝互相辉映装饰。美妙的珍珠网弥漫覆盖在树上，每一棵树上都有七重珍珠网，每一张珍珠网里面都有五百亿美妙的花朵合成的宫殿，像梵王的宫殿一样。诸天人童子自然住在宫殿之中，每一位童子都有五百亿释迦毗楞伽摩尼宝作为璎珞配饰，那摩尼宝珠的光辉照耀一百由旬，像和合了百亿个日月的光明一样，不能够详细描述。众宝互相间错，都是品色最上等的。这些宝树每一行都相对照整齐，树叶与树叶依次排列有序，在众多树叶之间开放出各种美妙的花朵，花朵之上自然有七宝合成的果实。每一片树叶，纵向和横向都是二十五由旬，正好相等。那树叶有千种颜色百种图画，像天璎珞一样。有众多美妙的花朵呈现阎浮檀金色，像旋转的火轮一样。随着树叶排列而蜿蜒曲折地在树叶之间涌现生出各种果实，像帝释天的宝瓶一样，有大光明，化现成无数的一幢一幢宝盖。在这些宝盖中，映现出三千大千世界的一切佛事，十方世界的佛国也都在其中映现。看见这些树之后，也应该一次一棵一棵地观想他们。观想看见树的干、枝叶、花果，全都使之清楚明白。这便是树想，叫做第四观。作这样的观想叫做正观，如果作别的观想叫做邪观。"

佛告阿难及韦提希："树想成已，次当想水。欲想水者，极乐国土有八池水，一一池水七宝所成，其宝柔软，从如意珠[①]王生，分为十四支，一一支作七宝色。黄金为渠，渠下皆以杂色金刚以为底沙。一一水中有六十亿七宝莲华，一一莲华团圆正等十二由旬。其摩尼水流注华间，寻树上下②。其声微妙，演说苦、空、无常、无我诸波罗蜜，复有赞叹诸佛相好者。从如意珠王踊出金色微妙光明，其光化为百宝色鸟，和鸣哀雅，常赞念佛、念法、念僧。是为八功德水想，名第五观。作是观者名为正观，若他观者名为邪观。”

［注释］

①如意珠：即摩尼宝珠，这种宝珠能随人意满足种种愿望。如意珠的来源有多种说法，有说是龙王脑中出或摩竭鱼脑中出，有说是佛舍利变化而成。

②寻树上下：绕行在树之下。寻，探索、沿着、顺着，水流前行的样子犹如探索。上下，即下，比如远近、高低等都根据语境取偏义。

［译文］

佛陀对阿难和韦提希说：“树想成功之后，接着应该观想水。想要观想的水，是极乐国土中八宝池中的水。每一个池子中的池水，都是由七宝合成，那些宝贝是柔软的，是从如意珠王中生出，分为十四支水流，每一支水流都呈现出七宝的色彩。以黄金作为水渠，渠的底部都用杂色金刚宝石作为铺底的沙。每一支水流中都有六十亿七宝合成的莲花，每一朵莲花都是正圆形，直径达十二由旬。那摩尼水流淌灌注在莲花之间，绕行在宝树之下。那水流的声音微妙，演说着苦、空、无常、无我等诸波罗蜜的佛法，又有赞叹诸佛相貌美好的声音。从如意珠王那里涌现出金色的微妙光明，那光芒化作百宝色的飞鸟，鸟的和鸣声明亮典雅，经常不断地在赞颂念佛、念法、念僧的功德。这便是八功德水想，叫做第五观。作这样的观想叫做正观，如果是别的观想叫做邪观。”

佛告阿难及韦提希：“众宝国土，一一界上有五百亿宝楼，其楼阁中有无量诸天，作天伎乐。又有乐器悬处虚空，如天宝幢不鼓自鸣。此众音中，皆说念佛、念法、念比丘僧。此想成已，名为粗见极乐世界宝树、宝地、宝池。是为总观想，名第六观。若见此者，除无量亿劫极重恶业，命终之后必生彼国。作是观者名为正观，若他观者名为邪观。”

［译文］

佛陀对阿难和韦提希说：“众宝合成的国土中，每一地界上都有五百亿座宝楼，那些楼阁中有无数的诸天天人，在演奏天人伎乐。又有乐器悬浮在虚空中，像天界的宝幢一样不用吹鼓而自动奏鸣。在这些众多的音乐声中，都在宣说念佛、念法、念比丘僧。这些观想成功之后，叫做粗略见到了极乐世界的宝树、宝地、宝池。这些观想综合在一起就是总观想，叫做第六观。如果看见这些的话，可以消除无量亿劫所造的极重恶业，生命结束之后必定往生到极乐国土。作这样的观想叫做正观，若是别的观想叫做邪观。”

佛告阿难及韦提希：“谛听谛听，善思念之。吾当为汝分别解说除苦恼法，汝等忆持，广为大众分别解说。”说是语时，无量寿佛住立空中，观世音、大势至，是二大士侍立左右，光明炽盛不可具见，百千阎浮檀金色不得为比。时韦提希见无量寿佛已，接足作礼，白佛言：“世尊，我今因佛力故，得见无量寿佛及二菩萨。未来众生，当云何观无量寿佛及二菩萨？”佛告韦提希：“欲观彼佛者，当起想念。于七宝地上作莲华想，令其莲华一一叶[①]作百宝色，有八万四千脉，犹如天画。一一脉有八万四千光，了了分明皆令得见。华叶小者，纵广二百五十由旬，如是莲华有八万四千大叶，一一叶间，有百亿摩尼珠王，以为映饰。一一摩尼珠放千光明，其光如盖，七宝合成，遍覆地上。释迦毗楞伽摩尼宝以为其台。此莲华台，八万金刚甄叔迦宝[②]、梵摩尼宝妙真珠网，以为交饰。于其台上，自然而有四柱宝幢，一一宝幢如百千万亿须弥山。幢上宝缦如夜摩天[③]宫，复有五百亿微妙宝珠，以为映饰。一一宝珠有八万四千光，一一光作八万四千异种金色，一一金色遍其宝土。处处变化各作异相，或为金刚台，或作真珠网，或作杂华云，于十方面随意变现施作佛事。是为华座想，名第七观。”佛告阿难：“如此妙华，是本法藏比丘愿力所成。若欲念彼佛者，当先作此妙华座想。作此想时不得杂观，皆应一一观之。一一叶、一一珠、一一光、一一台、一一幢皆令分明，如于镜中自见面像。此想成者，灭除五百亿劫生死之罪，必定当生极乐世界。作是观者名为正观，若他观者名为邪观。”

[注释]

①叶：花瓣，此处并非指莲叶，而是莲花的花瓣。②甄叔迦宝：意译赤色宝，宝石的一种，赤红色。③夜摩天：意译善时、妙善，是欲界六天中的第三天，此天到处都充满光明，没有昼夜之分，天人在其中时时刻刻都享受不可思议的快乐。

[译文]

佛陀对阿难和韦提希说：“如实而听啊如实而听，好好地思维念虑这些。我将为你们分别解说消除痛苦烦恼的法门，你们要牢记受持，广泛地向大众分别解说。”说到这里的时候，无量寿佛停驻站立在空中，观世音和大势至这两位大士侍立在左右两边，光明炽烈盛大，不能看清楚，百千倍的阎浮檀金色作为比喻也不够。那时韦提希看到无量寿佛之后，行顶礼接足，向佛陀进言：“世尊，我现在凭借佛陀的神力，得以见到无量寿佛以及两位菩萨。未来的众生，应当如何才能观想无量寿佛以及两位菩萨？”佛陀告诉韦提希：“想要观想那佛的众生，应当生起想象的意念。想象在七宝合成的大地上有莲花，让那些莲花每一片花瓣都呈现百宝的色彩，有八万四千脉络，就像天界的图画一样。每一道脉络都有八万四千道光线，全都能清楚明了地看见。莲花花瓣中小的也有纵广二百五十由旬那么大，这样的莲花有八万四千大花瓣，一片一片的花瓣之间，有百亿数的摩尼珠王作为装饰而映现光辉。一个一个的摩尼珠放射出千道光明，那光就像七宝合成的宝盖一样，遍布地面之上。释迦毗楞伽摩尼珠做成莲花台，这莲花台周围，有八万金刚赤色宝石和梵摩尼宝珠编织而成的美妙的珍珠网层叠作为装饰。在那台上，自然而有四柱宝幢，每一柱宝幢都像百千万亿倍的须弥山一样。幢上装饰的宝缦就像夜摩天宫一样光辉闪耀，又有五百亿微妙的宝珠作为装饰映现光辉。一颗一颗的宝珠都有八万四千道光辉，每一道光辉都呈现出八万四千种不同的金色，每一种金色都铺遍那宝土。到处都变化出各种不同的奇异之相，或者变为金刚台，或者变为珍珠网，或者变为杂色花形成的云彩，在十个方面随意地变现施供来供养诸佛。这就是花座想，叫做第七观。”佛陀对阿难说：“这样的妙花，是根据法藏比丘的愿力所成就的。如果想要念那佛的话，应当先作这样的妙花座观想。作这一观想时不得杂乱观想，全部应该一个一个观想它们，一片一片花瓣，一个一个宝珠，一道一道光，一座一座宝台，一柱一柱宝幢全都让它们呈现分明，就像在镜子中看见自己的面像一样。这一观想成功的话，可以灭除五百亿劫的生死罪业，必定在将来往生到极乐世界。作这样的观想叫做正观，如果是别的观想叫做邪观。”

佛告阿难及韦提希：“见此事已，次当想佛。所以者何？诸佛如来是法界身[①]，遍入一切众生心想中。是故汝等心想佛时，是心即是三十二相、八十随形好[②]，是心作佛，是心是佛[③]。诸佛正遍知海[④]，从心想生。是故应当一心系念谛观彼佛多陀阿伽度阿罗呵三藐三佛陀[⑤]。想彼佛者，先当想像，闭目开目见一宝像如阎浮檀金色坐彼华上。像既坐已，心眼得开，了了分明，见极乐国七宝庄严，宝地宝池，宝树行列，诸天宝缦弥覆树上，众宝罗网满虚空中。见如此事，极令明了，如观掌中。见此事已，复当更作一大莲华在佛左边，如前莲华等无有异。复作一大莲华在佛右边。想一观世音菩萨像坐左华座，亦放金光，如前无异。想一大势至菩萨像坐右华座。此想成时，佛菩萨像皆放妙光，其光金色照诸宝树，一一树下亦有三莲华，诸莲华上各有一佛二菩萨像，遍满彼国。此想成时，行者当闻水流、光明及诸宝树、凫雁、鸳鸯皆说妙法，出定入定，恒闻妙法。行者所闻，出定之时，忆持不舍，令与修多罗⑥合。若不合者名为妄想，若与合者，名为粗想见极乐世界。是为想像，名第八观。作是观者，除无量亿劫生死之罪，于现身中得念佛三昧。作是观者名为正观，若他观者名为邪观。”

［注释］

①法界身：即法身，是佛的三身之一。佛的法身遍布一切法界，所以叫做法界身。法界，一切众生之心所生之一切万法。②八十随形好：即八十种好，是佛菩萨之身所有的八十种好相。三十二相、是大好，显而易见，三十二相再细分就是八十种好，八十种好微细隐秘难见，故名八十种随形好。根据《大般若经》所叙述，八十种好分别是：一、指爪狭长，薄润光洁。二、手足之指圆而纤长、柔软。三、手足各等无差，诸指间皆充密。四、手足光泽红润。五、筋骨隐而不现。六、两踝俱隐。七、行步直进，威仪和穆如龙象王。八、行步威容齐肃如狮子王。九、行步安平犹如牛王。十、进止仪雅宛如鹅王。十一、回顾必皆右旋如龙象王之举身随转。十二、肢节均匀圆妙。十三、骨节交结犹若龙盘。十四、膝轮圆满。十五、隐处之纹妙好清净。十六、身肢润滑洁净。十七、身容敦肃无畏。十八、身肢健壮。十九、身体安康圆满。廿、身相犹如仙王，周匝端严光净。廿一、身之周匝圆光，恒自照耀。廿二、腹形方正、庄严。廿三、脐深右旋。廿四、脐厚不凹不凸。廿五、皮肤无疥癣。廿六、手掌柔软，足下安平。廿七、手纹深长明直。廿八、唇色光润丹晖。廿九、面门不长不短，不大不小如量端严。卅、舌相软薄广长。卅一、声音威远清澈。卅二、音韵美妙如深谷响。卅三、鼻高且直，其孔不现。卅四、齿方整鲜白。卅五、牙圆白光洁锋利。卅六、眼净青白分明。卅七、眼相修广。卅八、眼睫齐整稠密。卅九、双眉长而细软。四十、双眉呈绀琉璃色。四

一、眉高显形如初月。四二、耳厚广大修长轮埵成就。四三、两耳齐平，离众过失。四四、容仪令见者皆生爱敬。四五、额广平正。四六、身威严具足。四七、发修长绀青，密而不白。四八、发香洁细润。四九、发齐不交杂。五十、发不断落。五一、发光滑殊妙，尘垢不着。五二、身体坚固充实。五三、身体长大端直。五四、诸窍清净圆好。五五、身力殊胜无与等者。五六、身相众所乐观。五七、面如秋满月。五八、颜貌舒泰。五九、面貌光泽无有颦蹙。六十、身皮清净无垢，常无臭秽。六一、诸毛孔常出妙香。六二、面门常出最上殊胜香。六三、相周圆妙好。六四、身毛绀青光净。六五、法音随众，应理无差。六六、顶相无能见者。六七、手足指网分明。六八、行时其足离地。六九、自持不待他卫。七十、威德摄一切。七一、音声不卑不亢，随众生意。七二、随诸有情，乐为说法。七三、一音演说正法，随有情类各令得解。七四、说法依次第，循因缘。七五、观有情，赞善毁恶而无爱憎。七六、所为先观后作，具足轨范。七七、相好，有情无能观尽。七八、顶骨坚实圆满。七九、颜容常少不老。八十、手足及胸臆前，俱有吉祥喜旋德相（即卍字）。③是心作佛，是心是佛：这个心观想出佛身，这个心就是佛。观想佛身不仅仅是从自己心中看到佛的法界身，观想佛身而得成功的话，则观想之心同时就是佛的法身。这一句看似简单，实际上是整个净土教义的关键所在，关系到净土的存在问题。依据《阿弥陀经》，极乐净土在西方很远的地方。依据此句，则佛就在我心，那么推论净土不外我心也是可以成立的。实则万法唯识，一切法界又何曾外于我心。无论多么遥远的极乐净土，也没有超出众生之心外去。④正遍知海：佛的正遍知像大海一样深广而不可测度。正遍知，即正等觉，真正地按照法界的实相而知道一切。⑤多陀阿伽度阿罗呵三藐三佛陀：如来、应供、正遍知。多陀阿伽度，即如来，来去相通无碍者。阿罗呵，即阿罗汉。⑥修多罗：意译契经、贯经，修多罗本义是线，线能贯穿各种花或珠子等使之不散失，佛经能保持佛陀的言教不散失，所以佛经也可以叫做修多罗。此处是说要与佛的经法教言相合。

［译文］

佛陀告诉阿难和韦提希：“见到这些事物以后，接着应当观想佛。为什么要这样呢？诸佛如来是法界身，法界身普遍地内在于一切众生的心意思想之中。所以说你们心中观想佛的时候，这个心就是三十二相、八十随形好，这个心就显现为佛，这个心就是佛。诸佛像大海一样无边无际的正遍知，都是从心意思想中生出的。所以说应当专心致志把意念系定在如实观想那佛、如来、应供、正遍知上来。观想那佛的话，首先应当想象那佛的形象，闭眼睁眼都能看见一座阎浮檀金色的宝像坐在那莲花之上。佛像坐好之后，心中的眼睛就得以开启了，能够清楚明了地看见极乐国土七宝合成的一切庄严万物，如宝地、宝池、成行排列的宝树，各种天宝缦普遍覆盖在树上，众多的宝罗网遍布虚空之中。看见这些事物，极度地分明清楚，就像放在手掌中观看一样。看见这些事物以后，又应当观想出来一枝大莲花在佛的左边，像前面那个莲花一样没有差别。再观想出一枝大莲花在佛的右边。观想一座观世音菩萨的像坐在左边莲花座上，也放射出金光，像前面的佛一样没有差别。观想一座大势至菩萨像坐在右边莲花座上。这样的观想成功的时候，佛和菩萨像都放射出妙光，那光辉呈现金色，照耀诸宝树，每一棵树下也有三座莲花台，这些莲花台上分别有一座佛和两座菩萨的像，这样遍布那国。这一观想成功的时候，修行者应当能听见水流、光明以及诸宝树、凫雁、鸳鸯等全都在宣说妙法，不管是出定还是入定，经常不断地听闻到妙法。修行者所听到的，出定的时候也要忆持不忘，使之与佛的经教相符合。如果不符合的话就是妄想；如果相符合的话，就可以称作粗略观想见到了极乐世界。这就是观想佛像，叫做第八观。作这样的观想的话，可以灭除无量亿劫的生死之罪，在现在身中得到念佛禅定的成就。作这样的观想叫做正观，如果是别的观想叫做邪观。”

佛告阿难及韦提希：“此想成已，次当更观无量寿佛身相光明。阿难当知，无量寿佛身，如百千万亿夜摩天阎浮檀金色，佛身高六十万亿那由他恒河沙由旬，眉间白毫右旋宛转如五须弥山，佛眼清净如四大海水青白分明，身诸毛孔演出光明如须弥山。彼佛圆光[①]如百亿三千大千世界，于圆光中，有百万亿那由他恒河沙化佛。一一化佛，亦有众多无数化菩萨，以为侍者。无量寿佛有八万四千相。一一相中，各有八万四千随形好。一一好中，复有八万四千光明。一一光明，遍照十方世界，念佛众生摄取不舍。其光、相好及与化佛，不可具说，但当忆想令心明见。见此事者，即见十方一切诸佛。以见诸佛故，名念佛三昧[②]。作是观者，名观一切佛身。以观佛身故，亦见佛心。诸佛心者大慈悲是，以无缘慈摄诸众生。作此观者，舍身他世，生诸佛前，得无生忍。是故智者应当系心谛观无量寿佛。观无量寿佛者，从一相好入，但观眉间白毫极令明了。见眉间白毫相者，八万四千相好自然当见。见无量寿佛者，即见十方无量诸佛。得见无量诸佛故，诸佛现前受记。是为遍观一切色想，名第九观。作是观者名为正观，若他观者名为邪观。"

[注释]

①圆光：佛菩萨身体所放射的佛光，以身体为中心向四周立体发散光明，因此叫圆光。所绘画的佛菩萨像一般都在头顶画一个发光的明亮圆轮来表示，实则并非佛菩萨头顶真的有个圆轮。圆光难以在绘画中表现出来，用这种绘画手法象征性地代替。②念佛三昧：以观想念佛而入禅定。念佛方法有三种，即称名念佛、实相念佛、观想念佛，每种念佛都可以入禅定而有三种念佛三昧，此处是指观想念佛之禅定。

[译文]

佛陀告诉阿难和韦提希："这一观想成功以后，接着应当观想无量寿佛身相光明。阿难你应当知道，无量寿佛的身体，颜色像百千万亿倍的夜摩天阎浮檀金色一样，佛身高达六十万亿那由他个恒河沙数由旬，眉间的白毫光辉向右旋转就像五座须弥山一样，佛眼清净就像四大海水一样青白分明，身体的各个毛孔演化出的光明像须弥山一样。那佛的圆光就像百亿个三千大千世界一样大，在圆光中，有百万亿那由他个恒河沙数之多的化身佛。每一位化身佛，又有众多无数的化身菩萨作为随从侍者。无量寿佛有八万四千相，每一个相中，各有八万四千随形好，每一好中又有八万四千光明，每一光明都能照遍十方世界，遍及一切念佛的众生而不舍弃任何一个。那光明、相好以及化身佛，不能详细说出，但是应当思忆想象让他们在心中能被分明看见。看见这些的话，就是见到了十方世界的一切诸佛。因为见到了诸佛的缘故，叫做念佛禅定。作这样的观想，叫做观一切佛身。因为观想到了佛身的缘故，也见到了佛的心。诸佛的心是大慈悲的，以无缘大慈而摄取一切众生。作这样的观想，离开此身往生他世的时候，将生在诸佛面前，得到无生忍的成就。所以说有智慧的人应当把心思系定在如实观想无量寿佛上去。观想无量寿佛的话，从一个相好开始，只要观想到眉间白毫光辉极度分明清楚。见到眉间白毫相的话，则八万四千种相好自然能够见到。见到无量寿佛的话，就见到了十方世界的无量诸佛。因为能够见到无量诸佛，就能在诸佛面前得到授记。这就是遍观一切色想，叫做第九观。作这样的观想叫做正观，如果是别的观想叫做邪观。”

佛告阿难及韦提希：“见无量寿佛了了分明已，次亦应观观世音菩萨。此菩萨身长八十亿那由他恒河沙由旬，身紫金色，顶有肉髻[①]，项有圆光，面各百千由旬。其圆光中，有五百化佛，如释迦牟尼。一一化佛，有五百菩萨无量诸天，以为侍者，举身光中，五道众生，一切色相皆于中现。顶上毗楞伽[②]摩尼妙宝，以为天冠。其天冠中，有一立化佛，高二十五由旬。观世音菩萨面如阎浮檀金色，眉间毫相备七宝色，流出八万四千种光明。一一光明，有无量无数百千化佛。一一化佛，无数化菩萨以为侍者，变现自在满十方界。臂如红莲华色，有八十亿微妙光明，以为璎珞。其璎珞中，普现一切诸庄严事。手掌作五百亿杂莲华色，手十指端，一一指端，有八万四千画，犹如印文。一一画，有八万四千色；一一色，有八万四千光，其光柔软普照一切。以此宝手接引众生。举足时，足下有千辐轮相，自然化成五百亿光明台。下足时，有金刚摩尼华[3]，布散一切莫不弥满。其余身相众好具足，如佛无异，唯顶上肉髻及无见顶相，不及世尊。是为观观世音菩萨真实色身想，名第十观。”佛告阿难：“若欲观观世音菩萨当作是观。作是观者不遇诸祸，净除业障，除无数劫生死之罪。如此菩萨，但闻其名获无量福，何况谛观？若有欲观观世音菩萨者，当先观顶上肉髻，次观天冠，其余众相亦次第观之，悉令明了如观掌中。作是观者名为正观，若他观者名为邪观。”

［注释］

①肉髻（jì）：梵语音译乌瑟腻沙，佛菩萨头顶上有一团肉，形状像发髻一般，也就是三十二相中的无见顶相。②毗楞伽：释迦毗楞伽的简称。③金刚摩尼华：金刚宝石做成的茉莉花。摩尼华，即茉莉花。

［译文］

佛陀对阿难和韦提希说：“看见无量寿佛清楚分明之后，接着也应该观想观世音菩萨。这位菩萨身体长达八十亿那由他个恒河沙数由旬，身体紫金色，头顶上有肉髻，脖子部位有圆光，照向各个方面达百千由旬之远。那圆光中有五百位化身佛，就像释迦牟尼一样。每一位化身佛，都有五百位菩萨和无量的诸天天人作为随从侍者，都飞举在光中，五道众生的一切色相也都在光中显现。观世音菩萨头顶上戴着用毗楞伽摩尼妙宝做成的天冠，那天冠中有一尊站立着的化身佛，高达二十五由旬。观世音菩萨面色像阎浮檀金色一样，眉间的毫光之相具备七宝的色彩，流出八万四千种光明，每一光明中都有无量无数、以百千计数的化身佛，每一尊化身佛都有无数的化身菩萨作为随从侍者，变化显现自在无碍地布满十方世界。观世音菩萨手臂的颜色像红色莲花一样，有八十亿种微妙的光明，这些光明变化成璎珞，在璎珞中普遍地显现一切的各种庄严事相。手掌呈现五百亿杂色莲花的色彩，手的十个指端，每一指端都有八万四千幅图画，像印纹一样。每一幅图画都有八万四千种色彩，每一种色彩都有八万四千道光辉，那光辉柔软而普照一切。菩萨就用这样的宝手来接引众生。举足走路的时候，足底有千辐轮相，自然化现成五百亿数的光明台。足踏下的时候，有无数的金刚摩尼花跟着撒下，布散撒满到一切地方。别的身相中的各种好都圆满具足，与佛没有差别，只有头顶上的肉髻和无见顶相比不上世尊。这就是观想观世音菩萨真实色身想，叫做第十观。”佛陀告诉阿难：“如果想要观想观世音菩萨应当作这样的观想。作这样观想的众生不会遇到各种灾祸，能干净地消除业障，灭除无数劫的生死之罪。这样的菩萨，单单听闻他的名号就能获得无量的福报，更何况如实观想呢？如果想要观想观世音菩萨的话，应当先观想头顶上的肉髻，接着观想天冠，其余的众相也按顺序依次观想，让这些相全都明白清楚就像在手掌中观看一样。作这样的观想叫做正观，如果是别的观想叫做邪观。”

佛告阿难及韦提希：“次观大势至菩萨。此菩萨身量大小亦如观世音，圆光面各二百二十五由旬，照二百五十由旬。举身光明照十方国，作紫金色，有缘众生皆悉得见。但见此菩萨一毛孔光，即见十方无量诸佛净妙光明，是故号此菩萨名无边光。以智慧光普照一切，令离三涂，得无上力，是故号此菩萨名大势至。此菩萨天冠有五百宝莲华，一一宝华有五百宝台。一一台中，十方诸佛净妙国土广长之相，皆于中现。顶上肉髻如钵头摩华，于肉髻上有一宝瓶，盛诸光明，普现佛事。余诸身相如观世音等无有异。此菩萨行时，十方世界一切震动。当地动处各有五百亿宝华，一一宝华庄严高显，如极乐世界。此菩萨坐时，七宝国土一时动摇。从下方金光佛刹，乃至上方光明王佛刹，于其中间无量尘数分身无量寿佛、分身观世音、大势至，皆悉云集极乐国土，侧塞空中，坐莲华座，演说妙法，度苦众生。作此观者，名为观见大势至菩萨，是为观大势至色身相。观此菩萨者名第十一观，除无数劫阿僧祇生死之罪。作是观者，不处胞胎，常游诸佛净妙国土。此观成已，名为具足观观世音及大势至。作是观者名为正观，若他观者名为邪观。”

[译文]

佛陀告诉阿难和韦提希：“接着观想大势至菩萨。这位菩萨身量大小也跟观世音一样，圆光每个面各有二百五十由旬，照的距离也有二百五十由旬。全身光明照耀十方世界的国土，呈现出紫金色，有缘分的众生全都能够看见。只要见到这位菩萨一个毛孔的光明，就见到了十方世界无量诸佛的清净不可思议光明，所以称呼这位菩萨叫做无边光。用智慧光普照一切众生，让他们全都脱离三涂苦难，得到无上的神通力，所以称呼这位菩萨叫做大势至。这位菩萨的天冠上有五百枝宝莲花，每一枝宝莲花上有五百座宝台，每一座宝台中，十方世界诸佛的清净不可思议国土广大辽阔之相，都在其中显现。头顶上的肉髻像赤色莲花一样，在肉髻上有一个宝瓶，盛装着各种光明，普遍显现一切佛事。其余各种身相像观世音一样没有差异。这位菩萨行走的时候，十方世界一切都发生震动，在地动之处各有五百亿宝花，每一宝花都庄严高贵显耀，像极乐世界一样。这位菩萨坐下的时候，七宝国土一时之间全都动摇。从下方的金光佛刹，乃至于到上方的光明王佛刹，在那中间无量的像微尘的数量一样多的分身无量寿佛、分身观世音、分身大势至，全都云集到极乐国土，间错拥挤停在空中，坐在莲花座上，演说妙法，度众生出离苦难。作这样的观想，叫做观想而见大势至菩萨，这是观想大势至菩萨的色身相。观想这位菩萨叫做第十一观，能消除无数劫阿僧祇数的生死之罪。作这样观想的众生，不受处胞胎之苦，经常自在往来于诸佛净妙国土。这一观想成功以后，叫做具足观想观世音和大势至。作这样的观想叫做正观，如果是别的观想叫做邪观。”

佛告阿难及韦提希：“见此事时，当起想作心，自见生于西方极乐世界，于莲华中结跏趺坐，作莲华合想，作莲华开想。莲华开时，有五百色光来照身想，眼目开想，见佛菩萨满虚空中，水、鸟、树林及与诸佛，所出音声皆演妙法，与十二部经[①]合。若出定时忆持不失。见此事已，名见无量寿佛极乐世界，是为普观想，名第十二观。无量寿佛化身无数，与观世音及大势至，常来至此行人之所。作是观者名为正观，若他观者名为邪观。”

［注释］

①十二部经：一切佛经依据体裁、内容和文法分为十二个种类，并非是有十二部佛经。十二部经的分类分别是：一、修多罗，即契经，直接长篇大论阐述法义的经文；二、祇夜，意译应颂、颂，对应长行文而重复宣说其义理的偈颂；三、伽陀，意译讽颂，又叫孤起颂，接着前文而起的偈颂，不是对前文义理的重复概括，或者整篇都是以偈颂的形式来叙述的经典；四、尼陀那，意译因缘，叙述佛陀闻法因缘，以及佛陀说法教化之因缘的经典；五、伊帝目多，意译本事，佛陀叙述其弟子过去世之因缘的经文；六、阇多伽，意译本生，佛陀叙述自身过去世因缘的经文；七、阿浮达摩，又作阿毗达摩，意译未曾有，叙述佛陀种种神力不可思议之事迹的经文；八、阿波陀那，意译譬喻，运用譬喻手法的经文；九、优婆提舍，意译论义，以问答形式叙述法理论义的经文；十、优陀那，意译自说，无人祈请，佛陀自己发起说法的经文；十一、毗佛略，意译方广、方等，说方正广大平等之真理的经文；十二、和伽罗，意译授记，叙述给菩萨授记的经文。

［译文］

佛陀对阿难和韦提希说：“看见这些事相的时候，应当生起想象，自己看到自己往生到了西方极乐世界，在莲花中结跏趺坐，作莲花闭合的想象，作莲花开放的想象。想象莲花开放的时候，有五百种彩色光芒照射在自己身上，看见佛和菩萨布满虚空之中，水、鸟、树林以及诸佛，所发出的声音全都在演说妙法，与十二部经相符合。若是出定的时候也要忆持不要忘记。看见这些事相之后，可称见到了无量寿佛极乐世界，这就是普观想，叫做第十二观。无量寿佛有无数的化身，与观世音和大势至一起，经常来到这样的修行人的所在。作这样的观想叫做正观，如果是别的观想叫做邪观。”

佛告阿难及韦提希：“若欲至心生西方者，先当观于一丈六像在池水上，如先所说。无量寿佛身量无边，非是凡夫心力所及。然彼如来宿愿力故，有忆想者必得成就。但想佛像得无量福，况复观佛具足身相？阿弥陀佛神通如意，于十方国变现自在，或现大身满虚空中，或现小身丈六八尺，所现之形皆真金色，圆光化佛及宝莲华，如上所说。观世音菩萨及大势至，于一切处身同，众生但观首相，知是观世音，知是大势至。此二菩萨助阿弥陀佛，普化一切。是为杂想观，名第十三观。作是观者名为正观，若他观者名为邪观。”

[译文]

佛陀告诉阿难和韦提希：“如果想要以至诚之心往生西方的话，先应当观想出一丈六尺高的佛像在池水之上，像前面所说那样。无量寿佛的身体大小没有边际，不是凡夫的心力想象所能到的。但是由于那如来宿世的愿力所保证，有忆念观想的众生必定得到成就。只是观想佛像就能得到无量的福报，更何况又观想佛圆满具足的身相呢？阿弥陀佛的神通如意施展，在十方国土变化示现自在无碍，或者显现大身布满虚空之中，或者显现小身有一丈六尺高，所显现的身形全都是真金色，圆光、化身佛和宝莲花都像上面所说一样。观世音菩萨和大势至，在一切地方身相与佛相同，众生只用观察头部的相，就知道是观世音，知道是大势至。这两位菩萨协助阿弥陀佛，普遍地教化一切众生。这就是杂观想，叫做第十三观。作这样的观想叫做正观，如果是别的观想叫做邪观。”

佛告阿难及韦提希：“凡生西方有九品人。上品上生者，若有众生愿生彼国者，发三种心即便往生。何等为三？一者至诚心，二者深心，三者回向发愿心[①]，具三心者必生彼国。复有三种众生，当得往生。何等为三？一者慈心不杀，具诸戒行；二者读诵大乘方等[②]经典；三者修行六念[③]回向发愿生彼佛国。具此功德，一日乃至七日，即得往生。生彼国时，此人精进勇猛，故阿弥陀如来与观世音及大势至、无数化佛、百千比丘、声闻大众、无量诸天，七宝宫殿，观世音菩萨执金刚台，与大势至菩萨至行者前，阿弥陀佛放大光明照行者身，与诸菩萨授手迎接。观世音大势至与无数菩萨，赞叹行者，劝进其心。行者见已欢喜踊跃，自见其身乘金刚台，随从佛后，如弹指顷往生彼国。生彼国已，见佛色身众相具足，见诸菩萨色相具足。光明宝林演说妙法，闻已即悟无生法忍。经须臾间历事诸佛，遍十方界，于诸佛前次第受记。还至本国，得无量百千陀罗尼门。是名上品上生者。上品中生者，不必受持读诵方等经典，善解义趣，于第一义[④]心不惊动，深信因果不谤大乘，以此功德，回向愿求生极乐国。行此行者命欲终时，阿弥陀佛与观世音及大势至、无量大众眷属围绕，持紫金台至行者前，赞言：‘法子，汝行大乘，解第一义，是故我今来迎接汝。’与千化佛一时授手。行者自见坐紫金台，合掌叉手赞叹诸佛，如一念顷，即生彼国七宝池中。此紫金台如大宝华，经宿即开。行者身作紫磨金色[⑤]，足下亦有七宝莲华。佛及菩萨俱放光明，照行者身，目即开明。因前宿习，普闻众声，纯说甚深第一义谛，即下金台礼佛，合掌赞叹世尊。经于七日，应时即于阿耨多罗三藐三菩提，得不退转。应时即能飞至十方，历事诸佛。于诸佛所，修诸三昧，经一小劫，得无生法忍，现前受记。是名上品中生者。上品下生者，亦信因果，不谤大乘，但发无上道心，以此功德，回向愿求生极乐国。彼行者命欲终时，阿弥陀佛及观世音并大势至，与诸眷属持金莲华，化作五百化佛来迎此人。五百化佛一时授手，赞言：‘法子，汝今清净，发无上道心，我来迎汝。’见此事时，即自见身坐金莲华，坐已华合，随世尊后，即得往生七宝池中。一日一夜莲华乃开，七日之中乃得见佛。虽见佛身，于众相好心不明了，于三七日后乃了了见。闻众音声皆演妙法，游历十方，供养诸佛，于诸佛前闻甚深法，经三小劫得百法明门⑥，住欢喜地⑦。是名上品下生者。是名上辈生想，名第十四观。作是观者名为正观，若他观者名为邪观。”

[注释]

①回向发愿心：愿意把自己所修的功德回向给极乐净土并且发愿往生到极乐净土的心。②方等：十二部经之一，一般用来指大乘经典，小乘经典中没有说及方等。方等有两层基本含义，一是规模数量庞大，述说的内容宽广；一是指经典所说的意趣在于平等之理。③六念：又作六念处，六种所念的境界。这六种境界为：一为念佛，念佛具足十号，有大慈大悲大光明，神通无量，能济众生苦，我欲与佛同；二为念法，念如来所说法，三藏十二部，有大功德，为众生妙药，我欲证之而施与众生；三为念僧，念僧是如来弟子，得无漏法，具足戒定慧，能作众生福田，我欲修僧行；四为念戒，念戒行有大势力，能除众生之恶、不善之法，我欲精进护持；五为念施，念施行有大功德，能除悭贪之重病，我欲善施以摄取众生；六为念天，念诸天快乐，都是因为往昔修行功德，我也要修行如是功德，上生诸天。④第一义：究竟之真理，最上第一，因此又叫第一义。⑤紫磨金色：纯净的紫金色。磨，没有垢污。金器有锈迹则为垢污，磨去垢污则紫金色尽显而无障碍。⑥百法明门：智慧通达百种法门，指菩萨在初地修行所得的智慧法门。⑦欢喜地：又作初欢喜地、极欢喜地、初地，是菩萨十地中的初地。菩萨一共有五十二个阶位，欢喜地为第四十一阶。菩萨经过十信、十住、十回向等修行阶位，经过一大阿僧祇劫长时间的修习，初步证得真如平等的圣性，心中生起极大的欢喜，因此叫做欢喜地。

[译文]

佛陀对阿难和韦提希说："所有往生到西方的众生有九品。上品上生，如果有众生愿意往生那国的话，发起三种愿心就能够往生。什么样的三种心呢？第一个是发愿往生的至诚心，第二个是发愿往生的深固心，第三个是回向并发愿往生净土的心，具备这三心的众生必定往生那国。又有三种众生，将来能够往生。什么样的三种众生呢？第一种是心地仁慈不杀生，具备各种戒行的众生；第二种是读诵大乘方等经典的众生；第三种是修行六念并回向发愿往生那佛国的众生。具备这些功德，一日乃至七日，就能够往生。往生到那国的时候，因为这样的人精进勇猛，阿弥陀如来与观世音以及大势至和无数的化身佛、百千计数的比丘、声闻大众、无量的诸天天人、七宝宫殿等一起出现在他面前，观世音菩萨执持着金刚台，与大势至菩萨一起来到修行者面前，阿弥陀佛放射出大光明照耀修行者的身体，与诸位菩萨一起伸手迎接。观世音、大势至与无数的菩萨，一切赞叹修行者，劝进他的道心。修行者看到这些之后欢喜踊跃，自己看见自己的身体乘坐金刚台，跟随在佛身后，在弹指之间往生到那国。往生到那国以后，看见佛的色身和众相圆满具足，看见诸菩萨的色相圆满具足。放射出光明的宝树之林演说着妙法，修行者听闻之后立即悟得无生法忍的成就，经过须臾的瞬间就能供养十方世界的诸佛一遍，在诸佛面前依次授记。返回到本国，得到无量百千计数的总持法门。这叫做上品上生。上品中生的众生，不一定要受持读诵方等经典，只要善于理解义理和旨趣，求证第一义的心愿不动摇，深信因果，不诽谤大乘，以这样的功德，回向并愿意求生极乐国。作这样修行的修行者生命将要结束的时候，阿弥陀佛与观世音以及大势至，和无量的大众眷属围绕，执持紫金台来到修行者面前，称赞说：'佛法之子，你修行大乘，悟解第一义，所以我今天前来迎接你。'与数以千计的化身佛同时伸手迎接。修行者看见自己坐在紫金台上，合掌、拱手赞叹诸佛，像一念之间那么迅速，立即往生到那国的七宝池中。这紫金台就像大宝花一样，经过一夜之后就开放了。修行者身相呈现出紫磨金色，足下也有七宝莲花。佛以及菩萨全都放射出光芒，照耀修行者的身体，使他眼睛立即睁开而能够看见。因为前世曾经的修习，普遍听闻过众多说法之声，全都是宣说甚深第一义的真谛的，所以立即走下金台向佛行礼，合掌赞叹世尊。经过七日，到时候就能成就无上正等正觉，而不会退转。到时候就能飞行到十方世界，遍历供养诸佛。在诸佛所处的地方，修行各种禅定，经过一个小劫长的时间，成就无生法忍，在诸佛面前当场授记。这叫做上品中生。上品下生的众生，也相信因果，不诽谤大乘，仅仅发下追求无上道的心愿，以这样的功德回向给极乐国并求生极乐国。那修行者生命将要结束的时候，阿弥陀佛以及观世音和大势至，与诸多眷属执持金莲花，化现作五百化身佛前来迎接这人。五百化身佛同时伸手，赞叹说：‘佛法之子，你现在已经清净无染，发下了追求无上道的心愿，我来迎接你。’看见这些的时候，修行者就看见自己身体坐在金莲花中，坐好之后莲花闭合，跟随世尊身后，立即得以往生七宝池中。经过一日一夜莲花才开放，七日之中才能见到佛。虽然看见了佛的身相，但是对于众多的相好心中不能清楚明白，经过三七二十一天之后才能清楚地看见。听闻各种音声，全都在演说妙法，游历十方世界，供养诸佛，在诸佛面前听闻甚深的佛法，经过三小劫长的时间获得百法明门的成就，安住在欢喜地。这叫做上品下生。这叫做上辈往生观想，叫做第十四观。作这样的观想叫做正观，如果是别的观想叫做邪观。”

佛告阿难及韦提希：“中品上生者，若有众生受持五戒[①]，持八戒斋，修行诸戒，不造五逆，无众过恶，以此善根，回向愿求生于西方极乐世界。行者临命终时，阿弥陀佛与诸比丘眷属围绕，放金色光至其人所，演说苦空无常无我，赞叹出家得离众

苦。行者见已心大欢喜，自见已身坐莲华台，长跪合掌为佛作礼，未举头顷即得往生极乐世界，莲华寻开。当华敷时，闻众音声赞叹四谛，应时即得阿罗汉道，三明六通具八解脱。是名中品上生者。中品中生者，若有众生，若一日一夜持八戒斋，若一日一夜持沙弥戒，若一日一夜持具足戒[②]，威仪无缺，以此功德，回向愿求生极乐国，戒香熏修[③]。如此行者命欲终时，见阿弥陀佛与诸眷属放金色光，持七宝莲华至行者前，行者自闻空中有声，赞言：‘善男子，如汝善人，随顺三世诸佛教故，我来迎汝。’行者自见坐莲华上，莲华即合，生于西方极乐世界。在宝池中，经于七日莲华乃敷[④]。华既敷已，开目合掌赞叹世尊，闻法欢喜得须陀洹[⑤]，经半劫已成阿罗汉。是名中品中生者。中品下生者，若有善男子善女人，孝养父母，行世仁义，此人命欲终时，遇善知识，为其广说阿弥陀佛国土乐事，亦说法藏比丘四十八大愿。闻此事已寻即命终，譬如壮士屈伸臂顷，即生西方极乐世界。生经七日，遇观世音及大势至，闻法欢喜得须陀洹。过一小劫，成阿罗汉。是名中品下生者。是名中辈生想，名第十五观。作是观者名为正观，若他观者名为邪观。”

［**注释**］

①五戒：指在家男女修行者所受持的五种制戒。这五种制戒为：一、戒杀生；二、戒偷盗；三、戒邪淫；四、戒妄语；五、戒饮酒。②具足戒：是比丘和比丘尼所应当遵守的戒，受持具足戒方取得比丘、比丘尼的资格。戒品具足，受持具足戒可以远离一切罪恶，因此又译作近圆，近于涅槃的意思。有比丘戒二百五十，比丘尼戒五百等说法，实则以离恶修德为宗旨，而有种种不同调适。③戒香熏修：以持戒之德香来熏染修行功德。④敷：花开为敷，开放、展开、铺开。⑤须陀洹：意译入流、逆流、预流，是声闻乘四果中的初果。断尽见惑即得须陀洹果，违逆生死之流故称逆流，进入圣道之流故称入流，预成圣果故称预流。

[译文]

佛陀对阿难和韦提希说："中品上生，若有众生受持五戒，行持八戒斋，修行诸戒，不造作五逆大罪，没有各种过恶，以这样的功德善根，回向而愿求生到西方极乐世界，修行者临近生命结束的时候，阿弥陀佛与诸比丘眷属围绕，放射出金色光华，来到那人的处所，演说苦、空、无常、无我的佛法，赞叹修行者出家而得以脱离众苦。修行者看见之后心中生起大欢喜，自己看见自己的身体坐在莲花台上，长跪合掌而向佛行礼，尚未抬头的工夫就已经往生到了极乐世界，莲花很快就开放了。当莲花开放的时候，他听见各种音声在赞叹四谛法门，到时候立即获得阿罗汉道的成就，获得三明六通，具备八解脱成就。这叫做中品上生。中品中生，若有众生，如果能一日一夜持八戒斋，如果能一日一夜持沙弥戒，如果能一日一夜持具足戒，威仪没有缺失，以这样的功德，回向并愿意求生极乐国，以持戒的德香来熏染修行，这样的修行者生命将要结束的时候，看见阿弥陀佛与诸多眷属放射金色光，执持七宝莲花来到修行者面前，修行者自己听见空中有声音，称赞说：'善男子，像你这样的善人，由于随顺三世诸佛的教化的缘故，我来迎接你。'修行者看见自己坐在莲花上，莲花立即闭合，往生到西方极乐世界。在宝池中，经过七日莲花才开放。莲花完全开放以后，他睁眼合掌赞叹世尊，听闻佛法而心生欢喜，成就须陀洹的果位，经历半个劫长时间的修行成就阿罗汉的果位。这叫做中品中生。中品下生，如果有善男子、善女子，孝顺赡养父母，为人处世遵行仁义，这人生命将要结束的时候，遇到善知识，为他广泛地讲说阿弥陀佛国土的可乐之事，也讲说法藏比丘的四十八大愿。听完这些法事之后他立即生命结束，就像壮士屈伸手臂一样的瞬间时间，就往生到了西方极乐世界。往生之后经历七日时间，遇到观世音以及大势至，听闻佛法而心生欢喜，成就须陀洹的果位。经过一个小劫长的时间，成就阿罗汉的果位。这叫做中品下生。这叫做中辈往生观想，叫做第十五观。作这样的观想叫做正观，如果是别的观想叫做邪观。”

佛告阿难及韦提希：“下品上生者，或有众生，作众恶业，虽不诽谤方等经典，如此愚人，多造恶法，无有惭愧。命欲终时，遇善知识，为赞大乘十二部经首题名字，以闻如是诸经名故，除却千劫极重恶业。智者复教合掌叉手，称南无阿弥陀佛。称佛名故，除五十亿劫生死之罪。尔时彼佛，即遣化佛、化观世音、化大势至，至行者前，赞言：‘善哉善男子，汝称佛名故诸罪消灭，我来迎汝。’作是语已，行者即见化佛光明遍满其室。见已欢喜即便命终，乘宝莲华，随化佛后生宝池中，经七七日莲华乃敷。当华敷时，大悲观世音菩萨，及大势至菩萨，放大光明住其人前，为说甚深十二部经。闻已信解发无上道心，经十小劫，具百法明门，得入初地。是名下品上生者，得闻佛名、法名及闻僧名，闻三宝名即得往生。”佛告阿难及韦提希：“下品中生者，或有众生，毁犯五戒、八戒及具足戒。如此愚人，偷僧祇物[①]，盗现前僧物，不净说法[②]，无有惭愧，以诸恶法而自庄严。如此罪人，以恶业故应堕地狱。命欲终时，地狱众火一时俱至，遇善知识以大慈悲，即为赞说阿弥陀佛十力威德，广赞彼佛光明神力，亦赞戒、定、慧、解脱、解脱知见[③]。此人闻已，除八十亿劫生死之罪，地狱猛火化为凉风，吹诸天华，华上皆有化佛菩萨，迎接此人。如一念顷，即得往生七宝池中莲华之内。经于六劫，莲华乃敷。当华敷时，观世音、大势至，以梵音声安慰彼人，为说大乘甚深经典。闻此法已，应时即发无上道心。是名下品中生者。”佛告阿难及韦提希：“下品下生者，或有众生作不善业、五逆、十恶[④]，具诸不善。如此愚人以恶业故，应堕恶道，经历多劫，受苦无穷。如此愚人临命终时，遇善知识，种种安慰，为说妙法，教令念佛。彼人苦逼，不遑念佛。善友告言：

‘汝若不能念彼佛者，应称归命无量寿佛，如是至心，令声不绝，具足十念，称南无阿弥陀佛。’称佛名故，于念念中，除八十亿劫生死之罪。命终之时，见金莲华犹如日轮，住其人前，如一念顷，即得往生极乐世界。于莲华中满十二大劫，莲华方开。当华敷时，观世音、大势至以大悲音声，即为其人广说实相除灭罪法。闻已欢喜，应时即发菩提之心。是名下品下生者。是名下辈生想，名第十六观。”

［注释］

①僧祇物：僧团大众所共有之物。僧祇，比丘、比丘尼等大众。②不净说法：又作邪命说法，心邪而不净，以邪心说法，则污染佛法。不净说法大概有五种：一、自言尽知佛法；二、说诸佛经中相矛盾之处和失误之处；三、对于诸法心中疑惑不信；四、以自己所有的知识和所理解的义理来否定、非议经法；五、为了名闻利养而为别人说法。③戒、定、慧、解脱、解脱知见：即五分法身，五种功德成就的佛身。戒，如来身口意三业远离一切过恶而得戒法身。定，如来真心寂静，远离一切妄想，得定法身。慧，如来真智圆明，观达法性，得慧法身。解脱，如来身心解脱一切系缚，得解脱法身。解脱知见，如来知道自己实在已经得到解脱，得解脱知见法身。④十恶：十种恶业，违背真理为恶。十恶具体而言：一、杀生，自己杀或让别人去杀都属杀生，断害一切众生的性命为恶；二、偷盗，窃取他人一切财物；三、邪淫，不是自己的妻妾却想行欲望；四、妄语，虚言诳惑他人；五、两舌，两面说不同的话而挑拨是非；六、恶口，粗话脏话侮辱他人；七、绮语，花言巧语取悦他人；八、贪欲，对于顺情之境贪著无厌；九、嗔恚，对于违情之境，心生愤怒；十、邪见，认为绝对没有因果，心中没有正确的信念。

［译文］

佛陀对阿难和韦提希说：“下品上生，有的众生造作各种恶业，虽然不诽谤方等经典，这样的愚蠢之人，做了很多恶事却没有惭愧之心。生命将要结束的时候，遇到善知识，为他称赞大乘十二部经典开头所题的名字，因为听闻这些诸经名字的原因，能消除千劫的极重恶业。智者又教他合掌拱手，称念南无阿弥陀佛。由于称念佛名的缘故，消除他五十亿劫的生死之罪。那时候，阿弥陀佛就派遣化身佛、化身观世音、化身大势至，来到修行者面前，称赞说：'好呀善男子，你称念佛名，所以各种罪消除灭尽，我来迎接你。'说完这话，修行者就看见化身佛的光芒遍布充满他的房间。看见之后心生欢喜立即就生命结束，乘坐宝莲花，跟随在化身佛之后往生到宝池之中，经过七七四十九天莲花才开放。当莲花开放的时候，大悲观世音菩萨以及大势至菩萨，放射出大光明安住在那人面前，为他讲说甚深的十二部经。听完之后就能信受知解，发起追求无上道的愿心，经历十个小劫长的时间，具备百法明门的成就，得到进入初地的果位。这叫做下品上生，得以听闻佛名、法名以及听闻僧名，听闻三宝的名字就能得以往生。”佛陀对阿难和韦提希说：“下品中生，有的众生，毁坏违犯五戒、八戒以及具足戒。这样的愚蠢之人，偷盗僧团的物品，偷盗现在跟前的僧人之物，以邪心说法，没有惭愧之心，用各种恶法来庄严自身，这样的罪人，根据他的恶业应当堕入地狱。生命将要结束的时候，地狱的众火同时全部到来，遇到善知识，出于大慈悲，就为他赞叹讲说阿弥陀佛的十力威德，广泛地赞叹那佛的光明和神通力，也赞叹戒、定、慧、解脱和解脱知见等五分法身。这人听闻之后，就消除了八十亿劫的生死之罪，地狱的猛火转化为凉风，吹动各种天花，花上都有化身佛和化身菩萨，来迎接这人。像一念之间的瞬间时间，他就得以往生到七宝池中的莲华之内。经历六个劫长的时间，莲花才开放。当莲花开放的时候，观世音、大势至，用清净的梵音来安慰那人，为他讲说大乘甚深的经典。听闻这些佛法之后，他那时立即就发起了追求无上道的愿心。这叫做下品中生。”佛陀对阿难和韦提希说：“下品下生，有的众生造作不善业、五逆、十恶等，具备各种不善。这样的愚蠢之人，因为恶业的缘故，应当堕入恶道，经历多个劫长的时间，遭受无穷的痛苦惩罚。这样的愚蠢之人临近命终的时候，遇到善知识，用各种办法安慰他，为他讲说妙法，教他并督促他念佛。

那人遭受痛苦的逼迫，来不及念佛。善知识好友告诉他说：‘你如果不能称念那佛的话，应当称念归命无量寿佛，这样以真诚之心称念，让声音不要断绝，圆满具足的称念十声南无阿弥陀佛。’因为称念佛名的缘故，在一声声的念佛声中，消除八十亿劫的生死之罪。生命结束的时候，看见金色莲花像日轮一样，停在那人面前，像一念之间的瞬时，就得以往生极乐世界。在莲花中住满十二大劫长的时间，莲花方才开放。当莲花开放的时候，观世音、大势至用大悲的音声，为那人广泛地宣讲实相、除灭罪的佛法。听闻之后他心生欢喜，当时就发起菩提心。这叫做下品下生。这叫做下辈往生观想，叫做第十六观。”

尔时世尊说是语时，韦提希与五百侍女，闻佛所说，应时即见极乐世界广长之相，得见佛身及二菩萨，心生欢喜，叹未曾有，豁然大悟，得无生忍。五百侍女发阿耨多罗三藐三菩提心，愿生彼国。世尊悉记，皆当往生，生彼国已，获得诸佛现前三昧①。无量诸天发无上道心。

[注释]

①诸佛现前三昧：禅定境界的一种，在此禅定境界中，十方世界的诸佛在自己面前显现为自己说法。

[译文]

那时，世尊说这些话的时候，韦提希和五百侍女，听闻佛陀所说，当时就看见了极乐世界的广长之相，得以见到佛身以及两位菩萨，心生欢喜，赞叹从未曾有过的奇观，豁然大悟，获得无生法忍的成就。五百侍女发起追求无上正等正觉的菩提心，愿意往生到那国。世尊全部都给她们授记，全都将来往生，往生那国之后，获得诸佛现前禅定的成就。无量的诸天天人发起了追求无上道的心愿。

尔时阿难，即从座起，前白佛言：“世尊，当何名此经？此法之要当云何受持？”佛告阿难：“此经名观极乐国土无量寿佛观世音菩萨大势至菩萨，亦名净除业障生诸佛前，汝等受持无令忘失。行此三昧者，现身得见无量寿佛及二大士。若善男子及善女人，但闻佛名二菩萨名，除无量劫生死之罪，何况忆念？若念佛者，当知此人即是人中芬陀利华①，观世音菩萨、大势至菩萨为其胜友，当坐道场，生诸佛家。”

［注释］

①芬陀利华：白色睡莲花，代表声闻乘四果中的第二果斯陀含果，即一来果，已经断除欲界九地思惑中的六品，尚有最后三品思惑未断，当在欲界之人间或天界再受生一次。

［译文］

那时，阿难就从座位上站起来，上前向佛进言：“世尊，应当如何命名这部经典？这个法门的要旨应当如何受持？”佛陀对阿难说：“这部经名叫《观极乐国土无量寿佛观世音菩萨大势至菩萨》，也可以叫做《净除业障生佛前》。你们要受持不要忘记散失。修行这样的禅定的人，现世之身就能见到无量寿佛以及两位大士。如果是善男子以及善女人，只是听闻佛名和两位菩萨的名字，就能消除无量劫的生死之罪，更何况忆持念诵呢？如果是念佛的人，应当知道此人就是人世之中最上品的人，犹如莲花中的芬陀利花，观世音菩萨和大势至菩萨做他的无与伦比的朋友，他应当坐在道场之中，往生在诸佛的家中。”

佛告阿难：“汝好持是语，持是语者即是持无量寿佛名。”佛说此语时，尊者目连，尊者阿难，及韦提希等，闻佛所说，皆大欢喜。

尔时世尊，足步虚空还耆阇崛山。尔时阿难，广为大众说如上事。无量人天、龙神、夜叉，闻佛所说，皆大欢喜，礼佛而退。

[译文]

佛陀对阿难说："你要好好忆持这些话语，忆持这些话语就是忆持无量寿佛的名号。"佛陀说这些话的时候，尊者大目犍连，尊者阿难，以及韦提希等，听闻佛陀所说的话，全都生起大欢喜。

那时，世尊踏虚空而走返耆阇崛山。那时，阿难广泛地向大众宣说上面的法事。无量的天人、龙神、夜叉等众生，听闻佛陀所说的法语，全都心生大欢喜，向佛行礼，然后退下。